Schmidt-Jortzig
40 Klausuren aus dem Staats- und Völkerrecht

Juristische Examensklausuren

ISSN 0342-9199

Herausgegeben von

Professor Dr. iur. Hans Hattenhauer

und

Professor Dr. iur. Jörn Eckert

Band 4

40 Klausuren aus dem Staats- und Völkerrecht

mit Lösungsskizzen

von

Dr. iur. Edzard Schmidt-Jortzig

Professor an der Universität Kiel

5., vollständig überarbeitete Auflage

Luchterhand

Die Deutsche Bibliothek – CIP-Einheitsaufnahme

Schmidt-Jortzig, Edzard:
40 Klausuren aus dem Staats- und Völkerrecht : mit
Lösungsskizzen / von Edzard Schmidt-Jortzig. – 5., vollst.
überarb. Aufl. – Neuwied ; Kriftel ; Berlin : Luchterhand, 1996
(Juristische Examensklausuren ; Bd. 4)
ISBN 3-472-02702-9
NE : Schmidt-Jortzig, Edzard: Vierzig Klausuren aus dem Staats- und
Völkerrecht; GT

Satz: Luft, Desktop Publishing
Druck, Binden: Wilhelm & Adam, Heusenstamm
Printed in Germany, August 1996

♾ Gedruckt auf säurefreiem, alterungsbeständigem und chlorfreiem Papier

Vorwort zur 5. Auflage

Die freundliche Aufnahme der Vorauflage und die jüngeren Veränderungen im Staatsrecht waren Anlaß, das Werk vollständig zu überarbeiten und ältere Fälle gegen neue auszutauschen. Für die weitere inhaltliche Überarbeitung mögen Stichworte wie die Änderung des Ausländerrechts und die Problematik des sog. »Großen Lauschangriffs«, das Recht der Untersuchungsausschüsse oder die Entscheidung des Bundesverfassungsgerichts zur Strafbarkeit von Sitzblockaden genügen. Die seit der Vorauflage vergangenen vier Jahre machten es auch erforderlich, Literatur und Rechtsprechung auf einen aktuellen Stand zu bringen. Neu eingefügt wurde ein Abkürzungsverzeichnis.

Am Konzept des Buches, dem sich in der Examensvorbereitung befindlichen Studenten eine Möglichkeit an die Hand zu geben, induktive Stoffwiederholung mit dem Training der Klausurentechnik zu verbinden, hat sich aus bewährten Gründen nichts geändert. Es bleibt daher nur die Hoffnung zu äußern, daß auch diese Auflage eine so gute Aufnahme finden werde wie ihre Vorgänger.

Abschließend möchte ich noch den Mitarbeitern meines Lehrstuhls für wertvolle und tatkräftige Hilfe sowie dem Kieler Internationalen Recht für die Zulieferung einer Klausur danken.

Edzard Schmidt-Jortzig   Kiel, im Juni 1996

Inhaltsverzeichnis

Abkürzungsverzeichnis

a.A.	andere Ansicht
Abg	Abgeordneter
Abk	Abkommen
Abs.	Absatz
abw.	abweichend
a.F.	alte Fassung
AG	Aktiengesellschaft
allg.	allgemein
Alt.	Alternative
ÄndG	Änderungsgesetz
AO	Abgabenordnung
AöR	Archiv für Öffentliches Recht
ArbGG	Arbeitsgerichtsgesetz
arg. (e)	argumentum (aus)
Art.	Artikel
AsylVfG	Asylverfahrensgesetz
AtomG	Atomgesetz
Aufl.	Auflage
AusfVO	Ausführungsverordnung
AuslG	Ausländergesetz
AuslV	Auslieferungsvertrag
AVR	Archiv für Völkerrecht
B	Bundes-
Bad.-Württ.	Baden-Württemberg
BayLVerf	Bayerische Landesverfassung
BayVBl.	Bayerische Verwaltungsblätter
BayVerfGH	Bayerischer Verfassungsgerichtshof
BB	Der Betriebsberater
Bd.	Band
BDGV	Berichte der Deutschen Gesellschaft für Völkerrecht
Beschl.	Beschluß
Beschw.	Beschwerde
bes.GewVerh.	besonderes Gewaltverhältnis
betr.	betrifft, betreffend
BGB	Bürgerliches Gesetzbuch

BGBl.	Bundesgesetzblatt
BGH	Bundesgerichtshof
BGHSt	Bundesgerichtshof in Strafsachen
BGHZ	Bundesgerichtshof in Zivilsachen
BJagdÄnderungsG	Bundesjagdänderungsgesetz
BJagdG	Bundesjagdgesetz
BK	Bonner Kommentar
BKa	Bundeskanzler
BMI	Bundesminister des Inneren
BMin	Bundesminister
BNatSchG	Bundesnaturschutzgesetz
BPräs	Bundespräsident
BR	Bundesrat
BRD	Bundesrepublik Deutschland
BReg	Bundesregierung
BRRG	Beamtenrechtsrahmengesetz
BT	Bundestag
BT-Abg	Bundestagsabgeordneter
BT-Präs	Bundestagspräsident
B. v.	Beschluß vom
BVerfG	Bundesverfassungsgericht
BVerfGE	Sammlung der Entscheidungen des Bundesverfassungsgerichts
BVerfGG	Bundesverfassungsgerichtsgesetz
BVerwG	Bundesverwaltungsgericht
BVerwGE	Sammlung der Entscheidungen des Bundesverwaltungsgerichts
BWahlG	Bundeswahlgesetz
bzw.	beziehungsweise
ca.	zirka
d.	der, des
DDR	Deutsche Demokratische Republik
DeichOG	Gesetz zur Ordnung deichrechtlicher Verhältnisse
ders.	derselbe
d.h.	das heißt
DIFU	Deutsches Institut für Urbanistik
DÖV	Die Öffentliche Verwaltung
DVBl.	Deutsche Verwaltungsblätter
E	Entscheidung

EG	Europäische Gemeinschaften
EGMR	Europäischer Gerichtshof für Menschenrechte
EGV	EG-Vertrag
ehem.	ehemalig
entspr.	entsprechend
etc.(pp.)	et cetera (perge perge)
EU	Europäische Union
EuGH	Europäischer Gerichtshof
EuGRZ	Europäische Grundrechte-Zeitschrift
EV	Einigungsvertrag
evtl.	eventuell
f., ff.	folgende Seiten
FamRZ	Zeitschrift für das gesamte Familienrecht
FS	Festschrift
G	Gesetz
GA	General Assembly
GdP	Gewerkschaft der Polizei
gem.	gemäß
GemsAussch	Gemeinsamer Ausschuß
GeschBereich	Geschäftsbereich
GeschO	Geschäftsordnung
GeschOBR	Geschäftsordnung des Bundesrates
GeschOBReg	Geschäftsordnung der Bundesregierung
GeschOBT	Geschäftsordnung des Bundestages
GeschOGemsAussch	Geschäftsordnung für den Gemeinsamen Ausschuß
GeschO-Regelung	Geschäftsordnungsregelung
GewStG	Gewerbesteuergesetz
GewTrPrinzip	Gewaltentrennungsprinzip
GG	Grundgesetz
ggfs.	gegebenenfalls
grds.	grundsätzlich
GruR(e)	Grundrecht(e)
GV(O)Bl.	Gesetz- und Verordnungsblatt
GWB	Gesetz gegen Wettbewerbsbeschränkungen
Hdb.	Handbuch
h.M.	herrschende Meinung
Hrsg.	Herausgeber
Hs.	Halbsatz
i.d.F.	in der Form / Fassung
i.e.S.	im engeren Sinne

i.Ggs.	im Gegensatz
IGH	Internationaler Gerichtshof
i.Grds.	im Grundsatz
InnenR	Innenrecht
insb.	insbesondere
IRG	Gesetz über internationale Rechtshilfe in Strafsachen
i.S.(d.)	im Sinne (des/der)
i.V.m.	in Verbindung mit
JA	Juristische Arbeitsblätter
Jura	Juristische Ausbildung
JuS	Juristische Schulung
JZ	Juristenzeitung
K	Kommunal
Kap.	Kapitel
KKW	Kernkraftwerk
KWahlG	Kommunalwahlgesetz
L	Lernbogen der Zeitschrift JuS
Landes-AusfVO	Landesausführungsverordnung
LBG	Landesbeamtengesetz
LG	Landgericht
lit.	Buchstabe
LM	Lindenmaier-Möhring, Nachschlagewerk des BGH
LNatSchG SH	Landesnaturschutzgesetz Schleswig-Holstein
LSchG NW	Ladenschlußgesetz Nordrhein-Westfalen
lt.	laut
LT	Landtag
LVG	Landesverwaltungsgericht
LVwG Bay	Landesverwaltungsgesetz Bayern
LWahlG	Landeswahlgesetz
LWG Bay	Landeswahlgesetz Bayern
Min	Minister
MinAbg	Minister-Abgeordneter
MRK	Menschenrechtskonvention
m.w.N.	mit weiteren Nachweisen
Nds StGH	Niedersächsischer Staatsgerichtshof
NJW	Neue Juristische Wochenschrift
Nr.	Nummer
NRW	Nordrhein-Westfalen
NVwZ	Neue Zeitschrift für Verwaltungsrecht
NWVBl.	Nordrhein-Westfälische Verwaltungsblätter

NW	Nordrhein-Westfalen
o.ä.	oder ähnliches
öff.	öffentlich
OLG	Oberlandesgericht
OrgKG	Gesetz zur Bekämpfung des illegalen Rauschgifthandels und anderer Erscheinungsformen der Organisierten Kriminalität
OVG	Oberverwaltungsgericht
parl.	parlamentarisch
PartG	Parteiengesetz
Pkt.	Punkt
polit.	politisch
ProzR	Prozeßrecht
R	Recht(s-)
Rdn.	Randnummer
rechtl.	rechtlich
RechtsVO	Rechtsverordnung
Reg	Regierung
RentVersÄndG	Rentenversicherungsänderungsgesetz
Res.	Resolution
RhPfVerf	Landesverfassung Rheinland-Pfalz
RNatSchG	Reichsnaturschutzgesetz
RPräs	Regierungspräsident
RSatz	Rechtssatz
Rspr.	Rechtsprechung
RuStAG	Reichs- und Staatsangehörigkeitsgesetz
RWeg	Rechtsweg
Rz.	Randzahl
s.	siehe
S.	i.V.m. §§: Satz/i.V.m. Fn.: Seite
SchErs	Schadensersatz
SchlHAnz.	Schleswig-Holsteinische Anzeigen
SchulVerh.	Schulverhältnis
SGG	Sozialgerichtsgesetz
SH	Schleswig-Holstein
s.o.	siehe oben
sog.	sogenannte(r)
SR	Sicherheitsrat
StaatsR	Staatsrecht
StabG	Stabilitätsgesetz

StAZ	Zeitschrift für Standesamtswesen
Std.	Stunde
StGB	Strafgesetzbuch
StPO	Strafprozeßordnung
str.	streitig
StVG	Straßenverkehrsgesetz
StVollzG	Stafvollzugsgesetz
s.u.	siehe unten
UA	Untersuchungsausschuß
u.a.	unter anderem
u.ä.	und ähnliche
UN-Charta	Charta der Vereinten Nationen
u.U.	unter Umständen
U. v.	Urteil vom
u.zw.	und zwar
VA	Verwaltungsakt
Verf	Verfassung(s-)
VerfB	Verfassungsbeschwerde
VersG	Versammlungsgesetz
VerwArch	Verwaltungsarchiv
VG	Verwaltungsgericht
VGH	Verwaltungsgerichtshof
vgl.	vergleiche
VO	Verordnung
VölkerR	Völkerrecht
VollzG	Vollzugsgesetz
VR	Verwaltungsrundschau
Vw	Verwaltung
VwGO	Verwaltungsgerichtsordnung
VwProzR	Verwaltungsprozeßrecht
VwRWeg	Verwaltungsrechtsweg
WahlprüfG	Wahlprüfungsgesetz
WPflG	Wehrpflichtgesetz
WRV	Weimarer Reichsverfassung
WÜdB	Wiener Übereinkommen über diplomatische Beziehungen
WVK	Wiener Übereinkommen über das Recht der Verträge
ZaöRV	Zeitschrift für ausländisches öffentliches Recht und Völkerrecht

z.B.	zum Beispiel
ZgS	Zeitschrift für die gesamte Staatswissenschaft
Ziff.	Ziffer
ZParl	Zeitschrift für Parlamentsrecht
ZPO	Zivilprozeßordnung
ZRP	Zeitschrift für Rechtspolitik
Zweitbearb.	Zweitbearbeitung
z.Z.	zur Zeit

Aufgaben

1. Klausur: Art. 2 I (1 I), 6 I; GruRe im Sonderstatus

P bewarb sich um Aufnahme in die Bereitschaftspolizei des Bundeslandes X. Bei seiner Einstellung als Beamter auf Widerruf mußte er eine »Erklärung« unterschreiben, ihm sei eröffnet worden, daß

»der Beamte der Bereitschaftspolizeiabteilung im Hinblick auf die Struktur dieser Polizeisparte auf die Dauer der Ausbildung zum Wohnen in der Polizeiunterkunft und zur Teilnahme an der Gemeinschaftsverpflegung verpflichtet ist und deshalb zur Eingehung einer Ehe während der Ausbildungszeit der Erlaubnis des Ministers des Innern bedarf, und daß derjenige Widerrufsbeamte, der vor Beendigung der Ausbildungszeit in die Bereitschaftspolizeiabteilung die Eheschließung ohne die erforderliche Erlaubnis vornimmt, sich selbst ausschließt, indem er einen unwiderleglichen Entlassungsgrund schafft«.

Nach acht Monaten Dienstzeit, im September des Jahres, sucht P um Erteilung der Heiratserlaubnis nach. Er sei seit Januar verlobt; seine Braut sei schwanger und im übrigen eine Waise. Das Gesuch wird abgelehnt. P heiratet nun ohne die Erlaubnis. Daraufhin entläßt ihn der Innenminister aus dem Beamtenverhältnis. Gegen die Entlassungsverfügung will P mit der Verwaltungsklage vorgehen.

Wird er damit Erfolg haben?

2. Klausur: Art. 2 II 2, 104 II 1; 76 I

Die Bundesregierung möchte endlich ihr Gesetzgebungsprogramm »Zur Effektivierung der Hilfe für Sozial- und Gesundheitsgeschädigte« verwirklichen. Der Gesetzentwurf sieht unter anderem folgende Bestimmungen vor:

1. »§ 1800 i.V.m. §§ 1906 II, 1631 BGB (wonach ein Mündel nur mit Genehmigung des Vormundschaftsgerichtes in eine geschlossene Anstalt eingewiesen werden kann) wird durch folgenden Zusatz ergänzt:»Leidet der Mündel an einer ein selbständiges Leben in der Gemeinschaft dauernd ausschließenden Geisteskrankheit, so kann auch der Vormund die Unterbringung in einer medizinisch-therapeutischen Anstalt anordnen.«

2. »Volljährige Personen, die dadurch gefährdet sind, daß sie aus Mangel an innerer Festigkeit ein geordnetes Leben in der Gemeinschaft nicht führen können, und darum Hilfe benötigen, die sie zu einer geregelten Lebensführung hinleitet, insb. an regelmäßige Arbeit und erforderlichenfalls an Seßhaftigkeit gewöhnt, können auch gegen ihren Willen auf Anordnung des Gerichts in die Obhut einer geeigneten Anstalt, eines Heimes oder einer gleichwertigen Einrichtung eingewiesen werden, wenn sie

   a) besonders willensschwach oder in ihrem Triebleben besonders hemmungslos sind und

   b) verwahrlost oder der Gefahr einer Verwahrlosung ausgesetzt sind und

   c) die Hilfe nur in einer Anstalt wirksam gewährt werden kann.«

Da eine wichtige Landtagswahl vor der Tür steht, bei welcher die Partei des Bundeskanzlers gern auf ihre sozialpolitischen Erfolge auf Bundesebene verweisen möchte, ist man im Kabinett daran interessiert, die lästige Verzögerung im sog. »ersten Durchgang« beim Bundesrat zu vermeiden. Der Bundeskanzler veranlaßt deshalb im Einvernehmen mit dem zuständigen Minister die Bundestagsfraktion seiner Partei, den Gesetzentwurf als ihre Initiative im Parlament einzubringen. – So geschieht es dann und das Gesetz wird unter heftigen Vorwürfen der Opposition rechtzeitig zur ›heißen Phase‹ des Landtagswahlkampfes verabschiedet.

Da er keinerlei sachliche Einwände hat und die Zielrichtung der neuen Vorschriften nachdrücklich unterstützt, stimmt später der Bundesrat zu (»zweiter Durchgang«) und das Gesetz wird nach Gegenzeichnung und Ausfertigung verkündet. Die Oppositionsfraktionen des Bundestages wollen nun der nach ihrer

Ansicht formellen, aber vor allem auch materiellen Verfassungswidrigkeit des Gesetzes nachgehen.

Ist das Gesetz verfassungsmäßig?

3. Klausur: Art. 8 I (5 I, 2 I), VersG; Art. 33 V

Der Vorstand der Gewerkschaft der Polizei – Landesbezirk des Bundeslandes X – hat zwei Wochen vor dem geplanten Veranstaltungstermin beim zuständigen Ordnungsamt für den Landkreis S einen Schweigemarsch der zu dieser Zeit nicht diensttuenden Polizeibeamten zum Marktplatz der Kreisstadt S angekündigt, »um die Öffentlichkeit auf die geradezu katastrophale Personal- und Besoldungslage der Polizeibeamten aufmerksam zu machen«. Selbstverständlich würden die Teilnehmer »die erforderliche Disziplin wahren, zumal sie den Demonstrationszug in Uniform durchführen wollen«.

Beim Ordnungsamt bestehen erhebliche Bedenken, ob die angekündigte Aktion nicht verboten werden soll, weil sie rechtswidrig sei und gegen die öffentliche Sicherheit und Ordnung verstoße. Schon für Beamte generell sei eine solche Demonstration wegen Unvereinbarkeit mit den hergebrachten Grundsätzen des Berufsbeamtentums problematisch, für die Polizisten noch im speziellen, da sie ja gerade zur Bewahrung eines geordneten und ungestörten Alltagsablaufes da seien. Auch das geplante Auftreten in Uniformen sei äußerst fragwürdig und schließlich müsse bei einem solch nichtalltäglichen Spektakel mit erheblichen Störungen des ohnehin überdichten Straßenverkehrs in S gerechnet werden. – Aus letzterem Gesichtspunkt will das Ordnungsamt auf jeden Fall eine Marschroute auferlegen, die nur über wenig benutzte Nebenstraßen führt.

Wegen der Brisanz der Angelegenheit, die auch schon in der Presse Beachtung gefunden hat, wird das Rechtsamt des Kreises eingeschaltet, in welchem Sie als Kreisassessor nun ein Gutachten über die Rechtslage erstatten sollen.

4. Klausur: Art. 9 I, 2 I, 9 III; VerfB

Das Bundesland L erläßt ein »Gesetz über die Errichtung einer Arbeitnehmer-kammer«. Mitglieder dieser Kammer sind alle im Bundesland beschäftigten Arbeitnehmer, von denen auch ein – geringer – Beitrag eingezogen wird.

Die Aufgaben der Kammer sind wie folgt umschrieben:

§ 1
Zweck und Aufgaben der Arbeitnehmerkammer

(1) Die Arbeitnehmerkammer hat die Aufgabe, im Einklang mit dem All-gemeinwohl die Interessen der im Lande L tätigen Arbeitnehmer in wirt-schaftlicher, sozialer und kultureller Hinsicht wahrzunehmen und zu fördern.

(2) Sie sollen insbesondere die Behörden und Gerichte in Fachfragen, vor al-lem durch Erstatten von Gutachten und Berichten, unterstützen.

(3) Die Arbeitnehmerkammer ist berufen, im Zusammenwirken mit den zu-ständigen Körperschaften und Behörden, Maßnahmen zur Förderung und Durchführung der kaufmännischen, gewerblichen, handwerklichen und landwirtschaftlichen Berufsausbildung zu treffen. Die durch Bundesge-setz anderen Körperschaften des Öffentlichen Rechts zugewiesenen Auf-gaben und Zuständigkeiten bleiben unberührt.

Der Arbeitnehmer Müller verweigert die Zahlung des Beitrages. Er hält die Zwangsmitgliedschaft in der Arbeitnehmerkammer und damit das Gesetz für verfassungswidrig. Er argumentiert, daß die Länder für die Regelung dieses Sachgebietes nicht zuständig seien. Weiterhin macht er geltend, daß er auch nicht zu einem Beitritt in eine Gewerkschaft gezwungen werden könne.

Die Arbeitnehmerkammer führt demgegenüber aus, sie sei keine Gewerkschaft, sondern eine Körperschaft des öffentlichen Rechts. Das Grundgesetz hindere deshalb eine Zwangsmitgliedschaft nicht. Wenn sich die Kammer der wirt-schaftlichen und sozialen Angelegenheiten der Arbeitnehmer annehme, so han-dele es sich um einen Auftrag, mit dem der Gesetzgeber das Sozialstaatsprinzip realisieren wolle und auch nicht in den Wirkungsbereich der Gewerkschaften eingreife.

Aufgaben

1. Es wird ein Gutachten über die Verfassungsmäßigkeit des Gesetzes erbeten.

2. Es ist zu prüfen, ob und ggfs. auf welche Weise Müller bzw. eine Gewerkschaft vor dem Bundesverfassungsgericht gegen das Gesetz angehen kann.

5. Klausur: Art. 8, VersG

In der Landeshauptstadt herrscht seit kurzem unter den Taxifahrern große Unsicherheit und Erregung, weil bereits dreimal hintereinander Kollegen Opfer schwerer Raubüberfälle wurden. Als jetzt am Dienstagnachmittag über den Taxifunk plötzlich wieder Hilferufe zu hören sind, eilen sämtliche Fahrer mit ihren Wagen zum Stadtpark, von wo der letzte Funkspruch kam. Bei ihrem Eintreffen finden sie den Kollegen verletzt und völlig ausgeraubt neben seinem Taxi. Als kurz danach die Polizei kommt, wird sie mit heftigen Vorwürfen empfangen, weil sie stets viel zu spät zur Stelle sei und ihre Schutzmaßnahmen für die Sicherheit der Taxifahrer sich als völlig unzureichend erwiesen.

Spontan schließen sich die mittlerweile über 40 eingetroffenen Fahrer mit ihren Wagen zu einem Demonstrationszug durch die Innenstadt zusammen. Als sich hier bei ihnen immer mehr der Eindruck festsetzt, die Passanten betrachteten dies zwar neugierig, aber ohne besondere Anteilnahme, blockieren sie mit den Fahrzeugen die zentrale Straßenkreuzung und setzen sich auf Fußgängerwege und Straßenbahnschienen, um auf diese Weise die Bevölkerung endlich auf den alarmierenden Sachverhalt aufmerksam zu machen. Der starke Feierabendverkehr kommt für über eine Stunde zum Erliegen, und viele Bürger empören sich über die egoistische und gewaltsame Verursachung.

Wenige Tage später erhält Taxifahrer T, schon seit längerer Zeit allgemeiner Sprecher seiner Kollegen und auch bei den Protestaktionen vom Dienstag ganz offensichtlich tonangebend, eine Vorladung zur polizeilichen Vernehmung in einem Strafverfahren gegen ihn wegen Abhaltung eines nicht angemeldeten Aufzuges (§ 26 Nr. 2 VersG) und Nötigung (§ 240 I StGB). T hält die Strafvorwürfe für nicht gerechtfertigt, weil er nur sein Recht aus Art. 8 GG wahrgenommen habe.

Erstatten Sie zu dieser Frage ein verfassungsrechtliches Gutachten.

6. Klausur: Art. 2 I, 2 II 1, 4 I, 80 II

Der Bundestag hat mit Zustimmung des Bundesrates ein »Gesetz zur Anpassung gesundheitsrechtlicher Vorschriften an internationale Anforderungen« beschlossen, das folgenden Art. 2 Nr. 4 enthält:

»Der Bundesminister für Jugend, Familie und Gesundheit wird ermächtigt, im Einvernehmen mit dem Bundesminister für Verkehr durch Rechtsverordnung mit Zustimmung des Bundesrates anzuordnen, daß Personen, die aus seuchenbefallenen Gebieten in die Bundesrepublik Deutschland einreisen wollen und sich in den letzten drei Jahren keiner Schutzimpfung gegen die Seuche unterzogen haben, die Einreise nur nach einer solchen Impfung gestattet wird. Seuchen sind solche im Sinne des Bundesseuchengesetzes. Die Grundrechte der körperlichen Unversehrtheit (Art. 2 Abs. 2 Satz 1 GG) und der Freizügigkeit (Art. 11 Abs. 1 GG) können insoweit eingeschränkt werden.

Als sich in Indien eine Pockenepidemie ausbreitet, ergeht aufgrund dieser Bestimmung eine entsprechende Rechtsverordnung.

A, der seit über 10 Jahren nicht mehr gegen Pocken geimpft wurde, kehrt von einer längeren Studienreise aus dem verseuchten Gebiet zurück. Bei der Kontrolle auf dem Rhein-Main-Flughafen in Frankfurt wird er von dem Vertreter der zuständigen Gesundheitsbehörde aufgefordert, sich impfen zu lassen, da ihm anderenfalls die Einreise verweigert werden müsse.

A hält die einschlägigen Bestimmungen für verfassungswidrig, da sie ihn und entsprechend Betroffene in Grundrechten verletzten. Ihm werde die Einreise in sein Heimatland unzulässigerweise beschränkt. Die Impfung stelle einen rechtswidrigen Eingriff in seine körperliche Unversehrtheit dar. Und sie verletze schließlich speziell bei ihm noch das Recht auf Glaubens- und Gewissensfreiheit (Art. 4 Abs. 1 GG), da er seit einigen Jahren einer religiösen Sekte angehöre, die Krankheiten für eine gerechte Strafe Gottes halte und Impfungen deshalb strikt ablehne.

1. Es ist zu prüfen, ob die Auffassungen des A verfassungsrechtlich zutreffend sind.

2. Wie steht es mit der Verfassungsmäßigkeit, wenn die Verordnung ohne die erforderliche Zustimmung des Bundesrates erging?

7. Klausur: Art. 10 I, 5 I (GruRe im Sonderstatus), StVollzG; VerfB

H verbüßt eine längere Freiheitsstrafe wegen mehrfacher Diebstähle, Hehlereien etc. Er fühlt sich dabei vom Aufsichtspersonal in der Vollzugsanstalt besonders unnachsichtig behandelt und meint, dahinter stecke der Anstaltsleiter L, mit dem er schon bei einer früheren Strafhaft einmal einen Zusammenstoß hatte. Als H sich bei einem erneuten Vorfall besonders schikaniert glaubt, schreibt er sich im nächsten Brief an seine Frau den Ärger vom Herzen: L befehle den Wachbeamten immer wieder, ihn (H) speziell zu quälen, L sei ein »hundsgemeiner Schuft«, der »an der menschenverachtenden Schinderei seine Freude« habe.

Der Brief wird bei der Anstaltspoststelle routinemäßig kontrolliert und dem Anstaltsleiter L vorgelegt. Dieser verfügt unter Berufung auf § 31 I Strafvollzugsgesetz vom 16.9.1976 (StVollzG), daß der Brief nicht herausgehen dürfe und mit diesem Hinweis an H zurückgeleitet werde.

H ist außer sich vor Empörung und will sich dieses Vorgehen L's nicht gefallen lassen. Speziell Briefe an seine Ehefrau, mit der er alle seine Nöte offen besprechen könne, gingen die Gefängnisleitung nichts an.

H will alle rechtlichen Möglichkeiten gegen die Anstaltsverfügung ausschöpfen und, wenn nötig, sogar Verfassungsbeschwerde erheben.

Hätte eine solche Verfassungsbeschwerde Aussicht auf Erfolg?

8. Klausur: Art. 2 I, 5 I, 8 I

Die offiziell eingerichtete »Polit-AG« der Abschlußklassen in der städtischen Hauptschule I beschäftigt sich seit Beginn des Schuljahres mit den Wechselbeziehungen von Staatsform und Bürgerrechten. Die Schüler engagieren sich dabei immer mehr in der Verurteilung aller diktatorischen Regime. Nachdem sie in Diskussionen untereinander zur Überzeugung gelangt sind, daß theoretische Einsichten auch ein aktives Einstehen hervorbringen müßten, rufen sie nun für Donnerstag alle Schüler zu einer allgemeinen Kundgebung »von 10 bis 12 Uhr in der Aula« auf; dabei sollen »zur Lage der Menschenrechte und Bürgerfreiheiten in der Welt« Kurzreferate vorgetragen werden, Diskussionen abgehalten und Resolutionen gefaßt werden.

Der Rektor reagiert mit einem Aushang, in dem alle Schüler darauf hingewiesen werden, daß ein Fernbleiben vom Unterricht in der betreffenden Zeit gegen die Schulbesuchspflicht verstoße, und verbietet gleichzeitig die Kundgebung »zu dieser Zeit und in dieser Form«. Die Schüler der ›Polit-AG‹ verfassen daraufhin eine Wandzeitung, in der sie der Lehrerschaft u.a. »unerträgliche Knebelung der Rechtsstaatlichkeit« und »Meinungsterror« vorwerfen sowie den Versuch ankündigen, die Veranstaltung trotzdem wie geplant durchzuführen; den Text heften sie an das zentrale Schwarze Brett, an dem auch der Aushang des Rektors angeschlagen ist. – Der Rektor nun läßt das Plakat entfernen und verbietet den Schülern der ›Polit-AG‹ unter Androhung von Schulzuchtmaßnahmen derartige »unqualifizierte, beleidigende Äußerungen«.

Die Schüler sind der Ansicht,

1) schon die allgemeine Festlegung der Schulbesuchspflicht verletze das Grundrecht aus Art. 2 Abs. 1 GG;

2) zumindest aber könnten sie dadurch auch unter Berufung auf irgendwelche Sonderverhältnisse für Schüler nicht wirksam in der Ausübung ihrer Grundrechte aus Art. 5 und 8 GG beschränkt werden.

Wie ist der Sachverhalt verfassungsrechtlich zu beurteilen?

9. Klausur: Art. 12 I, 3 I

A ist Wahrsager in einer Stadt im Lande X. Als Grundlage seiner Vorhersage dient im wesentlichen die Sterndeuterei. Seine Kunden suchen ihn in seiner Wohnung auf. Anläßlich großer öffentlicher Veranstaltungen und bei Jahrmärkten bietet A seine Zukunftsdeutungen aber auch jedermann an. Seinen Lebensunterhalt bestreitet er nur zum Teil von den Honoraren; er betreibt gleichzeitig ein Eheanbahnungsinstitut.

In der Zeitung liest A von einem Gesetzesentwurf der Landesregierung, wonach

a) das entgeltliche Wahrsagen, insbesondere das Kartenlegen, die Stellung des Horoskops (Sterndeuterei) sowie die Zeichen-, Traum- und Handlesedeutung bei Geldstrafe verboten werden sollen; lediglich die wissenschaftliche Betätigung auf diesem Gebiet soll weiterhin erlaubt bleiben;

b) zumindest aber eine behördliche Zulassung für Wahrsager gefordert wird, damit vorbestrafte Personen von der Tätigkeit ausgeschlossen werden können;

c) das entgeltliche Wahrsagen in der Öffentlichkeit insbesondere auf Märkten verboten werden soll.

A, der seine Existenz als Astrologe bedroht sieht, läßt sich von Freunden beraten. Viele sind der Ansicht, die geplanten Regelungen seien nicht mit dem Gebot der Berufsfreiheit vereinbar. Einige weisen darauf hin, daß die Wahrsagerei eine anrüchige und keine ehrenwerte Tätigkeit sei, weshalb das Gesetz sie auch nicht schütze wie normale Berufe. A könne sowieso nichts gegen ein solches Gesetz unternehmen; denn es bleibe ihm ja unbenommen, die wissenschaftliche Laufbahn einzuschlagen.

A möchte wissen, ob er Verfassungsbeschwerde einlegen kann, wenn die geplanten Regelungen Gesetz werden und ob eine Beschwerde Erfolgsaussichten habe (für letzteres notfalls Hilfsgutachten).

Bei der Erstattung des Gutachtens ist von der Gesetzgebungskompetenz des Landes X auszugehen.

10. Klausur: Art. 12 I

Aufgrund seiner langjährigen Erfahrung als Sanitätsgefreiter betätigt sich der greise S bereits seit vielen Jahren als Helfer in allen Fragen von Gesundheitsvorsorge und Krankheiten. Seine unkonventionellen, natürlichen Heilmethoden haben schon verblüffende Erfolge gezeigt und dem S einen großen Stamm treuer Patienten gebracht, mit deren nach eigenem Belieben gezahlten Vergütungen er seine Rente aufbessert.

Als nun vom Bundestag ein Gesetz beschlossen wird, mit dem die berufsmäßige Ausübung der Heilkunde reglementiert werden soll, will S zwar den besorgten Stimmen aus seiner Kundschaft nicht Glauben schenken, daß er seine Tätigkeit künftig wohl einstellen müsse; denn er gebe seine heilkundlerischen Ratschläge und Hilfen ja nicht berufsmäßig, sondern nur aus Nächstenliebe und eigener Freude. Als er jedoch in der Zeitung liest, daß nach dem Gesetz nun für die Ausübung der Heilberufe eine Zulassungsprüfung verlangt werde, bei welcher der Bewerber gewisse medizinische Grundkenntnisse nachweisen müsse, und man nur noch dort Heilkunde betreiben dürfe, wo ein Mangel an ärztlicher Versorgung bestehe, wendet S sich an den zu seinen Patienten zählenden Jurastudenten J. Er will von ihm wissen, ob ein solches Gesetz denn überhaupt verfassungsmäßig sein könne, das möglicherweise eine derart segensreiche Tätigkeit wie seine unterbinde, und wie er – S – sich dagegen gerichtlich wehren könne.

Erstatten Sie das erbetene Freundschaftsgutachten.

11. Klausur: Art. 14; 19 I 1

Das Gesetz zur Ordnung deichrechtlicher Verhältnisse (Deichordnungsgesetz) eines norddeutschen Küstenlandes hat das bisher geltende Deichrecht auf neue Grundlagen gestellt. Es umfaßt (außer der Inkrafttretensregelung) lediglich zwei Paragraphen. Der bei den Betroffenen am meisten umstrittene § 1 lautet:

»Rechtsumwandlung

(1) Mit Inkrafttreten dieses Gesetzes entsteht öffentliches Eigentum

    a) an allen Flurstücken und Flurstückteilen, die im Liegenschaftskataster als ›Deichgrund‹ eingetragen sind;

    b) an allen in der Anlage 1 aufgeführten Flurstücken.

Öffentliches Eigentum begründet eine hoheitliche Sachherrschaft; die im öffentlichen Eigentum stehenden Gegenstände sind dem Rechtsverkehr entzogen; die Vorschriften des bürgerlichen Rechts finden keine Anwendung.

(2) Soweit öffentliches Eigentum entsteht, erlöschen

    a) alle Rechte an den betreffenden Grundstücksteilen;

    b) alle Rechte, die zum Erwerb, zum Besitz oder zur Nutzung der betroffenen Grundstücksteile berechtigen oder die den Verpflichteten in der Benutzung beschränken.«

§ 2 enthält eine Entschädigungsregelung, nach der für den Verlust von Grundeigentum eine »Abfindung« von 1 DM je Quadratmeter oder hinsichtlich bisher überdurchschnittlich genutzter Flächen ein finanzieller Ausgleich nach dem Verkehrswert gewährt wird; das Verfahren der Festsetzung findet in Abs. 2 der Vorschrift nähere Regelung.

Der Grundstückseigentümer E, der bisher ein beschränktes Eigentum an einem betroffenen Deichgrundstück innehatte, hält das neue Deichordnungsgesetz wegen Verstoßes insb. gegen Art. 14 GG für verfassungswidrig und erhebt Verfassungsbeschwerde.

Ist sie zulässig und begründet?

(Die Zuständigkeit des Landesgesetzgebers war nach Art. 72 Abs. 1, 74 Nr. 1 GG gegeben).

12. Klausur: Art. 14 I, 12 I, 3 I

Aufgrund des § 6 Abs. 1 Nr. 3 Straßenverkehrsgesetz erläßt der Bundesminister für Verkehr eine »Verordnung zur Erleichterung des Ferienreiseverkehrs auf der Straße«. Danach dürfen Kraftfahrzeuge, die zur Beförderung von Gütern bestimmt sind, mit einem zulässigen Gesamtgewicht von 7,5 t und darüber sowie Anhänger hinter Lastwagen auf Bundesautobahnen zu bestimmten Zeiten nicht verkehren. Diese Sperrzeiten betreffen fünf aufeinanderfolgende Wochenenden (Sonnabend-Mittag bis Sonntag-Abend) in der Hauptreisezeit.

Der Güterfernverkehrunternehmer U macht geltend, daß sich die Verordnung nicht auf eine Ermächtigungsgrundlage stütze, die den Anforderungen des Art. 80 Abs. 1 GG genüge. Das Gesetz lasse allenfalls eine verkehrspolizeiliche Regelung allgemeiner Art zu, keineswegs jedoch solche, die wegen ihrer berufsregelnden Wirkung große wirtschaftspolitische Bedeutung hätte. Auch verletze die Verordnung die vom Grundgesetz geschützte Berufsfreiheit. Sie können ihren Zweck nicht erfüllen und greife überdies tief in die Interessen des Güterfernverkehrs ein. Sie verletze den Gleichheitssatz, weil sie den Schwerlastverkehr grundlos einer benachteiligenden Regelung unterwerfe. Sie beeinträchtige auch das Grundrecht der freien Entfaltung der Persönlichkeit, weil sie die Wettbewerbsfreiheit beschränke. Endlich habe das Verkehrsverbot enteignenden Charakter.

U bittet um Prüfung der Verfassungsrechtslage sowie der Möglichkeit, Beschwerde zum Bundesverfassungsgericht zu erheben.

----

§ 6 Abs. 1 Nr. 3 StVG lautet:

»Der Bundesminister für Verkehr erläßt mit Zustimmung des Bundesrates Rechtsverordnungen und allgemeine Verwaltungsvorschriften über ... die sonstigen zur Erhaltung der Ordnung und Sicherheit auf den öffentlichen Wegen und Plätzen, für Zwecke der Verteidigung, zur Verhütung einer über das verkehrsübliche Maß hinausgehenden Abnutzung der Straßen oder zur Verhütung von Belästigungen erforderlichen Maßnahmen über den Straßenverkehr, insbesondere ...

d) über den Schutz der Nachtruhe und der Erholungsuchenden gegen Störungen durch den Kraftfahrzeugverkehr und über Beschränkungen des Verkehrs an Sonn- und Feiertagen ...«.

13. Klausur: Art. 13, 19 II; 1, 79 III; 20 II + III

Der im Dienst unscheinbar wirkende und nur mit bescheidenen Lohnzahlungen ausgestattete Angestellte W gilt bei seinem Finanzamt seit geraumer Zeit als verdächtig, weil er sich neben einem teuren Pkw nun auch ein stattliches Haus gekauft hat. Vor allem deklariert er dort das ausgebaute Souterrain als Einlieger-wohnung, rechnet das Haus also steuerlich als »Zweifamilienhaus« ab, nutzt jene Räume aber offenbar selber, und zwar gewerblich als Geschäfts- und Verhandlungsräume für ein undurchsichtiges (und nicht angegebenes) Export-geschäft. An der separaten Eingangstür ist das Namensschild eines Neffen W's angebracht, der indessen kaum je in der Stadt gesehen wurde, aber einen gülti-gen Mietvertrag unterzeichnet hat. Die Wohnung ist vollständig eingerichtet (u.a. mit einem bestens ausgestatteten Büro) und seitens des Mieter-Neffen lau-fen nachweislich monatliche Mietzinsen ein.

Trotz eingehender Nachforschungen und mehrfach unangemeldeter Über-prüfungsbesuche haben die Steuerfahnder bisher vergeblich versucht, die offenbar blendenden Finanzverhältnisse des W mit seinen bescheidenen offizi-ellen Einkommensverhältnissen steuerlich in Einklang zu bringen. Auch über die in den Abendstunden mehrfach beobachteten Besuche von geschäftlich aus-sehenden Personen in der Souterrain-Wohnung konnte nicht geklärt werden. W's Bank verweigert zu Recht weitergehende Auskünfte. Es werden deshalb nun von den Steuerfahndern heimlich in der Wohnung Abhörgeräte angebracht, um die dort geführten Gespräche – insb. die mit den augenscheinlichen »Geschäftsbesuchen« – abzuhören.

Als W einige Zeit später durch einen Zufall eines der Abhörgeräte entdeckt, ei-nem befreundeten Journalisten des örtlichen Boulevardblattes davon erzählt und die politisch verantwortliche Stelle auf den Pressewirbel hin nach und nach die Hintergründe bekannt gibt, entwickelt sich in der Öffentlichkeit eine lebhafte Diskussion über die Zulässigkeit eines solchen »Lauschangriffes« der Steuerfahndung. Für eine Fernsehsendung zu diesem Thema wird um ein Statement zu den Fragen gebeten, ob

1. die Steuerfahndung schon nach geltendem Recht zu derartigen Überwa-chungsmaßnahmen befugt war;

2. es für eine solche Zulässigkeit nicht doch einer Änderung der Abgaben-ordnung mit entsprechender Grundrechts-Einschränkungsermächtigung be-dürfe;

und/oder

3. ein »Großer Lauschangriff« wenigstens zu strafverfolgerischen Zwecken
   möglich sei oder für eine derartige StPO-Rechtsgrundlage eine Änderung/
   Ergänzung des Art. 13 GG erforderlich und möglich sei;

und/oder

4. unter dem Gesichtspunkt, daß jede Publizität – auch die eines Gerichtsver-
   fahrens – das effektive Wirken der Steuerfahndung in solchen Fällen torpe-
   diere, eine Verfassungsänderung samt Einschränkungsgesetz nach dem
   Vorbild von Art. 10 II 2 GG und dem »Gesetz zur Beschränkung des Brief-,
   Post- und Fernmeldegeheimnisses« (»G 10«) zu empfehlen sei.

Erstatten Sie dafür ein Rechtsgutachten.

§ 208 AO lautet:

»(I 1) Aufgabe der Steuerfahndung (Zollfahndung) ist

1. die Erforschung von Steuerstraftaten und Steuerordnungswidrigkeiten,

2. die Ermittlung der Besteuerungsgrundlagen in den in Nr. 1 bezeichneten
   Fällen,

3. die Aufdeckung und Ermittlung unbekannter Steuerfälle.

   ...

(II) Unabhängig von Abs. 1 sind die mit der Steuerfahndung betrauten Dienst-
stellen... zuständig (1.) für steuerliche Ermittlungen einschließlich der
Außenprüfung auf Ersuchen der zuständigen Finanzbehörde... .«

In § 404 Satz 1 AO heißt es:

»Die Zollfahndungsämter und die mit der Steuerfahndung betrauten Dienststel-
len der Landesfinanzbehörden sowie ihre Beamten haben im Strafverfahren
wegen Steuerstraftaten dieselben Rechte und Pflichten wie die Behörden und
Beamten des Polizeidienstes nach den Vorschriften der Strafprozeßordnung.
(2.) ...ihre Beamten sind Hilfsbeamte der Staatsanwaltschaft.«

14. Klausur: Art. 14

Im umfriedeten Park des Gutshauses von Baron B befindet sich eine aus mehreren über 100-jährigen Platanen bestehende Baumgruppe. Hiervon sind 1977 nach §§ 12 und 17 Bundesnaturschutzgesetz sowie den betreffenden Landes-Ausführungsvorschriften die sieben Kernbäume durch Eintragung in die entsprechende Liste der Naturschutzbehörde zu Naturdenkmälern erklärt und damit dem Verbot unterworfen worden:

»das eingetragene Naturdenkmal ohne Genehmigung der zuständigen Naturschutzbehörde zu entfernen, zu zerstören oder zu verändern.«

B hat vergebens versucht, die Löschung des Platanenhains in der Naturdenkmalliste zu erreichen, um die Bäume fällen und an der Stelle einen Tennisplatz anlegen zu können. Er meint, schon die Gesetzesvorschriften, die eine solche Listeneintragung erlaubten, seien verfassungswidrig. Auf jeden Fall aber verstoße die ihn betreffende Eintragungsverfügung gegen Verfassungsrecht.

Ist B's Auffassung zutreffend und kann er – falls tatsächlich schon die Gesetzesvorschriften verfassungswidrig sein sollten – statt Beseitigung der Maßnahme auch eine Enteignungsentschädigung verlangen? Wie wäre es, wenn in dem Bundesland mangels eigenen Erlasses von Ausführungsbestimmungen für das Verfahren nach § 12 Abs. 1 BNatSchG und zur näheren Bestimmung i.S.d. § 17 Abs. 2 BNatSchG nur auf das Reichsnaturschutzgesetz von 1935, das keine Entschädigungsregelung enthält, zurückgegriffen werden könnte?

15. Klausur: Art. 2 II 1, 16a GG

Z ist Staatsangehöriger des afrikanischen Landes A und war in seinem Heimatland bis 1993 an herausragender Stelle für die Regierungspartei aktiv. Ende 1993 wird der Staatchef von A ermordet; es kommt zur Machtübernahme durch eine Militärregierung. Z fürchtet nun um sein Leben und verläßt sein Land. Seine Flucht führt ihn durch verschiedene Länder Afrikas. In keinem Land findet er jedoch bleibende Sicherheit vor der Strafverfolgung seines Heimatlandes, das ihn mittlerweile mit internationalem Haftbefehl wegen nach deutschem Recht als Betrug, Untreue, Unterschlagung und Urkundenfälschung zu wertender Straftaten sucht.

Ihren tragischen Höhepunkt findet seine Flucht in dem nordafrikanischen Land B, wo Z sich dem Zugriff der örtlichen Polizeikräfte nur dadurch entziehen kann, daß er zwei tödliche Schüsse auf seine Verfolger abgibt. Mit einem gestohlenen Motorboot schafft er es bis in eine Küstenstadt des Mitgliedslandes der Europäischen Union E. Hier schließt er sich einer deutschen Reisegruppe an, die ihn nach Schilderung sämtlicher Umstände im Gepäckraum ihres Reisebusses nach Deutschland schmuggelt.

Z stellt am nächsten Morgen bei der zuständigen Stelle sofort Asylantrag mit der Begründung, daß er die z.Z. in seiner Heimat im Amt befindliche Militärregierung ablehne, weil diese nur durch Gewalt an die Macht gelangt sei. Er selbst sei Anhänger der Regierungspartei, die bis vor kurzem noch den einzig legitimen und aus freien Wahlen hervorgegangenen Staatchef von A gestellt habe und jetzt durch die Militärregierung verfolgt werde.

In der Bundesrepublik liegt seit Ende 1993 ein Ersuchen der Regierung von A auf Auslieferung Z's zum Zwecke der Strafverfolgung vor. Durch Schreiben der Regierung von B ersucht nun auch Land B um Auslieferung Z's wegen Mordes an Polizeibeamten und wegen Diebstahls. Mord kann in B immer noch mit der Todesstrafe bestraft werden, deren Verhängung aufgrund der besonderen Umstände des Falls auch nicht ganz ausgeschlossen erscheint.

1. Wie sind die beantragten Auslieferungen von A und B verfassungsrechtlich zu berurteilen, wenn Z's Angaben über seine politische Verfolgung richtig sind?

2. Kann Z nach E abgeschoben werden, wenn der Außenminister von E anläßlich einer Tagung des Rates der Außenminister der Europäischen Union seinem deutschen Amtskollegen unmißverständlich zu verstehen gegeben hat, daß E wegen verschiedener politischer Rücksichtnahmen nicht dazu bereit ist zu garantieren, daß Z nicht weiter nach B ausgeliefert wird?

Gesetz über die internationale Rechtshilfe in Strafsachen (IRG) i.d.F. vom 27.6.1994 (BGBl. I S. 1537) – Auszug –

§ 2 Grundsatz

(1) Ein Ausländer, der in einem ausländischen Staat wegen einer Tat, die dort mit Strafe bedroht ist, verfolgt wird oder verurteilt worden ist, kann diesem Staat auf Ersuchen einer zuständigen Stelle zur Verfolgung oder zur Vollstreckung einer wegen der Tat verhängten Strafe oder sonstigen Sanktion ausgeliefert werden.

§ 3 Auslieferung zur Verfolgung oder zur Vollstreckung

(1) Die Auslieferung ist nur zulässig, wenn die Tat auch nach deutschem Recht eine rechtswidrige Tat ist, die den Tatbestand eines Strafgesetzes verwirklicht, oder wenn sie bei sinngemäßer Umstellung des Sachverhalts auch nach deutschem Recht eine solche Tat wäre.

§ 6 Politische Straftaten, politische Verfolgung

(1) Die Auslieferung ist nicht zulässig wegen einer politischen Tat oder wegen einer mit einer solchen zusammenhängenden Tat. Sie ist zulässig, wenn der Verfolgte wegen vollendeten oder versuchten Völkermordes, Mordes oder Totschlags oder wegen der Beteiligung hieran verfolgt wird oder verurteilt worden ist.

(2) Die Auslieferung ist nicht zulässig, wenn ernstliche Gründe für die Annahme bestehen, daß der Verfolgte im Fall seiner Auslieferung wegen seiner Rasse, seiner Religion, seiner Staatsangehörigkeit, seiner Zugehörigkeit zu einer bestimmten sozialen Gruppe oder seiner politischen Anschauungen verfolgt oder bestraft oder daß seine Lage aus einem dieser Gründe erschwert werden würde.

§ 8 Todesstrafe

Ist die Tat nach dem Recht des ersuchenden Staates mit der Todesstrafe bedroht, so ist die Auslieferung nur zulässig, wenn der ersuchende Staat zusichert, daß die Todesstrafe nicht verhängt oder nicht vollstreckt werden wird.

16. Klausur: Allg. Staatslehre, Bezüge z. VR

Einige Seemeilen vor der Südküste Großbritanniens befindet sich in Gestalt einer ca. 1300 qm großen Plattform, die mit Betonpfeilern auf dem Meeresboden verankert ist, eine seit dem Ende des Zweiten Weltkrieges geräumte, früher englische Flakstellung. Auf ihr haben sich seit längerem mehrere Personen häuslich eingerichtet, und im Jahre 1967 hat deren gewählter ›Anführer‹, der ehemalige britische Major Roy Bates, dort das sog. »Fürstentum Sealand« ausgerufen, sowie sich selbst zum Fürsten »Roy I. of Sealand« ernannt. Das »Fürstentum« beansprucht seither eine eigene »Staatsangehörigkeit von Sealand«, welche derzeit von über 100 Personen geführt wird.

Der deutschgebürtige A, welcher seit längerem auf der Plattform lebt und im »Fürstentum Sealand« die Stellung eines »Außenministers« und »Staatsratsvorsitzenden« bekleidet, möchte nun jene seine »neue Staatsangehörigkeit« amtlich belegt haben. Unter Vorlage einer »Neutralisierungsurkunde des Fürstentums Sealand« beantragt er bei der für seinen früheren Wohnsitz in der Bundesrepublik zuständigen Verwaltungsbehörde die Erteilung eines Staatsangehörigkeitsausweises. Er trägt vor, bei dem »Fürstentum Sealand« handele es sich um einen eigenständigen Staat, durch dessen Staatsbürgerschaftsverleihung er – A – gem. § 25 des Reichs- und Staatsangehörigkeitsgesetzes v. 22.7.1913 (RuStAG) seine deutsche Staatsangehörigkeit verloren habe. Es lebten auf der Insel ständig dreißig bis vierzig Personen, denen die Verteidigung der Insel und die Versorgung der dortigen technischen Aggregate obliege. Ferner stehe unmittelbar die Anerkennung als Staat durch die Länder Sri Lanka, Paraguay und Zypern bevor.

Die Verwaltungsbehörde lehnt die begehrte Feststellung, daß A durch den Erwerb der »Staatsangehörigkeit des Fürstentums Sealand« seine deutsche Staatsangehörigkeit verloren habe, unter Hinweis darauf ab, daß es es sich beim ›Fürstentum‹ nicht um einen Staat im Rechtssinne handele.

Erstatten Sie für das daraufhin angerufene Verwaltungsgericht ein Rechtsgutachten.

17. Klausur: Art. 20 II, 79 II + III

Nach höchst uneinheitlichen Vordiskussionen in allen Parteien wird über ein bestimmtes Sparprogramm der Bundesregierung im Bundestag überaus polemisch und wenig konstruktiv diskutiert; auch die regierungtragende Parlamentsmehrheit kann sich wegen verschiedener politischer Rücksichtnahmen nicht zu einer eindeutigen Haltung durchringen. In der Bundestagsfraktion A verstärkt sich daher die Auffassung, daß bei Angelegenheiten, welche für die Bevölkerung von erheblicher Bedeutung sind oder von den gesellschaftlichen und politischen Gruppierungen gänzlich uneinheitlich bewertet werden, eine unmittelbare Einschaltung des Staatsvolkes möglich sein müsse. Nach langen Überlegungen bringt die Fraktion deshalb schließlich im Bundestag den Entwurf eines »Gesetzes über Volksbefragungen« ein. Danach soll die Bundesregierung das Staatsvolk (in einem wahlähnlichen Verfahren) befragen können, ob es einer beabsichtigten Maßnahme zustimme oder nicht.

Von der Fraktion B wird diese Initiative noch nicht für weitgehend genug gehalten. Sie beauftragt ihre Verfassungsexperten zu prüfen, ob durch ein verfassungsänderndes Gesetz die Möglichkeit geschaffen werden könne, daß beim Bundestag ein (ausgearbeiteter und mit Gründen versehener) Gesetzentwurf mit Unterzeichnung durch mindestens 20 % der Wahlberechtigten auch unmittelbar aus dem Volke eingebracht werden könne (»Volksbegehren«). Und schließlich solle noch ein »Volksreferendum« eingeführt werden, wonach (in einem ausdifferenzierten Verfahren) die Wahlbevölkerung mit Drei-Viertel-Mehrheit ein vom Bundestag beschlossenes Gesetz mit endgültiger Wirkung verwerfen kann.

Über den Gesetzentwurf der A-Fraktion und die Pläne der B-Fraktion entbrennt unter Verfassungsrechtlern ein heftiger Streit. Teils hält man all solche Initiativen für verfassungsrechtlich verwehrt, weil das GG strikt nur die Form der mittelbaren Demokratie kenne. Teils hält man die Verfassungsstrukturen insoweit ohne weiteres für ergänzungs- bzw. änderungsfähig.

1. Bestehen verfassungsrechtliche Bedenken gegen den Gesetzentwurf der A-Fraktion?

2. Ließen sich die von der B-Fraktion einzuführen geplanten Formen des »Volksbegehrens« und/oder des »Volksreferendums« unter dem Grundgesetz verwirklichen?

18. Klausur: Art. 20 II 1 (»Volk«), 28 I + II

Nachdem am 27.10.1994 in das Grundgesetz bei Art. 28 I eingefügt wurde, daß bei Wahlen in Kreisen und Gemeinden auch Personen, die die Staatsangehörigkeit eines Mitgliedstaates der Europäischen Gemeinschaft besitzen, nach Maßgabe des Rechts der Europäischen Gemeinschaft wahlberechtigt und wählbar sind, möchte jetzt eine bundesdeutsche politische Partei einen weiteren Schritt zur Integration von Ausländern in die Bundesrepublik betreiben.

Sie erwägt, für Bürger von Staaten der EU und für Ausländer aus anderen Ländern, die bereits fünf Jahre in der Bundesrepublik Deutschland wohnen und hier ihren Lebensmittelpunkt gefunden haben, das allgemeine aktive und passive Wahlrecht zu den verschiedenen demokratischen Vertretungskörperschaften einzuräumen. Auf Bundesebene soll über einen Antrag der Bundestagsfraktion eine entsprechende Änderung des Bundeswahlgesetzes bzw. die Voraussetzung für sonst notwendige legislative Schritte herbeigeführt werden. Im Bundesland X versucht der dortige Landesvorstand der Partei, seine Landtagsfraktion für entsprechende Initiativen zum Landtagswahlrecht und zum Kommunalwahlrecht einzusetzen. Nicht nur bei politischen Gegnern, sondern auch von einigen Juristen werden jedoch starke Bedenken hinsichtlich der verfassungsrechtlichen Zulässigkeit dieser Schritte erhoben. Teils meint man, die Verfassung verwehre solche Wahlrechtserweiterungen völlig und endgültig, soweit es sich nicht um das Wahlrecht für EU-Bürger auf Kommunalebene handelt, teils hält man wenigstens entsprechend notwendige Verfassungsänderungen für möglich oder glaubt, auf Kommunalebene könne die gewünschte Reform bezüglich aller Ausländer auch durch einfaches Gesetz erreicht werden.

Erstatten Sie ein umfassendes verfassungsrechtliches Gutachten zu diesen Fragen.

19. Klausur: Art. 21 I, 76 II, 93 I

Die Bundesregierung hat wegen besonderer Eilbedürftigkeit unmittelbar beim Bundestag den Entwurf eines Gesetzes zur Änderung des Parteiengesetzes eingebracht.

Art. 1 des Entwurfs lautet:

» In § 2 Abs. 1 Parteiengesetz werden in Satz 1 die Worte ›nach der Zahl ihrer Mitglieder‹ gestrichen. Als Satz 2 wird folgender Satz eingefügt: ›Parteien sind nur Vereinigungen mit mehr als 20.000 Mitgliedern.‹«

Nach heftiger Debatte verabschiedet der Bundestag das Gesetz in dritter Lesung, der Bundesrat stimmt zu, und das Gesetz wird im Bundesgesetzblatt verkündet.

Die vor einem Jahr gegründete X-Partei, die jene Mitgliederzahl noch nicht erreicht hat, sieht sich durch die Änderung des Parteiengesetzes in ihrer Entwicklung gehemmt, weil sie so von den Vergünstigungen des Parteienrechts ausgeschlossen wird. Sie hält das Änderungsgesetz für materiell und formell verfassungswidrig.

1) Ist die Rechtsansicht der X-Partei begründet?

2) Wie kann die X-Partei ihre Ansicht gegebenenfalls vor dem Bundesverfassungsgericht geltend machen?

20. Klausur: Art. 21 I + II, 5 I 2

Die X-Partei, in der öffentlichen Meinung stark umstritten und von vielen als extremistisch eingestuft, sieht sich im Vorfeld der nächsten Bundestagswahlen einer – wie sie sagt – »besonders starken Diffamierungskampagne der destruktiven politischen Kräfte« ausgesetzt. So hat der Bundesinnenminister jetzt in einer bundesweit beachteten und wiedergegebenen Grundsatzrede vor dem Bundestag die X-Partei unverblümt als eine »verfassungswidrige, radikale Partei« bezeichnet. Und einer der auflagenstärksten Pressekonzerne in der Bundesrepublik lehnt Wahlanzeigen der X-Partei für alle seine Zeitungen rundweg ab, weil sie »in ihren politischen Zielsetzungen nicht mit der publizistischen Linie des Konzernes übereinstimme«.

Die X-Partei »will sich dies nicht bieten lassen«, wie sie ankündigt. Sie beruft sich auf Art. 21 Abs. 2 GG und argumentiert, da und solange nicht das Bundesverfassungsgericht ihre Verfassungswidrigkeit festgestellt habe, dürfe niemand sie als verfassungswidrig bezeichnen und ihr die Rechte einer politischen Partei aus Art. 21 Abs. 1 GG, insb. den Gleichbehandlungsanspruch, beschneiden. Der Bundesinnenminister sei als Staatsorgan noch in besonderem Maße zur Achtung dieser Verfassungsrechtslage verpflichtet und der Zeitungskonzern habe sich damit abzufinden, daß die Presse trotz privatrechtlicher Strukturierung hinsichtlich ihrer Wirkungen für die politische Meinungsbildung der Wähler nicht anders behandelt werden könne als etwa Rundfunk und Fernsehen, hinsichtlich derer es mittlerweile unbestritten sei, daß ihre Werbemöglichkeiten grundsätzlich allen Parteien offenstehen müßten.

Wie ist die verfassungsrechtliche Lage?

21. Klausur: Art. 21 I; PartG, BWahlG

Der parteilose Brauereibesitzer A, eine angesehene und populäre Persönlichkeit seiner Heimatregion, möchte sich bei den nächsten Wahlen um ein Bundestagsmandat bemühen. Zu diesem Zweck hat er mit dem betr. Landesverband der neugegründeten P-Partei eine Absprache getroffen, nach welcher die Partei ihn in seinem Heimatwahlkreis unterstützt, indem sie ihm organisatorische Hilfe leistet und keinen parteieigenen Bewerber entgegenstellt, während A die Wahlchancen der Partei mit einem Auftreten auf werbewirksamem Platz ihrer Landesliste fördern werde.

Trotz enormer persönlicher und finanzieller Anstrengungen haben beide Seiten keinen Erfolg. Die P-Partei kommt im Bundesgesamtergebnis nur auf 4,7 % der Zweitstimmen und bleibt damit unter der Wahlsperrklausel. Und A erhält zwar rund 45.000 der Erststimmen (= 30,1 %) in seinem Wahlkreis, scheitert aber am Direktkandidaten einer der großen Parteien.

Die P-Partei meint, sie sei in verfassungswidriger Weise um ihre Wahlchance gebracht worden, und will deshalb die Wahl für ungültig erklären lassen. Als Grund trägt sie vor: Sie habe beim Bundestagspräsidenten eine Abschlagszahlung auf die ihr entstehenden Wahlkampfkosten beantragt, dieser Antrag sei aber unter Hinweis auf § 20 Abs. 1 Satz 1 Parteiengesetz abgelehnt worden. Infolgedessen hätten ihr für den Wahlkampf nur erheblich geringere Mittel zur Verfügung gestanden als den etablierten Parteien, die umfangreiche Abschlagszahlungen erhalten haben. Diese Benachteiligung einer neuen Partei sei mit dem Wesen eines demokratischen Staates unvereinbar und die Wahlkampfkostenerstattung deshalb auch grundsätzlich fragwürdig.

Auch A ist mit den finanziellen Bedingungen der Wahl nicht einverstanden. Ihm geht es jedoch vorrangig darum, seine enormen Aufwendungen wenigstens etwas ausgeglichen zu sehen. Sein Antrag, den entsprechend seinem Erststimmenanteil auf ihn entfallenden Betrag der Wahlkampfkostenpauschale (§ 18 I Parteiengesetz) zu bestimmen und zur Zahlung anzuweisen, wird indes vom Bundestagspräsidenten mangels gesetzlicher Grundlage abgelehnt. A hält dieses Ergebnis für verfassungswidrig, weil er als parteiloser Kandidat durch die unbegründete Schlechterstellung gegenüber den Parteien und deren Bewerbern in seinem Recht auf Chancengleichheit bei der Wahl verletzt werde.

Wie ist die Rechtslage und wie können die P-Partei und A ihre Begehren prozessual geltend machen?

22. Klausur: Art. 21 I, 38 I 2; PartG, BWahlG

Die Bundestagsfraktion der X-Partei beschließt, ein zur Zeit im Bundestag kurz vor der 3. und letzten Lesung stehendes Gesetz abzulehnen. Sie weist ihre Mitglieder besonders auf die Pflicht hin, in dieser Frage nach außen hin als eine Einheit aufzutreten und keinesfalls ihre Stimme für das Gesetz abzugeben.

Der Abgeordnete A dieser Fraktion, der über eine Landesliste in den Bundestag kam und gegen den Ablehnungsbescheid der Fraktion gestimmt hat, möchte wissen, ob bei einer Nichtbefolgung des Einheitsaufrufes Sanktionen gegen ihn ergriffen werden können. Insbesondere erbittet er darüber Auskunft,

1. ob er – wie in der Parteisatzung vorgesehen – mit einem Strafgeld belegt werden könne;

2. ob man ihn aus der Partei und/oder Fraktion ausschließen kann;

3. ob die von ihm seinerzeit in freier Überzeugung unterschriebene Erklärung, er werde sich stets den Mehrheitsbeschlüssen der Fraktion beugen oder andernfalls sein Mandat niederlegen, gegen ihn verwendet werden könne.

23. Klausur: Art. 21, 38; BWahlG

Eine Gruppe von 35 Abgeordneten hat im Bundestag den »Entwurf eines Gesetzes zur Änderung des Bundeswahlgesetzes« eingebracht. Danach soll der § 46 Abs. 1 BWahlG, der die Verlustgründe für das Bundestagsmandat aufführt, um folgenden, weiteren Tatbestand ergänzt werden:

»4a. Ausscheiden aus der Partei, für die er bei der Wahl aufgetreten ist.«

Im Rechtsausschuß werden gegen den Entwurf verfassungsrechtliche Bedenken erhoben. Einige Ausschußmitglieder halten die Gesetzesänderung für unvereinbar mit Art. 38 Abs. 1 GG. Ihnen werden vor allem Argumente aus der Verfassungswirklichkeit entgegengehalten. Ein Abgeordneter erhalte tatsächlich sein Mandat nur aufgrund des Wählervotums für seine Partei, und auch andere Vorschriften des BWahlG fußten deshalb zu Recht auf einer Zusammengehörigkeit von Parteimitgliedschaft und Bundestagsmandat. Es bedeute eine Verfälschung des Wählerwillens, wenn die aus der Wahl sich ergebende Sitzverteilung im Parlament nachträglich durch Partei- und Fraktionsübertritte verändert werde.

Die A-Fraktion, die im Bundestag mit 224 Mandaten vertreten ist, erbittet nun ein verfassungsrechtliches Gutachten darüber, ob der vorliegende Gesetzentwurf mit dem Grundgesetz vereinbar sei. Die Fraktion möchte weiter wissen, ob sie einen Antrag beim Bundesverfassungsgericht stellen kann, die Unvereinbarkeit des »Entwurfs eines Gesetzes zur Änderung des Bundeswahlgesetzes« mit dem Grundgesetz festzustellen.

24. Klausur: Art. 38 I 1: Wahlrechtsgrundsätze

Der Bundestag hat mit knapper Mehrheit ein Gesetz beschlossen, das – so die Entwurfsbegründung –»die parlamentarische Arbeit im Bundestag auf eine neue, zeitgemäße Grundlage stellen« soll. U.a. wird dadurch ein § 47a in das Bundeswahlgesetz eingefügt, der folgenden Wortlaut hat:

» (1) Ein Abgeordneter, der Mitglied der Bundesregierung ist, kann zur Niederschrift des Präsidenten des Bundestages erklären, daß sein Mandat für die Dauer seiner Amtszeit ruhen soll. Die Erklärung ist unwiderruflich.

(2) Während seiner Amtszeit als Mitglied der Bundesregierung übt für den Abgeordneten der nach § 46 nächstberufene Bewerber das Mandat aus.

(3) Lehnt ein Bewerber die Ausübung des Mandats ab, so scheidet er auch für die Nachfolge (§ 48 Abs. 1) aus.

(4) Scheidet im Falle des Ruhens der Abgeordnetenmandate mehrerer Mitglieder der Bundesregierung ein Mitglied aus der Bundesregierung mit der Maßgabe aus, daß das Ruhen seines Mandats endet, so tritt von mehreren aus einer Landesliste zur Ausübung des Mandats berufenen Bewerber derjenige zurück, der als letzter berufen worden war.

(5) Das Ruhen eines Abgeordnetenmandats, seine Ausübung durch einen nachfolgenden Bewerber, das Ende des Ruhens und das Zurücktreten eines Bewerbers werden vom Landeswahlleiter festgestellt.«

Bundesminister M, der selber nicht zugleich Bundestagsabgeordneter ist, teilt die verfassungspolitischen und verfassungsrechtlichen Bedenken vieler Parlamentarier gegen die Neuregelung. Er hält insbesondere die Wahlrechtsgrundsätze der Verfassung und das freie Mandat für verletzt. Er fordert vom Referat »Verfassungsrecht« in seinem Ministerium eine Expertise über die Rechtmäßigkeit der Gesetzesnovelle an.

Erstatten Sie das erbetene Gutachten.

25. Klausur: Art. 65; PrüfR des BPräs

Der Bundeskanzler hat in einer Regierungserklärung deutlich gemacht, daß zur Schonung der herkömmlichen Nahrungsquellen und als Lösungsbeitrag für die Zukunftsprobleme der Weltversorgung stärker die Entwicklung von Technologien für die Krill-Nutzung gefördert werden soll (Krill: massenweise vorkommende, stark eiweißhaltige Kleinkrebsart in den Gewässern der Antarktis). Als im Kabinett über die Einbringung des Entwurfs eines »Gesetzes über die steuerliche Privilegierung von Investitionen zur Krillgewinnung« beraten wird, stellt sich Bundesminister M energisch gegen die Initiative, weil dadurch einerseits die heimische Nahrungsmittelindustrie geschädigt und andererseits ein nicht zu verantwortender Eingriff in die Meeresökologie unterstützt werde. Als darauf noch weitere Regierungsmitglieder in ihrer Auffassung schwankend werden, erklärt der Bundeskanzler energisch die Gesetzesinitiative zur Richtlinie der Politik, so daß der Entwurf nun rechtlich als einstimmig beschlossen anzusehen sei. Damit solche Wankelmütigkeiten in seiner Mannschaft nicht wieder vorkämen, beantragt er wenige Tage später beim Bundespräsidenten die Entlassung des M. Weil der jedoch den M für einen untadeligen Politiker hält, dessen Einstellung in der Krill-Frage durchaus zu verstehen sei, weigert er sich, ihn zu entlassen.

Haben Bundeskanzler und Bundespräsident verfassungsmäßig gehandelt?

Könnte M gegen eine Entlassung das Bundesverfassungsgericht anrufen?

26. Klausur: Art. 64 I, 65, 67 I; 65a

Bei der Bundestagswahl verlor die Regierungspartei A ihre bisherige absolute Mehrheit und sah sich, um weiterhin an der Regierungspolitik beteiligt zu sein, gezwungen, mit der B-Partei, die schon vorher ihre Bereitschaft dazu signalisiert hatte, eine Koalition einzugehen. In den Koalitionsverhandlungen einigten sich beide Parteien schließlich auf sog. ›Arbeitsrichtlinien der Regierung‹ mit folgenden Bestimmungen:

1) Die A-Partei stellt in der Bundesregierung mit Herrn X den Bundeskanzler sowie 11 (namentlich und ressortmäßig bestimmte) Minister, die B-Partei 4 (namentlich und ressortmäßig vorbestimmte) Minister.

2) Der Bundeskanzler versichert vor seiner Wahl in einer der B-Partei zugestellten Urkunde, daß er zu einem bestimmten Zeitpunkt vor Ablauf der Legislaturperiode zugunsten eines anderen Kandidaten seiner Fraktion zurücktritt.

3) Es wird ein paritätisch besetzter Koalitionsausschuß gebildet, der unter anderem über Personalentscheidungen im Bereich der Regierung sowie von Gesetzesvorhaben der Bundesregierung berät und dem die Initiativentwürfe der Koalitionsabgeordneten bzw. -fraktionen zuzuleiten sind. Ein Gesetzentwurf darf nur mit Billigung des Koalitionsausschusses dem Bundeskabinett vorgelegt bzw. im Bundestag eingebracht werden.

Der eigenwillige Y ist als Verteidigungsminister eines der der B-Partei angehörenden Regierungsmitglieder. Schon bald kommt es zwischen ihm und Bundeskanzler X zu Meinungsverschiedenheiten, in deren Verlauf X schließlich nach Rückversicherung bei den Koalitionsfraktionen und auf entspr. Empfehlung des Koalitionsausschusses beim Bundespräsidenten um die Ministerentlassung des Y einkommt. Anschließend übernimmt Bundeskanzler X selber das Verteidigungsressort, bis sich die B-Partei bzw. -Fraktion auf einen neuen Ministerkandidaten geeinigt habe.

Y hält dieses Vorgehen des Kanzlers und überhaupt die Koalitionsvereinbarungen für verfassungswidrig. Er erbittet ein umfassendes Gutachten.

27. Klausur: Fraktionsstatus; Art. 93 I Nr. 1 + 4a

Die für viele politisch unliebsame X-Partei hat bei der Bundestagswahl überraschend die Wahlsperrklausel überwunden und zieht nun bei genau 5 % der Zweitstimmen mit 33 Abgeordneten in den neuen Bundestag ein. Bei den drei großen, bisherigen Bundestagsparteien bestehen starke Bedenken, ob mit den Abgeordneten der X-Partei eine gedeihliche parlamentarische Arbeit möglich sein werde. Erste Erfahrungen im Bundestag scheinen ihnen diese Skepsis zu bestätigen.

Mit den Stimmen der übrigen Parteien beschließt daraufhin der Bundestag eine Änderung des § 10 Abs. 1 seiner Geschäftsordnung, der nunmehr lautet:

» Die Fraktionen sind Vereinigungen von mindestens 45 Mitgliedern des Bundestages, die derselben politischen Partei oder solchen Parteien angehören, die auf Grund gleichgerichteter politischer Ziele in keinem Land miteinander im Wettbewerb stehen. Schließen sich Mitglieder des Bundestages abweichend von Satz 1 zusammen, bedarf die Anerkennung als Fraktion der Zustimmung des Bundestages«.

Die Abgeordneten der X-Partei fühlen sich durch die damit erfolgte Vorenthaltung des Fraktionsstatus in ihren und ihrer Partei verfassungsmäßigen Rechten verletzt. Sie würden in ihren parlamentarischen Wirkungsmöglichkeiten entscheidend zurückgesetzt und für die Partei werde quasi eine zweite Wahlsperrklausel errichtet. Von der Bundestagsmehrheit wird entgegengehalten, das Parlament sei zur geschäftsordnungsmäßigen Aufrechterhaltung seiner effektiven Herrschafts- und Funktionsfähigkeit berechtigt, ja verpflichtet, auch wenn dabei Individualbefugnisse von Abgeordneten unvermeidlich gewisse Beschränkungen erführen. Die festgelegte Mindestfraktionsstärke sei gemessen an diesem Regelungsziel nicht als zu hoch anzusehen: 45 Abgeordnete machten noch nicht einmal 7 % der Gesamtstärke des Bundestages aus.

Die Abgeordneten der X-Partei erbitten nun ein Gutachten über die verfassungsrechtliche Lage und ihre prozessualen Möglichkeiten, das Bundesverfassungsgericht anzurufen.

28. Klausur: PrüfR des BPräs; Art. 77 I 1, 82 I 1

Da die Tierwelt in der Bundesrepublik zunehmend verarme, dadurch das ökologische Gleichgewicht gestört werde und endlich ein Anfang zu machen sei, auch aussterbende Tierarten wieder heimisch werden zu lassen, hat der Bundestag mit Zustimmung des Bundesrates ein Ergänzungsgesetz zum Bundesjagdgesetz beschlossen, in dem die ganzjährige Schonzeit für Milane und Habichte, Luchse und Wildkatzen angeordnet wird. Bei der Schlußabstimmung ergab sich dafür nur eine Mehrheit von 255 gegen 229 Stimmen, weil insb. die Auffassung vertreten wurde, bei den aufgeführten Tierarten handele es sich um Raubtiere, für die in den vollkultivierten Regionen der Bundesrepublik kein Platz sei.

Am Tage nach der Schlußabstimmung erklärten 52 Abgeordnete einer Fraktion, die alle dem Gesetz zugestimmt hatten, sie hätten ihre Stimme irrtümlich abgegeben. Sie seien davon ausgegangen, daß über den Gesetzentwurf in einer nach dem Antrag ihrer Fraktion geänderten Fassung abgestimmt werde, wonach die endgültige Regelung den Ländern überlassen bleibe. Die in der Abstimmungsfrage des Bundestagspräsidenten genannte Drucksachennummer, die den Antrag einer anderen Fraktion bezeichne, sei in ihrer fraktionseigenen Sitzungsvorlage von dem betreffenden Berichterstatter fälschlich als die Kennziffer ihres Fraktionsantrages angegeben worden (was tatsächlich zutrifft). Der wirklich zur Abstimmung gestellten Fassung hätten sie nicht zustimmen wollen, so daß ihre Stimmen wenigstens als ungültig angesehen werden müßten.

Der Bundesminister für Ernährung, Landwirtschaft und Forsten kündigt an, er werde in seinem Ministerium eine eingehende Prüfung dieser sowie der »gleichfalls nicht ganz zweifelsfreien« Zuständigkeitsfrage vornehmen lassen und das Gesetz nur gegenzeichnen, wenn ihm dessen volle Verfassungsmäßigkeit nachgewiesen werde. Als engagierter Tierschutzideologe zeichnet nun kurzerhand der Bundeskanzler gegen und leitet das Gesetz an den Bundespräsidenten zur Ausfertigung und Verkündung weiter.

Der Bundespräsident möchte nun wissen, ob er die Verfassungsmäßigkeit des Gesetzes prüfen müsse. Denn einerseits wolle er sich nicht gegen Initiativen des Bundeskanzlers stellen, der die Rechtmäßigkeitsprüfung bei Gegenzeichnung in seinem Aufgabenbereich habe und ja auch seine – des Bundespräsidenten – Handlungen hier politisch verantworten müsse, andererseits teile er aber die verfassungsrechtlichen Bedenken des Bundesernährungsministers, die sich im übrigen durch die letzte Entwicklung noch erweitert hätten, weil dessen ausgesparte Gegenzeichnung nach § 29 Abs. 1 S. 1 GeschOBReg zwingend vorgeschrieben sei.

Erstatten Sie für das Bundespräsidialamt ein Gutachten.

29. Klausur: Ges. ZustBedürftigkeit; Art. 77 IV 1

Das Rentenreformgesetz vom 16.10.1972 hatte die Arbeiterrentenversicherung durch Einführung einer flexiblen Altersgrenze neu geregelt und dabei das bisher vorgeschriebene Verfahren der Landesversicherungsanstalten geändert sowie den Bundesminister für Arbeit und Sozialordnung ermächtigt, weitere Regelungen durch Rechtsverordnung zu treffen. Die vom Bundesrat für erforderlich gehaltene Zustimmung war nach längerem Disput erteilt worden.

Nachdem sich nun infolge Neuwahl die Mehrheitsverhältnisse im Bundestag verschoben haben, bringen 38 Abgeordnete den Entwurf eines Rentenversicherungs-Änderungsgesetzes ein, das die Anwendung der flexiblen Altersgrenze wieder einschränken soll, dabei aber objektiv keine neuen Zustimmungserfordernisse des Bundesrates auslöst. Im Bundesrat selbst, der die Novelle gleichwohl für zustimmungsbedürftig hält, weil sie ein Zustimmungsgesetz ändere, wird der Entwurf für sozialpolitisch unvertretbar erachtet. Nachdem der Vermittlungsausschuß – vom Bundesrat deshalb angerufen – das beschlossene Änderungsgesetz bestätigt hat, versagt der Bundesrat seine Zustimmung. Ohne ein weiteres Tätigwerden der Gesetzgebungsorgane wird das Gesetz nun nach Gegenzeichnung und Ausfertigung am 31.3.1973 verkündet.

Der Bundesrat ist mehrheitlich der Auffassung, das Rentenversicherungs-Änderungsgesetz sei nicht verfassungsmäßig zustande gekommen, insb. weil weder die erforderliche Zustimmung erklärt noch das nach Art. 77 Abs. 4 S. 1 GG vorgesehene Verfahren durchgeführt worden sei.

1. Ist diese Auffassung zutreffend?

2. Wie kann sie vom Bundesrat gegebenenfalls verfassungsgerichtlich zur Geltung gebracht werden?

30. Klausur: Art. 28 I, Homogenitätsprinzip

Das Bundesland X will seine Verfassung ändern. Gegenüber der alten Verfassung soll insbesondere das parlamentarische Regierungssystem des Landes Änderungen erfahren, die in folgenden Punkten bestehen:

1. Die Mitglieder der Landesregierung dürfen nicht mehr zugleich Abgeordnete des Landtages sein.

2. Das Amt des Ministerpräsidenten endet nicht automatisch mit dem Zusammentritt eines neuen Landtages, sondern nur durch Neuwahl eines anderen Ministerpräsidenten.

3. Die Wahl eines neuen Ministerpräsidenten darf frühestens nach Ablauf der Legislaturperiode, in der der Vorgänger gewählt wurde, erfolgen.

4. Neben der aus allgemeinen, unmittelbaren, freien, gleichen und geheimen Wahlen hervorgegangenen Volksvertretung (Landtag) soll ein Senat eingerichtet werden, dessen 60 Mitglieder nach einem bestimmten Schlüssel von den sozialen, wirtschaftlichen, kulturellen und kommunalen Körperschaften des Landes gewählt werden. Alle Gesetze, die Belange dieser Körperschaften berühren, können nur noch mit Zustimmung des Senates ergehen.

Sind die geplanten Verfassungsänderungen mit dem Grundgesetz vereinbar? Welche Folgen hätten entsprechende Verstöße?

31. Klausur: Art. 38 I 2, 64 I, 65 (Kollegialprinzip)

Der Bundeskanzler hatte schon in der Regierungserklärung deutlich gemacht, daß sein politisches Ziel u.a. die Aussöhnung mit X-Land sei. Der Bundestagsabgeordnete A ist Verteidigungsminister der Regierung.

Als die Verhandlungen über einen Gewaltverzichtsvertrag mit X-Land immer erfolgversprechender werden, konkretisieren sich bei A politische Bedenken: Nach seiner Auffassung würde der Vertrag das strategische Verteidigungskonzept der Bundesrepublik insgesamt verändern, was er nicht für vertretbar hält. A trägt seine Einwendungen dem Bundeskanzler vor, der ihnen jedoch keine Bedeutung beimißt und auf der Verwirklichung seiner politischen Zielsetzung besteht. – Nach weiteren Verhandlungen wird der Gewaltverzichtsvertrag paraphiert. Als die Bundesregierung über die Vorlage des Ratifizierungsgesetzes berät, legt A erneut seine ablehnende Haltung dar und stimmt als einziger gegen die Einbringung. – In der Bundestagsdebatte über den Gesetzentwurf hält er dann (»nicht nur als Verteidigungsminister, sondern auch als Abgeordneter«, wie er betont) eine vielbeachtete Rede, in der er unverhohlen seine Bedenken zum Ausdruck bringt. In der Schlußabstimmung votiert er mit der Opposition gegen das Gesetz und bekennt es freimütig.

Der Bundeskanzler hält daraufhin eine weitere Zusammenarbeit mit A für unmöglich, weil jener es nicht nur gröblich am politischen Takt habe fehlen lassen, sondern auch handfest gegen die Verfassung verstoße. A könne sich gegenüber der Richtlinienkompetenz des Kanzlers und dem Solidaritätsanspruch des Kabinetts weder auf seine eigenständige Ressortleitung berufen noch auf seine Mandatsfreiheit als zugleich Abgeordneter (eine Konstellation zudem, deren Zulässigkeit schon überhaupt fragwürdig sei). – Ausdrücklich wegen »vorsätzlicher Verletzung der Verfassungspflichten eines Regierungsmitgliedes« erwirkt der Kanzler beim Bundespräsidenten A's Entlassung als Minister.

A will nun »die ganze Angelegenheit verfassungsrechtlich geklärt wissen«. Erstatten Sie das von ihm erbetene Gutachten.

32. Klausur: Art. 44 I 1; 45a, 46 II, BundesAuftragsVw

Im Bundestag beantragt ein Drittel der Abgeordneten unterschiedlicher Fraktionen die Einsetzung eines Untersuchungsausschusses, der zu folgenden drei Fragen Ermittlungen anstellen soll:

1. Angemessenheit der Aufwendungen für den Ausbau der Bundesstraße 12 zwischen A-Stadt und B-Stadt.

2. Richtigkeit der Behauptung, der Abgeordnete A habe sich von dem an dem Ausbau dieser Straße beteiligten Bauunternehmer B 20.000,– DM versprechen lassen, damit er im Bundestag für die Gewährung einer Subvention an B stimme.

3. Sicherung des an der Bundesstraße 12 gelegenen Truppenübungsplatzes, auf dem im Schutz von Baufahrzeugen Waffen gestohlen wurden, gegen die Wiederholung solcher Vorfälle.

Der Bundestagspräsident stellt daraufhin vor dem beschlußfähigen Parlament fest: »Der beantragte Untersuchungsausschuß ist hiermit eingesetzt«.

A. Ist die Einsetzung des Untersuchungsausschusses rechtmäßig?

B. Unabhängig von diesem Vorgang wird im Bundestag die Ergänzung der verfahrensrechtlichen Regelungen über Untersuchungsausschüsse für notwendig gehalten. Müßte eine solche Erweiterung durch Gesetz erfolgen, oder genügte eine Ergänzung der Geschäftsordnung?

33. Klausur: GewTrennung, Art. 19 IV; 20a, 2 II 1, 14 I, 19 I 1; VerfB

Im Jahre 1989 beantragt die Euro-Elektrik AG bei der Landesregierung des Bundeslandes X die Genehmigung eines Kernkraftwerkes nach § 7 AtomG. Als Standort ist ein Ufergrundstück im Stadtgebiet der Landeshauptstadt vorgesehen. Die Landesregierung zögert die Entscheidung hinaus. In der Bevölkerung regt sich heftiger Protest: Die Anlage werde unabsehbare Sicherheitsrisiken auslösen, sie werde Stadtbild und Landschaft zerstören. Gegner des Vorhabens schließen sich zur »Atomstop-Bürgerinitiative« in der Rechtsform eines nicht-rechtsfähigen Vereins zusammen. Ziel ist, den Bau »mit allen Mitteln« zu verhindern, vor allem gegen die Standortgenehmigung, sollte sie erteilt werden, mit massenhaften Klagen zum VG vorzugehen.

Die Bundesregierung, die ihre Energieplanung gefährdet sieht, will den politischen Widerstand des Landes überwinden, die drohende Prozeßlawine vermeiden und das Verfahren abkürzen. Die Standortgenehmigung soll deshalb erstmals in diesem Fall durch ein Bundesgesetz erteilt werden. Die Bundesregierung hält ihr Vorhaben sogar für rechtlich geboten, weil die Standortgenehmigung in der verwaltungsgerichtlichen Praxis längst über einen Verwaltungsakt hinausgewachsen sei und einen unabsehbaren Personenkreis betreffe. Die Bundesregierung bringt daher die Vorlage eines Gesetzes ein, das die Standortgenehmigung »im Sinne von § 7 AtomG« der Euro-Elektrik AG für die genau bezeichnete Anlage unter bestimmten Auflagen erteilt. Der Bundestag beschließt das Gesetz; der Bundesrat sieht von einem Einspruch ab.

Nach Verkündung des Gesetzes am 3.1.1995 legt die Bürgerinitiative Verfassungsbeschwerde beim BVerfG ein, mit der Begründung, das »Maßnahmegesetz verletze Kompetenzen des Bundeslandes, das Grundrecht auf Umweltschutz sowie das Recht auf Leben und körperliche Unversehrtheit«.

1. Bestehen verfassungsrechtliche Bedenken gegen das Gesetz?

   (Bedenken, die sich auch ergäben, wenn die Standortgenehmigung in der bisherigen Form erteilt worden wäre, bleiben außer Betracht).

2. Ist die Verfassungsbeschwerde zulässig?

Vermerk für die Bearbeitung:

Es ist davon auszugehen, daß die Verwaltungsgerichte die Befugnis, gegen die Genehmigung nach § 7 AtomG zu klagen, bejahen, wenn die Kläger in einem Umfeld von 100 km und sogar mehr um die geplante Anlage wohnen.

34. Klausur: Art. 104a IV, 30; 28 II, 106 VI 1

Nachdem sich in einzelnen Gebieten der Bundesrepublik bei regional stark absinkender Konjunktur ein erheblicher Anstieg der Arbeitslosigkeit zeigte, beschloß die Bundesregierung nach Rücksprache mit den Bundesländern ein »Einmaliges Sonderprogramm für Gebiete mit speziellen Strukturproblemen«. Das Programm sieht im einzelnen vor, daß in Höhe von insgesamt 300 Mio. DM bei gewissen regionalen Strukturbedingungen Finanzhilfen des Bundes in Form von Investitionszuschüssen für bestimmte kommunale Infrastrukturinvestitionen gewährt werden. Die betreffenden Förderungsanträge der Gemeinden sollen von den Ländern unter Beifügung einer gutachtlichen Stellungnahme dem Bundeswirtschaftsminister übersandt werden, der dann gegenüber den Gemeinden (Gemeindeverbänden) die Bewilligungsbescheide erteilt.

Zur Flankierung dieser Maßnahme bringt die Bundesregierung beim Bundestag einen Entwurf zur Änderung des Gewerbesteuergesetzes ein, nach welchem zur Stärkung der örtlichen Privatwirtschaft und ihrer Investitionskraft die Gewerbekapitalsteuer abgeschafft werden soll.

Im Bundesland A hegt man nachhaltige Zweifel wegen der Verfassungskonformität der beiden Initiativen. Bezüglich des Investitionshilfeprogrammes sieht man Verstöße gegen Art. 104a Abs. 4 GG und gegen das Bundesstaatsprinzip, weil der Bund bei der Finanzhilfeerteilung über die Länder hinweg unmittelbar mit den Kommunen in Beziehung träte. Bezüglich der Beseitigung der Gewerbekapitalbesteuerung werde sowohl gegen die aus Art. 28 Abs. 2 GG fließende Gemeindefinanzgarantie als auch gegen die Realsteuergarantie des Art. 106 Abs. 6 S. 1 GG verstoßen, da diese Steuerform von der rund 4/5 des Gesamtaufkommens der Realsteuern tragenden Gewerbesteuer wiederum bis zu 25 % des Volumens erbringe.

Von seiten der Bundesregierung wird geltend gemacht, in der Weiterleitung der kommunalen Förderungsanträge durch die Länder liege die konkludente Annahme einer entsprechenden verfassungsrechtlichen Offerte des Bundes, der im übrigen nur auf der Grundlage der gutachtlichen Stellungnahme der Länder entscheide und den unmittelbaren Verfahrenskontakt mit den Gemeinden lediglich zur beschleunigten Programmabwicklung aus konjunkturellen Notwendigkeiten wähle. Bei der Pflicht zur finanziellen Sicherstellung kommunaler Selbstverwaltung stehe dem Gesetzgeber frei, wie er ihr nachkomme, und soweit dafür bestimmte Steuerertragshoheiten im GG festgeschrieben seien, blieben diese in ihrem Kern unangetastet, wenn lediglich gewisse, bisher dafür gegebene Steuerformen beseitigt würden.

Erstatten Sie ein Gutachten zur Verfassungsrechtslage.

35. Klausur: EU-Recht; Art. 12, 14; 34

Im Verlaufe der diesjährigen Sommersaison kommt es zu einem regelrechten Preiskrieg auf dem Markt für Pauschalreisen. Besonders preisgünstige Flugreisen bietet dabei der Hamburger Reiseveranstalter Preisen-GmbH (P) an.

P verkalkuliert sich jedoch, und als es zu Zahlungsschwierigkeiten kommt, weigern sich die mit P zusammenarbeitenden Charterfluggesellschaften, Reisende mit Tickets von P zu transportieren. Daraufhin warnt die Bundesregierung durch den Bundesverkehrsminister während der Bundespressekonferenz vor Buchungen von Pauschalreisen bei P. Für die Urlauberin U kommt diese Warnung jedoch zu spät, da sie sich schon im Rahmen einer bei P gebuchten Reise in Miami/Florida befindet. Wie zu erwarten war, weigert sich die Charterfluggesellschaft C, U nach Deutschland zu fliegen. Da U aber dringend nach Hause muß, bucht sie in Miami einen 1.500,– DM teuren Rückflug bei der Linienfluggesellschaft L.

P meint, die Bundesregierung sei nicht berechtigt, diese Warnung auszusprechen, da hierfür keine Rechtsgrundlage ersichtlich sei und das Handeln des Ministers einen Grundrechtseingriff darstelle. Die Bundesregierung ist demgegenüber der Ansicht, daß es einer solchen Rechtsgrundlage nicht bedürfe, da die Warnung nichtregelndes Verwaltungshandeln sei, das nie in Grundrechte eingreifen könne.

U ist der Ansicht, daß sie von der Bundesregierung die 1.500,– DM für den Flug, den sie bei L buchen mußte, ersetzt bekommen muß. Dazu führt sie aus: Zum 1.1.1994 war eine Richtlinie der EG von der Bundesrepublik umzusetzen, die für Pauschalreiseveranstalter eine im Falle der Insolvenz eingreifende Versicherung vorschreibt. Hätte die Bundesrepublik diese Richtlinie umgesetzt, so hätte sie, U, die 1.500,– DM für den Rückflug nicht aufwenden müssen. Die Nichtumsetzung der Richtlinie sei ihr gegenüber eine Amtspflichtverletzung, die zur Haftung des Bundes führen müsse. Die Bundesrepublik vertritt allerdings die Auffassung, daß kein diesbezüglicher Anspruch der U besteht, da die Richtlinie in Form eines Gesetzes umgesetzt werden müsse und es kein auf einen Legislativakt gerichtetes subjektives Recht gebe.

P erhebt gegen die Bundesregierung Klage mit dem Ziel, sie zum Unterlassen und zum Widerruf der Warnung zu verurteilen. U strengt vor dem LG Bonn Klage gegen den Bund wegen Amtshaftung an. Sind die Klagen begründet?

Auszug aus dem EG-Vertrag:

Art. 189:

[...]

Die Richtlinie ist für jeden Mitgliedstaat, an den sie gerichtet wird, hinsichtlich des zu erreichenden Ziels verbindlich, überläßt jedoch den innerstaatlichen Stellen die Wahl der Form und Mittel.

36. Klausur: VölkerR: DiplomatenR, innerstaatl. Vollzug von VölkerR Verträgen

Cherry wohnt in einer deutschen Stadt im Hause ihres Vaters, des Dechiffrierers an der Botschaft der Republik A mit der Staatsangehörigkeit des Staates A. Sie besitzt einen Zwergpudel. Das Stadtsteueramt verlangt nun von ihr aufgrund der rechtmäßig vom Rat der Stadt erlassenen und auf Kommunalabgabenrecht gestützten Hundesteuerordnung die Jahressteuer von 200,– DM. Für den Fall der Nichtzahlung wird entsprechend der Steuerordnung angedroht, den Hund einzufangen, zu versteigern oder frei über ihn zu verfügen.

Der Vater wendet für Cherry ein, daß sie nach Diplomatenrecht nicht steuerpflichtig sei. Die Stadt macht geltend, die Erhebung der Hundesteuer läge allein in ihrer verfassungsrechtlich geschützten Zuständigkeit. Sie habe kein befreiendes Abkommen mit der Republik A geschlossen, auch nicht das Land, dem sie als Gemeinde angehöre. Ein Sondervertrag des Bundes mit der Republik A existiere nicht; Verträge des Bundes seien für sie, die Stadt, in dieser Frage auch unerheblich, da der Bund über ihre Steuern nicht verfügen könne.

Sie als Attaché im Auswärtigen Amt sind beauftragt, dazu Stellung zu nehmen,

1) ob völkerrechtliche Regelungen der Steuerforderung (für die Stadt wirksam) entgegenstehen, und

2) wie der Bund ggfs. bei der Stadt erreichen kann, daß eine völkerrechtswidrige Steuerforderung unterbleibt (unabhängig vom Ergebnis der Frage 1).

37. Klausur: VölkerR: UN-Charta

Im Staate X, Mitglied der Vereinten Nationen, entzündet sich ein blutiger ethnischer Konflikt, bei dem offenbar die Streitkräfte des Landes massiv und mit großer Grausamkeit auf seiten der herrschenden Volksgruppe eingreifen. Wie weit sie dabei noch von den verfassungsmäßigen Kommandostrukturen gesteuert werden bzw. werden können, wird rasch zweifelhaft. Nachdem der Sicherheitsrat der Vereinten Nationen sich mit der Situation beschäftigt hat, Waffenstillstandsaufrufe wenig bewirkten und die Regierung des Landes selbst förmliche Appelle zur Einstellung der militärischen Minderheitenverfolgung nicht erfüllen wollte oder konnte, erwägt man im UN-Generalsekretariat, kollektive Maßnahmen einzuleiten.

Wie könnten diese aussehen?

Unter welchen Bedingungen wäre ein Mitgliedstaat der Vereinten Nationen zur Teilnahme verpflichtet?

Wie würde sich die Befehlsgewalt über ein entsprechend beteiligtes Truppenkontingent des Mitgliedstaates gestalten?

Könnte Staat X für einen Kostenersatz in Anspruch genommen werden?

38. Klausur: VölkerR: Gewaltverbot, staatl. Selbstbehauptung

Am 27.6.1976 wird ein französischer Air-Bus auf der Route Athen – Tel Aviv von Terroristen nach Entebbe (Uganda) entführt. Die Flugzeugpassagiere sind zum überwiegenden Teil israelische Staatsangehörige, für deren Freilassung die Terroristen von der israelischen Regierung die Auslieferung mehrerer Strafgefangener fordern.

Während des Aufenthaltes der gekaperten Maschine in Entebbe leistet der ugandische Staat den Terroristen offensichtlich Hilfe. Es bleibt unwiderlegt, daß die Luftpiraten sich dort frei bewegen können, Verpflegung und Ausrüstung erhalten und von ugandischen Soldaten bei der Bewachung der Geiseln unterstützt werden.

In der Nacht zum 4.7. unternimmt Israel daraufhin eine Kommandoaktion, bei der die Geiseln befreit und sieben der zehn Terroristen sowie etwa zwanzig ugandische Soldaten getötet werden; unter den Opfern sind außerdem drei Geiseln und ein israelischer Soldat. Der ca. 150 Mann starke, israelische Kommandotrupp, der mit seinen Transportflugzeugen durch ein Täuschungsmanöver in Entebbe Landeerlaubnis erhalten hatte, zerstörte während der Aktion die dort stehenden Maschinen der ugandischen Luftwaffe am Boden und setzte die technischen Anlagen des Flughafens außer Betrieb.

Die ugandische Regierung beschuldigt Israel eines schweren Angriffs auf die territoriale Integrität und staatliche Souveränität Ugandas sowie den internationalen Frieden und bringt die Angelegenheit vor den Sicherheitsrat der Vereinten Nationen. Israel hält sein Unternehmen durch Notwehr und Selbsthilfe für gerechtfertigt.

Erstatten Sie ein Gutachten über die völkerrechtliche Lage.

39. Klausur: VölkerR: Allg. VertragsR, AuslieferungsAbk

Am 8.1.1977 wurde der als irakischer Staatsbürger ausgewiesene Raji Yusef Ben Hanna von der französischen Gendarmerie in Paris festgenommen. Er ist ganz offenbar identisch mit jenem Abu Daud, der als maßgeblich Beteiligter an dem Anschlag palästinensischer Terroristen vom 5.9.1972 in München gilt, bei dem mehrere Mitglieder der israelischen Olympiamannschaft getötet wurden; gegen ihn liegt ein Haftbefehl des Amtsgerichts München vor. Der Festgenommene wird auf Ersuchen der Bundesrepublik Deutschland vorläufig in Auslieferungshaft genommen.

Am 11.1.1977 liegt der französischen Regierung weder eine diplomatische Bestätigung des Antrages auf vorläufige Auslieferungshaft noch ein förmliches Auslieferungsersuchen der Bundesrepublik vor. Nach offiziellen Verlautbarungen der Bundesregierung soll beides jedoch so schnell wie möglich erfolgen und werde bereits ohne Zögern auf dem erforderlichen Instanzenweg vorbereitet, wobei sich die deutsche Seite auch auf die bisherige Auslieferungspraxis mit Frankreich beruft, wonach unstreitig in zahlreichen Fällen verwaltungsmäßige Verzögerungen von über 3 Wochen vorgekommen und vielfach sogar auf eine diplomatische Bestätigung ganz verzichtet worden sei.

Begutachten Sie aus völkerrechtlicher Sicht, ob die zuständigen französischen Behörden zu diesem Zeitpunkt (11.1.1977) eine Freilassung des Festgenommenen verfügen dürfen.

Der Auslieferungsvertrag zwischen der Bundesrepublik Deutschland und Frankreich v. 26.6.1953, BGBl. II, S. 151 hat in seinen entscheidenden Passagen folgenden Wortlaut:

Art. 1: Die Vertragsschließenden verpflichten sich gegenseitig, nach Maßgabe der nachstehenden Artikel einander Personen auszuliefern, welche von den Justizbehörden des ersuchenden Staates verfolgt oder zum Zwecke der Vollstreckung einer gerichtlich erkannten Strafe oder Maßregel der Sicherung gesucht werden.

Art. 8: (1) Das Auslieferungsersuchen ergeht auf diplomatischem Wege.

(2) Ihm sind ein vollstreckbares, auf Strafe lautendes Urteil, ein Haftbefehl oder eine andere gleichwertige Verfügung einer Gerichtsbehörde beizufügen. Diese Urkunden müssen eine Angabe der Tat, auf die sie sich beziehen, einschließlich des Zeitpunktes und des Ortes ihrer Begehung enthalten.

Art. 9: (1) Auf unmittelbaren Antrag der Justizbehörden des ersuchenden Staates wird der Verfolgte vorläufig in Haft genommen, wenn zu befürchten ist, daß er sich der Auslieferung entziehen oder die Ermittlung der Wahrheit erschweren wird.

(2) Hierzu genügt eine einfache Mitteilung, welche in schriftlicher oder sachlich gleichwertiger Form auf das Vorhandensein einer der in Abs. 2 des vorstehenden Artikels genannten Urkunden hinweist.

(3) Der Antrag ist gleichzeitig auf dem diplomatischen Wege zu bestätigen.

Art. 10: (1) Die vorläufige Auslieferungshaft kann aufgehoben werden, wenn der ersuchten Regierung nicht binnen zwanzig Tagen seit der Verhaftung eine der in Art. 8 Abs. 2 genannten Urkunden zugegangen ist.

40. Klausur: Bezüge zum VölkerR: RLage Deutschlands; VölkerR: Seerecht

Das Unterseeboot U 859 der deutschen Kriegsmarine war im Jahre 1944 in der Straße von Malakka durch ein britisches Unterseeboot versenkt worden und lag seit dieser Zeit auf dem Meeresgrund in internationalen Gewässern. Den Untergang überlebten nur wenige Männer der deutschen U-Boot-Besatzung. An Bord befand sich eine wertvolle Ladung von mehreren Tonnen Quecksilber.

Die Bundesrepublik Deutschland hatte durch ihre Botschaft in Kuala Lumpur schon im Jahre 1969 Ansprüche auf das U-Boot und seine Ladung erhoben, nachdem es von Tauchern einer Bergungsgesellschaft in etwa 30 m Tiefe aufgespürt worden war. 1972 übertrug die Bundesrepublik ihre »sämtlichen Rechte an dem Wrack und seiner Ladung« einem Bergungsunternehmen aus Hamburg. Nachdem sich jedoch der Fund herumgesprochen hatte, laufen nun auch die Bergungsschiffe anderer Unternehmen aus, um das U-Boot mit seiner wertvollen, unversehrten Ladung zu heben.

Das deutsche Unternehmen begehrt Auskunft, ob ihm das Eigentum an U-Boot und Quecksilberladung rechtswirksam auch gegenüber dritten Bergungsgesellschaften zustehe.

Lösungsskizzen

Lösungsskizze 1

1   **Zulässigkeit der Klage**

Richtige Klageart: Anfechtungsklage (§§ 40 I, 42 I VwGO). P macht geltend, durch die Verfügung in seinen Rechten verletzt zu sein (§ 42 II VwGO). Nach Durchlaufen des Widerspruchsverfahrens ist die Klage zulässig.

2   **Begründetheit der Klage**

Die Begründetheit der Klage hängt davon ab, ob die Entlassungsverfügung rechtswidrig war und P dadurch (tatsächlich) in seinen Rechten verletzt wird (§ 113 I 1 VwGO).

Ein Widerrufsbeamter (§ 3 I Nr. 4 BRRG) wie P kann jederzeit entlassen werden (§ 23 III 1 BRRG). Die Entlassung ist jedoch unzulässig, wenn sie auf Gründe gestützt wird, die mit dem Recht nicht vereinbar sind.

2.1   Vorliegen eines implizit gestellten Entlassungsantrages (Entlassungsgrund nach § 23 I Nr. 3 BRRG)?

Es fehlt schon die notwendige Schriftform eines entspr. Antrages. Die unterschriebene »Erklärung« ist nur eine Bestätigung tatsächlich erfolgter (Informations)Vorgänge.

Im übrigen keine Umdeutung der Bescheinigung im Entlassungsantrag möglich. Solcher Antrag müßte unrelativierbar sein (arg. § 23 I Nr. 3 BRRG); Formstrenge im Beamtenrecht.

2.2   Heirat trotz (P ausdrücklich eröffneter) dienstlicher Gegenbelange.

2.2.1   Schon Anordnung, daß Heiratserlaubnis eingeholt werden müsse, rechtswidrig?

Beamter zu je nach Dienstsparte andersartiger, voller Hingabe seiner Einsatzkraft verpflichtet (§ 36.1 BRRG, hergebrachter Grundsatz des Berufsbeamtentums nach Art. 33 V GG). Während der Ausbildungszeit noch besondere Beanspruchungen möglich. (Militärähnliche) Ausbildung zur Bereitschaftspolizei und deren spezifische Aufgabe verlangen ihrem Wesen nach einheitliche, vollzeitige Zusammenfassung der Anwärter. Heirat mit natürlichem Zug aus der Kasernierung heraus zur ehelichen Gemeinschaft hin beeinträchtigt diese Belange. Erfordernis der Heiratserlaubnis zudem historisch gewachsene, namentlich im Polizeidienst bekannte Kondition.

Allgemeine Handlungsfreiheit (Art. 2 I GG) durch diese als Ausformung hergebrachter Grundsätze des Berufsbeamtentums zur verfassungsmäßigen Ordnung gehörende Regelung wirksam eingeschränkt.

2.2.2 Erlaubnisverweigerung Verstoß gegen Persönlichkeitsrecht aus Art. 1 I, 2 I GG?

P hat sich freiwillig zum Bereitschaftspolizeidienst gemeldet. Nur diese selbstgetroffene Entscheidung belegt ihn mit der Heiratserschwerung. Obrigkeitlich an Heirat als solcher gehindert wird P nicht. Er kann jederzeit volle Heiratsfreiheit wiedererlangen, wenn er aus Bereitschaftspolizei ausscheidet (ähnlich: Zölibatsklausel für katholische Priester und Ordensleute).

2.2.3 Erlaubnisverweigerung Verstoß gegen Art. 6 I GG?

Art. 6 I GG bezieht sich nicht nur auf bestehende Familie und Ehe, sondern auch auf Familiengründung.

2.2.3.1 Hat aber P nicht durch Eintritt in BPolizei unter den ihm eröffneten Kautelen auf diesen Grundrechtsschutz verzichtet? Grundrechtsverzicht prinzipiell unmöglich. Aber selbst, wenn ausnahmsweise unter dem Gesichtspunkt der Privatautonomie (Art. 2 I GG) akzeptabel, hier jedenfalls verwehrt, weil zugleich Drittnachteile, nämlich Verwehrung ehelicher Geburt für das erwartete Kind, Folge wäre.

(Zwingende Gleichstellung nach Art. 6 V GG beseitigt nicht faktischen sozialen Nachteil für nichteheliches Kind).

2.2.3.2 Verlust der GruRSchutzwirkung durch besonderes Gewaltverhältnis?

Gesamtes staatliches Wirken an Grundrechte gebunden (Art. 1 III GG), partielle Aussparung (wie nach orthodoxem Verständnis) deshalb nicht mehr zulässig. Einschränkungen auch für staatliche Sonderbelange nur nach allgemeiner Verfassungsordnung möglich (Art. 20 III GG).

Verfassung erkennt besonderes Rechten- und Pflichtenverhältnis (»Sonderstatus«) des Beamtentums an (Art. 33 IV + V, 74a I GG). Für wesensmäßige Sonderbelange dieser Einrichtung (aber auch nur dafür) mithin Grundrechtsbegrenzungen nach den Prinzipien der »praktischen Konkordanz« zulässig: Einschränkungen sind lediglich, soweit zur Erreichung des verfassungsgedeckten Zweckes unerläßlich, rechtmäßig.

Für die spezifischen Belange des BPolizeidienstes zwar allgemein Heiratsbeschränkung unerläßlich (s.o. zu 2.2.1), aber nicht auch auf Kosten der sozialen Chancen eines Kindes. Hier müssen Beamtenbelange sich konkordantes Zurückdrängen gefallen lassen. Denn möglich etwa auch: Heiratserlaubnis für P und zugleich strikte Aufrechterhaltung des ›Kasernenzwanges‹ für ihn bis Ablauf der Ausbildungszeit.

Ergebnis: Entlassungsverfügung verfassungswidrig, P's Klage begründet.

zum Fall insgesamt: BVerwG, U. v. 22.2.1962, E 14, 21 ff.; *Wiese*, Der Staatsdienst in der BRD (1972), S. 131 m.w.N. in Fn. 118.

zu 2.2.1: a.A.: *Böhmer*, Sind noch alle Eheverbote zeitgemäß?, in: StAZ 1991, 125 (127).

Lösungsskizze 2

1 **Formelle Verfassungsmäßigkeit**

Gesetzesvorlagen der BReg sind vor Einbringung in den BT zunächst dem BRat zuzuleiten (Art. 76 II 1 GG: »erster Durchgang«). Auch Eilbedürftigkeit entbindet davon nicht, gibt nur Befugnis, notfalls ohne BRat-Stellungnahme weiterzuleiten. Hier zudem objektive Eilbedürftigkeit höchst fraglich.

Einbringungen materieller RegVorlagen als Fraktionsinitiativen, um ersten Durchgang zu umgehen, daher sicherlich nicht i.S.d. Verfassung. Aber Makel wird nicht nur geheilt durch ordnungsgemäßen Gesetzesbeschluß des BT (arg. Art. 78, 77 I 1 GG). Die Verschiebung der Initiativen ist vielmehr schon prinzipiell nicht verfassungsrechtlich zu greifen. Im parl. Regierungssystem des GG sind BReg und sie tragende BTFraktion(en) zu einer politischen Einheit verschmolzen, die eine strikte Abgrenzung der jeweiligen Lenkungsströme nicht mehr möglich sein läßt. Im übrigen nicht-eigenständige voluntative Übernahme eines Gesetzesentwurfes durch AbgGruppe kaum nachzuweisen. Herkunft von materialen Anregungen zur GVorlage entzieht sich wesensmäßig jeder Reglementierungserfassung.

Ergebnis: Umgehung des »ersten Durchganges« zwar nicht verfassungskonform, aber rechtlich nicht zu unterbinden.

2 **Materielle Verfassungsmäßigkeit des Gesetzentwurfes**

2.1 Mündeleinweisung durch Vormund

Verletzt sein könnte das Grundrecht auf Freiheit der Person (Art. 2 II 2 GG).

2.1.1 Eingriff nicht dadurch ausgeschlossen, daß er nicht-geschäftsfähigen Geisteskranken gegenüber erfolgt. Es kommt für Grundrechtsfähigkeit nicht auf die geistige Mündigkeit an, sondern auf natürliche Willensfähigkeit, die bezüglich physischer Freiheit regelmäßig gegeben sein wird.

Eingriff zulässig aufgrund Gesetzes; Vorbehalt Art. 2 II 3 GG. Davon wurde hier Gebrauch gemacht. Von korrekter Zitierung gem. Art. 19 I 2 GG ist auszugehen.

2.1.2　　Aber Art. 2 II 3 GG gewährt nicht inhaltlich gänzlich unvorgeprägten Eingriffsvorbehalt. Vielmehr Begrenzung des gesetzgeberischen Ermessens durch Art. 104 GG, der Art. 2 II 2 wiederholt und konkretisiert. Art. 104 II 1 GG begründet daher kein selbständiges Unterbringungsrecht des Richters, sondern ist zwingende Vorschrift für alle (gesetzlich bestimmten) Freiheitsentziehungen.

Richtervorbehalt des Art. 104 II 1 GG auch nicht nur auf Überwachung exekutiver Maßnahmen gemünzt, wie Art. 104 II 3 + III nahelegen könnte. Gesetzessystematik läßt Vorschrift vielmehr für alle Fälle gelten: Art. 104 II 1 + 2 GG fungieren als Regel, die nachfolgenden Bestimmungen als Spezialausformungen. Da Freiheitsentziehung als objektiver Tatbestand erfaßt wird, kann auch eine privat-fürsorgerische Anstaltsunterbringung nicht vom Gesetz ausgenommen sein.

Ergebnis:　Mündeleinweisung nach erweitertem § 1800 BGB verstößt gegen Art. 2 II 2 i.V.m. 104 II GG.

2.2　　Heimeinweisung sozial Gefährdeter

Auch hier möglicher Verstoß gegen Art. 2 II 2 GG.

Gesetzlich zugelassene Freiheitsbeschränkungen gem. Vorbehalt in Art. 2 II 3, 104 II 1 GG (hier korrekt: nach richterlicher Anordnung) müssen Allgemeinanforderungen an grundrechtseinschränkende Gesetze genügen.

2.2.1　　(Ordnungsgemäße Zitierung unterstellt). Aber Unantastbarkeit des Wesensgehaltes (Art. 19 II GG) beachtet?

Recht der persönlichen Freiheit ist Ausdruck der Würde und Autonomie des Menschen. Zwangsweise ›Aufpfropfung‹ eines bestimmten Ideals von geordneter Lebensführung damit unverträglich.

Im übrigen kommen auch nach Grundverständnis des demokratischen Rechtsstaates als lediglich zugunsten seiner Bürger, d.h. ihres gedeihlichen, geordneten und gesicherten Zusammenlebens, bestehender Einrichtung dem Staat keine eigenständigen Formungsansprüche auf die Menschen zu; nur Inpflichtnahme auf Gemeinverträglichkeitsstandard. Solange »Gefährdete« also niemand anderen schädigen oder beeinträchtigen, keine staatliche Befugnis zu zwangsweiser Hinleitung auf ›geregelte Lebensführung‹.

Vorschriften, die i.S. bloßer Führungsbesserung die Freiheit der Person einschränken, tasten daher den Wesensgehalt des Grundrechts an.

2.2.2 Hilfsweise: auch Verhältnismäßigkeit verletzt, wo Zwangseinweisung für nichtschädigendes Verhalten droht.

Ergebnis: Heimeinweisung sozial gefährdeter wegen Nichtbeachtung des Art. 19 II GG verfassungswidrig.

zu 1: *Schäfer*, Der Bundesrat (1955), S. 70; *Schmidt-Jortzig/Schürmann*, in: Bonner Kommentar, Art. 76 (Zweitbearb. 1990) Rdn. 260 ff.; *Schürmann*, Die Umgehung des Bundesrates im sog. Ersten Durchgang bei der Gesetzgebung, in: AöR 115 (1990), 45 ff.

zu 2: (Trotz Eingehens auf die abgeschaffte Entmündigung) *Hantel*, Das Grundrecht der Freiheit der Person nach Art. 2 II 2, 104 GG, in: JuS 1990, 865 ff.

zu 2.2: BVerfG, U. v. 18.7.1967, E 22, 180 (218 ff.);

Zur Betreuung allgemein: *Dodegge*, Erste Entwicklung des Betreuungsrechts, in: NJW 1993, 2353; *ders.*, Weitere Entwicklung des Betreuungsrechts, in: NJW 1994, 2383; *Taupitz*, Von der entrechtenden Bevormundung zur helfenden Betreuung: Das neue Betreuungsgesetz, in: JuS 1992, 9; *Zimmermann*, Das neue Verfahren in Unterbringungssachen, in: FamRZ 1990, 1308; *Schwab*, Das neue Betreuungsrecht, in: FamRZ 1990, 681 (687); *Schuhmacher*, Rechtsstaatliche Defizite im neuen Unterbringungsrecht, in: FamRZ 1991, 280.

Anm.: § 1800 BGB neu gefaßt mit Wirkung vom 1.1.1980 durch Gesetz zur Neuregelung des Rechts der elterlichen Sorge vom 18.7.1979 (BGBl. I S. 1061), Unterbringung des Kindes jetzt geregelt in § 1631b BGB.

Lösungsskizze 3

1   **Verbot der Demonstration durch zuständige Ordnungsbehörde**

Die Demonstration ist (als »Aufzug«) eine öffentliche »Versammlung unter freiem Himmel« i.S.d. Art. 8 II GG, die demgem. in der
Durchführung mittels G oder aufgrund eines G beschränkt werden
kann. Hinter Art. 8 tritt Art. 2 I GG als lex generalis zurück; hinsichtlich des gleichfalls berührten Art. 5 I GG entweder Konsumtion
oder Idealkonkurrenz, wobei dann via Art. 5 II GG (»allgemeines
Gesetz«) Prüfung in gleiche Argumentation einmündet wie bei Art.
8 II GG.

Die zuständige Behörde kann danach entspr. § 15 I VersG (allgemeines Ordnungsrecht hierdurch ausgeschlossen) den Aufzug verbie-
ten, wenn durch ihn »nach den Umständen die öff. Ordnung oder
Sicherheit unmittelbar gefährdet ist«.

1.1   »Öff. Sicherheit« als der engere und dezidiertere Begriff meint:
Unversehrtheit der Rechtsordnung und der allg. Einrichtungen.

1.1.1   Verstoß gegen Rechtsnormen?

1.1.1.1   Erfordernis der Anmeldung 48 Std. vorher (§ 14 VersG) ist als erfüllt
anzusehen.

1.1.1.2   Nur »friedlich und ohne Waffen« (Art. 8 I GG).

Kein Anzeichen dafür, daß Aufzug unfriedlich verlaufen werde
(oder gar solle). Hinsichtlich Waffenlosigkeit (§ 2 III VersG) sei
unterstellt, daß beabsichtigt ist, die Dienstwaffen auf der außer-
dienstlichen Demonstration nicht mitzuführen (anderenfalls höchstens Auflage, Dienstwaffe fortzulassen).

1.1.1.3   Erfordernis eines namhaft gemachten Veranstalters und Leiters
(§§ 2 I bzw. 18 I, 7 I VersG).

Ersteres mit GdP-Landesverbandvorstand gegeben, letzteres noch
nicht, da § 7 II VersG gem. § 18 I nicht für Versammlungen unter
freiem Himmel gilt.

1.1.1.4   Ungehinderte Bewegungsfreiheit anderer Verkehrsteilnehmer

Art. 2 I GG gewährt dieses R nur im Rahmen u.a. der »verfassungsmäßigen Ordnung«, als deren Teil Wahrnehmung des Versamm-
lungsrechts grds. Vorrang hat (demokratiekardinales Grundrecht).

Nur bei übermäßiger Behinderung der Verkehrsleichtigkeit Gewäh-
rungsschwelle überschritten.

1.1.1.5   Verstoß gegen hergebrachte Grundsätze des Berufsbeamtentums,
Art. 33 V GG (i.V.m. LBG). Kein prinzipieller Vorrang gegenüber
Art. 8 GG, sondern nur, soweit für den Beamten-(Sonder-)Status
unerläßlich, und zwar als immanente Schranke des Art. 8 I GG.

Beamte danach zu voller Hingabe ihrer Arbeitskraft für den Staat
verpflichtet. Demonstration außerhalb der Dienstzeit tangiert diese
Regel nicht. Des weiteren Pflicht zur Mäßigung und Zurückhaltung
bei politischer Betätigung (§ 35 II BRRG), welche für Polizeivoll-
zugsbeamte noch das spezielle Verbot einer öff. politischen Aktivität in Uniform erbringen kann, sowie Auftrag, durch gesamtes
Verhalten dem öff. Ansehen und Vertrauen des Beamtenstandes
gerecht zu werden (§ 36 BRRG).

Aber: »Politische Betätigung« hier i.S. einer einseitigen Parteinahme für partikulare statusdritte Belange gemeint, weil dadurch Un-
parteilichkeit der Amtsführung und Gemeinwohlverschriebenheit
gefährdet würden (arg. § 35 I BRRG).

Grundsätzliches Aufmerksammachenwollen auf »katastrophale
Personal- und Besoldungslage« der Polizeibeamten daher keine insoweit verbotene politische Aktivität (arg. auch § 57 BRRG).

1.1.2   Beeinträchtigung von Institutionen des Gemeinwesens?

Vertrauensfundus des Polizeidienstes bei Bürger und Staat kann
durch Demonstrationen nicht geschmälert werden. Es geht um Belange der Einrichtung selbst, betrifft deren allgemeinwichtige Lei-
stungsfähigkeit und beweist Dienstengagiertheit der Beamten.

1.2   »Öff. Ordnung« meint: die nicht durch positives R verankerten, allgemeinen sittlichen und sozialen Anschauungen.

Über die in 1.1 erörterten Sachverhaltsaspekte hinaus keine Bedeu-
tungsreste mehr, die hier verortet werden könnten.

Zurückhaltender als mit einem Schweigemarsch läßt sich ein Aufmerksammachen auf bestimmte Probleme kaum anstreben.

Ergebnis: Als Eingriffsanlaß bleibt nur Verstoß gegen die Pflicht, einen Veranstaltungsleiter zu benennen, und ggfs. das Gebot der Waffenlosigkeit.

Dafür aber Verbot nicht nur unverhältnismäßig, sondern schon nicht erforderlich, da milderes Mittel vorhanden.

2   Auflage nach § 15 I VersG

2.1   Bezüglich des Gebots, Versammlungsleiter zu benennen (und ggfs. Dienstwaffen fortzulassen), unproblematisch.

2.2   Aufgabe einer bestimmten Marschroute über Nebenstraßen?

Nach dem zu 1.1.1.4 Gesagten Eingriffstatbestand nur bei übermäßiger Behinderung des Verkehrs gegeben.

Wirksamkeit einer Demonstration hängt gerade davon ab, daß möglichst viele Bürger Kenntnis nehmen können. Deshalb grds. weiter Toleranzraum bei Verkehrsbelangen anzusetzen.

Wenn »wenig benutzte Nebenstraßen« bedeuten sollte, daß dort nicht nur weniger Fahrzeuge, sondern auch kaum (ansprechrelevante) Passanten vorkommen, wäre Auflage abseitiger Marschroute mithin trotz des ja erhalten bleibenden Demonstrationszieles ›Marktplatz‹ wohl unzulässig. Angängig indes: Auflage einer Straffung und Gliederung der Marschkolonne, damit Verkehrsbehinderungen tunlichst gering bleiben (etwa: mögliches Aufrücken der Marschreihen oder Benutzung nur einer Fahrspur etc.).

zum Fall insgesamt: LVG Düsseldorf, U. v. 20.12.1955, Deutsche Polizei 1956, 5 ff.

zu 1: *Dietel/Gintzel/Kniesel*, Demonstrations- und Versammlungsfreiheit, 11. Aufl. (1994); § 1 Rdn. 176 ff.; *Hufen*, Besprechung von: BVerfG, B. v. 6.6.1988, JuS 1990, 319 Nr. 3.

zu 1.1.1.5 (= Verhältnis der Art. 5 I, 8 I zu den hergebrachten Grundsätzen des Berufsbeamtentums): BVerfG, B. v. 22.5.1975, E 39, 334 (367); BVerwG, U. v. 15.3.1973, E 42, 79 (82 ff.).

zu 2: *Bairl-Vaslin*, Das Verhältnis der Versammlungsfreiheit zum Straßenrecht und Straßenverkehrsrecht (1985), insb. §§ 25, 26.

Lösungsskizze 4

1	**Verfassungsmäßigkeit des Gesetzes**
1.1	Zuständigkeit des Landes L nach Art. 74 Nr. 12 (und/oder 11) GG.

Bund hat von der konkurrierenden Zuständigkeit bisher keinen Gebrauch gemacht (Art. 72 I GG).

1.2	Verstoß gegen Art. 9 I GG?

Mit der Gewährung der positiven Vereinigungsfreiheit implizit auch Recht auf entspr. Fernbleiben geschützt. Diese »negative Vereinigungsfreiheit« kann nicht weitergehen als positive.

Deshalb nur Fernbleiben von privatrechtlichen Vereinigungen im Normbereich, weil Bürger auch nur solche gründen kann. Öff.-rechtliche Vereinigungen kann er nicht errichten (dies geschieht durch Gesetz), deshalb insoweit auch keine negative Vereinigungsfreiheit.

1.3	Zwangsmitgliedschaft, Verstoß gegen Art. 2 I GG?

Art. 2 I GG schützt nicht nur Entfaltung im geistig-seelischen Innenbereich (»Persönlichkeitskerntheorie«), weil das schon begrifflich kaum gegen Schrankentrias verstoßen könnte, sondern allgemeine Handlungsfreiheit. Diese besteht freilich nur im Rahmen u.a. der »verfassungsmäßigen Ordnung«, d.h. nach Normbereich entsprechend weiter Auslegung: ist begrenzt durch jeden materiell und formell verfassungsmäßigen Rechtssatz.

1.3.1	G über Arbeitnehmerkammern außerhalb Art. 2 I GG auch objektiv verfassungskonform?

Gesetzgebungszuständigkeit eingehalten (s. 1.1).

1.3.2	Verletzung dritter Rechte (etwa solche der Gewerkschaften)? Verstoß gegen Art. 9 III GG?

Art. 9 III 1 GG gibt neben Individualgrundrecht auf Koalitionsbildung, bei dem eine Beeinträchtigung hier nicht ersichtlich ist, eine institutionelle Garantie des freien Koalitionswesens samt entsprechendem Aufgabenbestand. Dort ist nur der ›Randbereich‹ gesetz-

lich modifizierbar, der ›Kernbereich‹ bleibt eingriffsfest (er bemißt sich nach dem, was allg. rechtsbewußter Anschauung nach der Einrichtung ihre spezifische Identität verleiht).

Zum Kernbereich gehören bei Art. 9 III 1 GG allein die antagonistischen, arbeitskampfbezogenen Funktionen. Die hier angesprochenen Aufgaben der allgemeinen Interessenförderung, Ausbildungsunterstützung, Verwaltungs- und Gerichtsberatung liegen im Randbereich.

Ergebnis: Die gesetzliche (Neu-)Gruppierung dieser Funktion zulässig.

1.3.3 Jede gesetzliche Regelung (auch eine solche im institutionellen Randbereich) muß gemeinwohlbezogen sein, d.h. eine »legitime« Maßnahme darstellen. Bei Einhaltung dieses Erfordernisses besteht ein gesetzgeberisches Ermessen, dessen Ausübung nur bezüglich Ermessensüberschreitung (nicht bezüglich sachlicher Unzweckmäßigkeit) gerichtlich inkriminiert werden kann.

An effektiver Erfüllung der aufgegriffenen Belange kann ein »gesteigertes Interesse der Gemeinschaft« ausgemacht werden; sie sind auch nicht wirksamer und erschöpfender im Wege rein privater Initiative wahrnehmbar. Daß Gewerkschaften in diesem Bereich schon Tätigkeiten entfalten, schließt den Befund nicht aus, denn deren Arbeit ist deutlich interessengerichtet, die der Arbeitnehmerkammern soll unabhängig sein.

Ergebnis: Regelung gemeinwohlbezogen (legitim).

1.3.4 Eingriff übermäßig (dritte Begriffsvariante: unverhältnismäßig)?

Die Gewerkschaften verlieren die betreffenden Funktionen nicht, sondern erhalten darin nur einen Wahrnehmungskonkurrenten. Das Einzelmitglied bekommt einen gewichtigen Gegennutzen und der Beitrag ist außerordentlich gering.

Ergebnis: Der gesetzliche Eingriff ist verhältnismäßig.

2 **Verfassungsgerichtliche Wehrmöglichkeiten**

2.1 Verfassungsbeschwerde des Müller

Müller könnte gegen das G im Wege der Verfassungsbeschwerde vorgehen, denn auch Gesetzgebung ist »öff. Gewalt« i.S.d. Art. 93 I Nr. 4a GG.

Unmittelbarkeit einer bei ihm selbst gegebenen, gegenwärtigen Grundrechtsverletzung kann schlüssig behauptet werden.

Anderer Rechtsweg unmittelbar gegen das Gesetz nicht gegeben (allerdings möglicherweise zumutbar, ausführenden Zahlungsbescheid abzuwarten, gegen den Anfechtungsklage erhoben werden kann). M muß freilich die Ein-Jahres-Frist des § 93 BVerfGG einhalten.

2.2   Verfassungsbeschwerdemöglichkeit einer Gewerkschaft?

Als nichtrechtsfähiger (zivilrechtlicher) Verein ist Gewerkschaft zwar weder juristische Person noch allgemein prozeßfähig (§§ 50 I ZPO, 11 ArbGG, 73 I, VI SGG). Verfassungsbeschwerdebefugnis jedoch grundrechtsbezogen: Wem nach der Verfassung ein Grundrecht oder ein grundrechtsähnliches Recht zustehen kann, dem muß auch die Möglichkeit gegeben sein, dieses vor dem BVerfG verteidigen zu können. Den Gewerkschaften kommt aus Art. 9 III GG ein Recht als Träger der Institution zu; es ist auch denkbar, daß sie sich über Art. 19 III auf den allgemeinen Gleichheitsgrundsatz berufen könnten.

Ergo: insoweit auch verfassungsbeschwerdebefugt.

Die übrigen Zulässigkeitsvoraussetzungen einer Verfassungsbeschwerde sind parallel 2.1 erfüllt bzw. erfüllbar.

zum Fall insgesamt: BVerfG, B. v. 18.12.1974, E 38, 281 ff.; BVerwG, U. v. 25.2.1966, E 23, 304 ff.

zu 1: *Murswiek*, Grundfälle zur Vereinigungsfreiheit – Art. 9 I, II GG, in: JuS 1992, 116 ff.

Lösungsskizze 5

1	**Strafvorwurf aus § 26 Nr. 2 VersG**

1.1   Der Demonstrationszug der Taxifahrer ist eine sich fortbewegende Ansammlung mehrerer, zu gemeinsamer Willensbetätigung zusammengekommener Menschen unter freiem Himmel. Er bedeutet daher einen »Aufzug« i.S.d. § 26 Nr. 2 VersG. Nach § 14 VersG bestand insoweit Anmeldepflicht.

T ist, wenn schon nicht Veranstalter, so doch u.U. als faktischer Leiter anzusehen.

1.2   § 26 Nr. 2 VersG hier anwendbar?

1.2.1   Rechtmäßigkeit des unangemeldeten Aufzuges (»Spontanversammlung«)

Art. 8 II GG statuiert für die Freiheit, sich unter freiem Himmel zu versammeln, einen Einschränkungsvorbehalt. Das beschränkende Gesetz »Versammlungsgesetz« (Zitiergebot Art. 19 I 2 GG durch § 20 VersG erfüllt) darf jedoch den Wesensgehalt des Grundrechtes nicht verletzen, Art. 19 II GG.

Das Grundrecht der Versammlungsfreiheit gewährleistet die Möglichkeit der gemeinsamen Willensbildung und -manifestierung; es ist damit von demokratiekonstitutiver Bedeutung (BVerfGE 20, 85 [98]). Einschränkende Gesetzesvorschriften dürfen diese wesensmäßige Effektivität nicht verkürzen. Auch das Anmeldeerfordernis kann deshalb nur (ordnungerleichternde) Formvorschrift sein, nicht aber das essentielle Anliegen des Versammlungsrechtes selbst blokkieren. Wo mithin ein die Versammlung tragender Wille in seinem spezifischen Zuschnitt nicht anders manifestiert werden kann als spontan, d.h. durch den Zeitverlust bei einer Anmeldung der konkrete Anlaß seine Intensität, seine Versammlungserheblichkeit verlöre, muß die Versammlung auch ohne Anmeldung zulässig sein.

Der frische Eindruck des vierten Taxiüberfalles bestimmte die demonstrationstragende Motivation bei den Taxifahrern, nur in dieser unmittelbaren Verbindung konnte dem Publikum auch der Empörungsgrad genügend verständlich gemacht werden. Die Anmeldepflicht des § 14 I VersG konnte daher nicht eingreifen, der spontane Protestzug der Taxifahrer war rechtmäßig.

1.2.2 Die Strafnorm des § 26 Nr. 2 VersG ist nur Rechtsfolgebestimmung für die Anmeldungspflicht. Sie läuft deshalb dort leer, wo anmeldungslose Versammlung erlaubt war.

Da eine derart differenzierende Auslegung einer Strafnorm mit ihrer notwendigen Tatbestandsbestimmtheit unvereinbar erscheint, muß § 26 Nr. 2 VersG generell als verfassungswidrig gelten (jedenfalls aber für den hiesigen Fall unanwendbar sein).

2 **Strafvorwurf der Nötigung (§ 240 I StGB)**

2.1 Durch die Verkehrsblockade wurde den anderen Bürgern (Autofahrern, Passanten) ein nicht gewolltes Verhalten aufgezwungen. Fraglich ist aber, ob diese Sitzdemonstrationen dem Gewaltbegriff des § 240 StGB unterfallen. Die Strafgerichte haben dies regelmäßig bejaht (sog. weiter Gewaltbegriff). Gewalt i.S.d. § 240 StGB setzt danach nicht den unmittelbaren Einsatz körperlicher Kräfte voraus. Es genügt vielmehr, daß der Täter nur mit geringem körperlichen Kraftaufwand einen psychisch determinierten Prozeß beim Opfer in Lauf setzt, der dieses veranlaßt, von der Durchsetzung seines Willens Abstand zu nehmen. Damit genügt zur Erfüllung des Tatbestandsmerkmals der Gewalt bereits die körperliche Anwesenheit an einer Stelle, die ein anderer einnehmen oder passieren möchte, falls der andere durch die physische Anwesenheit des Täters psychisch gehemmt wird, seinen Willen durchzusetzen. Problematisch könnte aber sein, ob diese weite Auslegung mit dem Bestimmtheitsgrundsatz des Art. 103 II GG vereinbar ist. Das Bundesverfassungsgericht hat diese Frage nunmehr verneint und die strafgerichtliche Rechtsprechung für unvereinbar mit dem Grundgesetz gehalten. Nach Auffassung des BVerfG wird das Tatbestandsmerkmal der Gewalt in einer Weise entgrenzt, daß es seine Funktion, unter den unvermeidlichen oder alltäglichen Zwangseinwirkungen auf die Willensfreiheit Dritter die strafwürdigen zu bestimmen, weitgehend verliert. Aufgrund dieser Rechtsprechung läßt sich nicht mehr mit der von Art. 103 II GG verlangten Sicherheit voraussehen, welches Verhalten verboten sein soll und welches nicht. Dadurch werden auch bei der Strafverfolgung von Nötigungen beträchtliche Spielräume eröffnet, die zu einer nicht hinnehmbaren unterschiedlichen Behandlung von Sitzdemonstrationen führen können. Mit einer Mehrheit von fünf Richtern gegen drei Richter hat das BVerfG daher entschieden, daß Sitzdemonstrationen grundsätzlich nicht mehr als Nötigung i.S.d. § 240 StGB bestraft werden können. Die Rechts- und Ordnungswidrigkeit von Sitzdemonstrationen nach anderen Vorschriften bleibt davon aber unberührt.

Schließt man sich hingegen der dreiköpfigen Minderheit des BVerfG in deren abweichender Auffassung an, bleibt es bei dem weiten Gewaltbegriff. Die für § 240 StGB erforderliche physische Einwirkung auf das Opfer könne auch in der Richtung eines körperlichen Hindernisses bestehen, das der beabsichtigten Handlung entgegenwirke. Auf das Ausmaß der Kraft komme es dabei nicht an. Dem Bestimmtheitsgebot genüge diese Rechtsprechung schon aus dem Grund, daß es sich um eine auf das Reichsgericht rückführbare gefestigte Rechtsprechung handele; die Strafbarkeit sei daher vorhersehbar gewesen. Das erforderliche Korrektiv für sozialadäquates Verhalten bestehe in der Verwerflichkeitsklausel des § 240 II StGB.

Schließt man sich dieser Auffassung an, muß weiter geprüft werden.

2.2   Ob die Tatbestandsverwirklichung als rechtswidrig anzusehen ist, hängt davon ab, ob die konkrete Gewaltanwendung im Verhältnis zum angestrebten Zweck verwerflich war (§ 240 II StGB).

Dabei darf der Bejahung der Gewaltanwendung unter Zugrundelegung des sog. »weiten Gewaltbegriffs« nicht schon indizielle Bedeutung im Rahmen der Rechtswidrigkeitsprüfung des § 240 II StGB beigemessen werden; ebensowenig folgt aus der Grundrechtswidrigkeit des Verhaltens schon zwingend seine Strafbarkeit.

2.2.1   Weder Meinungsäußerungsrecht (Art. 5 I GG) noch Versammlungsrecht (Art. 8 GG) gewähren den Anspruch, von Dritten auch tatsächlich zur Kenntnis genommen (gesehen, gehört) zu werden. Das Aufmerksamkeit-Erregen bei der Bevölkerung bleibt Frage der geistigen (argumentativen, politischen) Mobilisierung.

2.2.2   Möglich ist jedoch, daß die Behinderung Dritter notwendige, hinzunehmende Folge einer Ausübung des Versammlungsrechtes (Art. 8 GG) war.

Zwar wird man gewisse unumgängliche Nebenfolgen von Demonstrationen (z.B. leichte, kurzfristige Verkehrsbehinderung) angesichts der Bedeutung des Versammlungsrechtes für verfassungstoleriert halten müssen. Eine gezielte Zwangsanwendung aber kann nicht akzeptiert werden. Der grundsätzlich weite Spielraum für die geistige Auseinandersetzung, wie ihn das GG garantiert, duldet keine Erweiterung auf tätliches Verhalten. Im Rahmen des Art. 8 GG fiele solches vielmehr schon in den Bereich der (garantieausgeschlossenen) unfriedlichen Versammlung.

Zu erwägen wäre höchstens noch, ob die Ausgangssituation, von welcher her die Taxifahrer handelten, derart extrem gesamtgesellschaftswichtig war, daß zu ihrer Manifestation ausnahmsweise auch eine Willensbeugung (Zwangsanwendung) bei Dritten in Kauf genommen werden könnte. Das aber ist hier wohl abzulehnen.

Ergebnis: Je nach Stellungnahme zum Gewaltbegriff besteht der Strafvorwurf aus § 240 I StGB (Nötigung) gegen T (in Mittäterschaft) zu Recht.

zu 1: Exemplarisch *Dietel/Gintzel/Kniesel*, Demonstrations- und Versammlungsfreiheit, 11. Aufl. 1994, § 26 Rdn. 9 ff. und § 14 Rdn. 18 ff. (jeweils m.w.N.).

zu 2: BVerfG, U. v. 11.11.1986, E 73, 206 ff.; B. v. 14.7.1987, E 76, 211; B. v. 26.7.1990, NJW 1991, 971; B. v. 10.1.1995, NJW 1995, 1141 ff.; BGH, U. v. 8.8.1969, BGHSt 23, 46 (53 ff.); *Eser*, in: Schönke-Schröder, Strafgesetzbuch, 24. Aufl. 1991, § 240 Rdn. 26 ff.; *Kühl*, Sitzblockaden vor dem Bundesverfassungsgericht, Strafverteidiger 1987, S. 122 ff.

Lösungsskizze 6

1	**Verfassungsmäßigkeit von ›GesundheitsG‹ und Rechtsverordnung**
1.1	Verstoß gegen Art. 11 I GG (Freizügigkeit)?

Da das Grundrecht »allen Deutschen« zusteht und nicht nur denen innerhalb der BRD, muß auch die Einreise in das Bundesgebiet tatbestandsmäßig miterfaßt sein. Um sich »im Bundesgebiet« frei bewegen zu können, muß ein außerhalb der Bundesgrenzen sich befindender Deutscher einreisen dürfen (andernfalls wäre für ihn das Grundrecht nicht beanspruchbar).

1.1.1 Möglicherweise erübrigt sich die Frage nach einer Beschränkung des Grundrechtes hier deshalb, weil das Einreiseverbot für A erst aufgrund dessen eigener Impfverweigerung real wird (»volenti non fit iniuria«).

A will jedoch unbedingt einreisen. Erst dadurch wird er von Gesetz und RechtsVO überhaupt erfaßt (»Personen, die einreisen wollen«). Dies Vorhaben ist also Ausgangspunkt und steht nicht zur Disposition.

Wehrt sich A gegen das Impfen, so wird ihm die Einreise nicht gestattet. Es ist also nicht ein ›Nicht-mehr-einreisen-Wollen‹ die Folge, sondern ein behördliches Einreiseverbot.

A's Einreise wird insoweit von einer Bedingung abhängig gemacht; darin liegt ein Eingriff in seine Einreisefreiheit.

1.1.2 Solche Einschränkung »auf Grund eines Gesetzes« prinzipiell zulässig: Art. 11 II GG.

1.2 Verstoß gegen Art. 2 II 1 GG (körperliche Unversehrtheit)?

Zwar kein absoluter Zwang gegen A (vis absoluta), weil er Impfung dulden wird. Aber Willensbeugung durch drohendes Nicht-einreisen-Dürfen (vis compulsiva): Schaffung tatsächlicher Zwangslage, die ihn zum Dulden nötigt. Damit Eingriff gegeben.

Aber aufgrund Gesetzes zulässig, da Gesetzesvorbehalt besteht (Art. 2 II 3 GG). Gesetzlich vorgesehene Eingriffsmaßnahme auch nicht unverhältnismäßig, weil (gefahrloser) »Impfpieks« nur höchst geringfügiger Vorgang.

1.3   Verstoß gegen Art. 4 I GG (Bekenntnisfreiheit)?

Die Gewissensfreiheit schützt nicht nur Gewissensbildung (forum internum), sondern auch Gewissensbetätigung (forum externum). Für den Bereich der religiös und weltanschaulich motivierten Gewissensrelevanz sind Glaubensfreiheit (forum internum) und Bekenntnisfreiheit (forum externum) Sonderausformungen des Rechts.

›Bekenntnis‹ dabei jede Verhaltensäußerung, die Zugehörigkeit zu einer bestimmten Religion oder Weltanschauung deutlich machen soll.

1.3.1   A bekennt sich zur Ablehnung aller medizinischen Heilungseingriffe und will dies durch konkrete Impfverweigerung manifestieren. Die Freiheit dazu wird ihm durch Drohung des Einreiseverbotes beschränkt.

1.3.2   Art. 4 I GG ohne Gesetzesvorbehalt. Dennoch beschränkbar?

Direkter Rückgriff auf Schrankentrias des allg. Freiheitsrechts in Art. 2 I GG (wie »Muttergrundrechtslehre« es vertritt) ist dogmatisch unhaltbar, da leges speciales die lex generalis ausschließen. Ebenso Anwendung der Schrankentrias als »objektive Auslegungsregel«, denn weite Fassung zu Art. 2 I GG gerade auf dessen Funktion als Auffangtatbestand gemünzt.

1.3.3   Hier steht der Bekenntnisfreiheit A's die Gesundheit der Bevölkerung (Summierung von Art. 2 II 1 GG) entgegen. Bei der hohen Infektionsgefahr und Gefährlichkeit von Pockenerkrankungen muß dieses Rechtsgut grundsätzlich schwerer wiegen als ein individueller und einmaliger Eingriff in Bekenntnisfreiheit. Das ›Der-Gewalt-Weichen‹ bedeutet für A zudem keine essentielle Verletzung seines auf geistige Unabhängigkeit angelegten Rechtes.

Das einmalige Impfen ist auch nicht unverhältnismäßig, da ein In-Quarantäne-Nehmen für die Allgemeinheit wie für A erheblich aufwendiger wäre (a.A. vertretbar).

Ergebnis: Gesetzesbestimmung, RechtsVO und konkrete Maßnahme waren verfassungsmäßig.

2   **Verfassungsrechtslage bei fehlender Bundesrats-Zustimmung zur RechtsVO**

Es läge ein Verstoß gegen Ermächtigungsgrundlage (›GesundheitsG‹) und Art. 80 II GG vor. Vollzugsmaßnahme gegen A beruhte dann auf fehlerhafter Rechtsgrundlage (abwehrbar im Wege der Verwaltungsklage: ggfs. vorläufiger Rechtsschutz oder Fortsetzungsfeststellungsklage).

Dadurch Verletzung A's in seinem Grundrecht aus Art. 2 I GG. Die »allgemeine Handlungsfreiheit«, welche nicht nur geistig-seelische Entfaltung, sondern das gesamte Sichgeben umfaßt, ist nur durch Vorschriften einschränkbar, die zur »verfassungsmäßigen Ordnung« zählen, d.h. (nach adäquat weiter Auslegung) verfassungsmäßig zustandegekommen und verfassungsmäßigen Inhalts sind. RechtsVO hier nicht verfassungsmäßig zustandegekommen; ergo: für A Verletzung des Art. 2 I GG.

Dagegen Verfassungsbeschwerde nach Art. 93 I Nr. 4a GG, §§ 90 ff. BVerfGG zulässig, wenn möglicher Verwaltungsrechtsweg (s.o.) erschöpft ist.

zu 1.1: *Pieroth*, Das Grundrecht der Freizügigkeit (Art. 11 GG), in: JuS 1985, 81 ff.; *Randelzhofer*, in: Bonner Kommentar, Art. 11 (Zweitbearb.: Oktober 1981) Rdn. 72.

zu 1.3: *Fehlau*, Die Schranken der freien Religionsausübung, in: JuS 1993, 441.

zu 1.3.2: *Katz*, Staatsrecht, 12. Aufl. (1994), Rdn. 723; *Rupp*, Verfassungsprobleme der Gewissensfreiheit, in: NVwZ 1991, 1033; *Badura*, Schutz von Religion und Weltanschauung durch das Grundgesetz, Tübingen (1989), S. 72 ff.

Lösungsskizze 7

1	**Zulässigkeit der Verfassungsbeschwerde**
1.1	Beschwerdegegenstand

Die Verfügung des L ergeht zur autoritativen Regelung einer Einzelfrage des Strafvollzuges bei H. Sie ist Ausdruck der staatlichen Strafvollzugsmacht und stellt mithin einen Akt der »öffentlichen Gewalt« dar (Art. 93 I Nr. 4a GG, § 90 I B VerfGG).

1.2	Für möglicherweise verletzte Grundrechte kann die Grundrechtsfähigkeit des H fraglich sein. Die frühere Theorie, wonach sich u.a. Strafgefangene in einem »besonderen Gewaltverhältnis« befinden, in welchem keinerlei Grundrechte gelten, ist aufgrund Art. 1 III GG mindestens zweifelhaft. Für die Beschwerdeberechtigung genügt bereits die juristische Möglichkeit einer Grundrechtsträgerschaft.

1.3	H kann behaupten, in seinen Grundrechten aus Art. 10 I, 5 I, 6 I GG verletzt zu sein. Auch hier reicht für die Relevanz der Behauptung als Zulässigkeitsvoraussetzung die juristische Möglichkeit der bezeichneten Grundrechtsverletzungen aus.

1.4	Nach § 90 II 1 B VerfGG muß der Rechtsweg erschöpft sein. Für Rechtsbehelfe gegen Einzelfallmaßnahmen im Strafvollzug eröffnen §§ 109, 116 StVollzG einen speziellen Rechtsweg, der mit der Beschwerdeentscheidung des Strafsenates beim OLG abgeschlossen ist (§ 119 V StVollzG). Da H »alle rechtlichen Möglichkeiten ausschöpfen« will, ist davon auszugehen, daß er den eröffneten Rechtsweg durchlaufen hat.

Ergebnis:	Die Verfassungsbeschwerde des H ist zulässig.
2	**Materielle Verfassungsmäßigkeit**
2.1	Verstoß gegen Art. 10 I GG?
2.1.1	Da H's Brief bei der Poststelle der Strafanstalt geöffnet und kontrolliert wurde, ist der Normbereich des Art. 10 I GG (»Briefgeheimnis«) auf den Plan gerufen.

Dies wird auch nicht dadurch in Frage gestellt, daß H dieses Grundrecht als Strafgefangener, d.h. in einem besonderen, über den allgemeinen Status des Bürgers hinausgehenden Pflichtenverhältnis zum Staat, in Anspruch nimmt. In der Strafhaft befindet sich H nicht in einer auf Befehl und Gehorsam beruhenden Willensunterwerfung gegenüber dem Staat (»besonderes Gewaltverhältnis«), sondern in einem speziellen, für die Ordnung des Gemeinwesens unentbehrlichen institutionellen Zusammenhang, der von ihm Inkaufnahme der dort wesensmäßigen Gesetzmäßigkeiten verlangt (»Sonderstatus«). Auch hier also sind seine Grundrechte nicht von vornherein ausgeschlossen; die umfassende Grundrechtsbindung der Staatsgewalt (Art. 1 III GG) verträgt keine apriorischen Ausgrenzungen. Im Sonderstatus sehen sich die Grundrechte lediglich spezifischen, sachgesetzlichen Beschränkungsansprüchen gegenüber.

2.1.2   In das Briefgeheimnis wurde durch die Maßnahme der Anstaltsleitung eingegriffen. Art. 10 II 1 GG enthält jedoch eine gesetzliche Einschränkungsermächtigung.

2.1.3   Ermächtigungsrahmen eingehalten?

2.1.3.1 Durch § 29 III StVollzG wurde die Einschränkungsermächtigung formell korrekt in einen gesetzlichen Erlaubnistatbestand umgesetzt (dem Zitiergebot des Art. 19 I 2 GG trägt § 196 StVollzG Rechnung).

Auch der Wesensgehalt des Grundrechtes wurde nicht angetastet, da der Betroffene nur während seiner Straftat von der Beschränkung erfaßt wird und die Kontrolle technisch auf das unbedingt notwendige, diskrete Ausmaß beschränkt bleibt. Für die Zwecke des Strafvollzuges ist es zudem unerläßlich, die herausgehenden Schreiben der Häftlinge zu kontrollieren, weil anderenfalls die Gefahr brieflicher Planungen von Fluchtversuchen oder anderer krimineller Kontaktaufnahmen bestünde. Auch ein geringer eingreifendes Mittel läßt sich dafür nicht vorstellen.

2.1.3.2 Aufgrund des gesetzlichen Erlaubnistatbestandes wurde im konkreten Fall die Briefpost des H kontrolliert und eingehalten. Hierin sind weder Überschreitungen des Erlaubnisrahmens noch zweckwidrige oder übermäßige Aktionen zu sehen.

Ergebnis: Der Eingriff in das Briefgeheimnis des H erfolgte daher verfassungsmäßig.

2.2   Verstoß gegen Art. 5 I GG?

2.2.1   Da »Meinung« i.S.d. Grundrechtes jede wertende Einschätzung ist, gleich ob auf tatsächliche oder abstrakte Zusammenhänge bezogen, sind sowohl die Tatsachenbehauptungen (speziell befohlene Schikanierungen, Freude an Quälerei) als auch die Unwertbekundungen (»hundsgemeiner Schuft«, Betreibung von »menschenverachtender Schinderei«) einschlägig. Mit der brieflichen Niederschrift an seine Frau hat H diese Meinungen auch gezielt zur Wahrnehmung durch einen Dritten artikuliert, also »geäußert«.

In den dadurch angesprochenen Normbereich des Art. 5 I GG wurde durch die Einbehaltung des Briefes eingegriffen.

2.2.2   Für die Beschränkung der Meinungsäußerungsfreiheit enthält Art. 5 II GG einen Begrenzungsvorbehalt.

Möglicherweise aber wurde dessen Ermächtigungsrahmen nicht eingehalten.

2.2.2.1   Das StVollzG ist nicht speziell auf die Einschränkung der Meinungsfreiheit gemünzt, also ein »allgemeines Gesetz« i.S. von Art. 5 II GG. Sein ordnungsgemäßes Zustandekommen steht zudem außer Zweifel. Das Zitiergebot (Art. 19 I 2 GG) gilt für Schrankenziehungen nach Art. 5 II GG nicht.

Materiell muß die gesetzliche Begrenzung nicht nur »den besonderen Wertgehalt der Meinungsfreiheit wahren«, sondern nach dem (auf den Sonderstatus zugeschnittenen) Übermaßverbot auch für die Zwecke des Strafvollzuges »unerläßlich« sein. Diese Voraussetzung wird von den beiden einschlägigen Eingriffstatbeständen nur bei § 31 I Nr. 3 StVollzG erfüllt, da die Unterbindung grob unrichtiger oder erheblich entstellender Darstellungen von den Anstaltsverhältnissen für eine von außen ungestörte, ordnungsmäßige Durchführung des Strafvollzuges notwendig ist.

Für den Eingriffstatbestand in § 31 I Nr. 4 StVollzG erscheint dies jedoch fraglich. Beleidigungen von Vollzugsbeamten könnten den Strafvollzug nur beeinträchtigen, wenn sie bekannt werden. Zunächst sind sie nur an den Briefadressaten gerichtet; verbreitet er sie, ist diese Veröffentlichung der schädigende Sachverhalt. Die Vollzugsbeamten selbst erhalten von den Beleidigungen nur bei Gelegenheit der Briefkontrolle Kenntnis (also unter Ausschluß jeder Anstaltsöffentlichkeit), nicht aber als unmittelbares Äußerungsziel.

Insofern kann und muß von ihnen verlangt werden, daß sie ihren Dienst auch künftig unbeeindruckt von dieser Kenntnisnahme versehen werden. Der Tatbestand des § 31 I Nr. 4 StVollzG ist deshalb für die Zwecke des Strafvollzuges nicht »unerläßlich«.

Art. 5 I 1 GG findet jedoch von vornherein seine Grenze im »Recht der persönlichen Ehre« u.a. des L (Art. 5 II Alt. 3 GG). Es erscheint aber schon fraglich, ob diese Meinungsäußerungsschranke durch einen vertraulichen Briefwechsel mit dem Ehegatten überhaupt berührt werden kann. Jedenfalls aber ist erforderlich, daß der Ehrenschutz in einem dafür sachlich ausgewiesenen, angemessenen Bereich thematisiert wird (z.B. strafrechtlich durch §§ 185 ff. StGB i.V.m. §§ 374 ff. StPO, zivilrechtlich durch §§ 823 ff. BGB und entsprechende Klagemöglichkeiten). Das VollzG ist nur zur Regelung des Vollzugs von Freiheitsstrafen in Justizvollzugsanstalten ergangen. Eine Begrenzung der Meinungsfreiheit aus Strafvollzugsgründen darf nicht dazu genutzt werden, Vollzugsbeamten einen besonderen, über die allgemein gegebenen Möglichkeiten hinausreichenden Weg zu eröffnen, erlittenen Beleidigungen rechtlich entgegentreten zu können.

Ergebnis: § 31 I Nr. 4 StVollzG hält den Ermächtigungsrahmen des Art. 5 II GG nicht verfassungskonform ein.

2.2.2.2   Bezüglich des Erlaubnistatbestandes § 31 I Nr. 3 StVollzG bewegt sich die konkrete Einzelverfügung an sich im tatbestandlichen Rahmen. Für H könnte sie jedoch unverhältnismäßig gewesen sein, weil seiner Meinungsäußerungsfreiheit ein besonders starkes Gewicht zukommt. Unter dem Schutz von Art. 6 I GG kommt dem freien und offenen Sich-aussprechen-Können unter Ehegatten spezielle verfassungsrechtliche Qualität zu. Auch wenn H's Darstellungen subjektiv gefärbt und unsachlich sein mögen, schützt ihm Art. 5 I GG das Recht, gegenüber seiner Ehefrau über die ihn betreffenden Angelegenheiten des Strafvollzuges zu sprechen und die Dinge aus seiner Sicht zu schildern, mit besonderer Intensität. Art. 6 I GG verstärkt insoweit die Garantiewirkung der Meinungsäußerungsfreiheit. Demgegenüber erscheinen die eher betriebsatmosphärischen Normalitätsstörungen des Strafvollzugs als nachrangig.

Ergebnis: Das Anhalten des Briefes wegen der darin geäußerten, unzutreffenden Tatsachenbehauptungen ist für H unverhältnismäßig und deshalb verfassungswidrig.

2.3   Verstoß gegen Art. 3 I GG?

Eine Verletzung des Art. 3 I GG scheidet von vornherein aus. Die
Personen außerhalb des Strafvollzuges als Vergleichsgruppe heran-
zuziehen, die nicht so wie H unter einer Briefkontrolle zu leiden
haben, scheitert daran, daß jene in für den Sachzusammenhang
wesentlichen Momenten (nämlich als Nicht-Häftlinge) sich von H
unterscheiden. Andere Strafgefangene würden zwar eine Ver-
gleichsgröße abgeben, aber der Sachverhalt schweigt sich insofern
über Diskriminierungen H's völlig aus.

zum Fall insgesamt: EGMR, U. v. 25.2.1992, in: JuS 1992, 1055 f.
(Verzicht auf Konventionsrechte und Zensur des Briefverkehrs von
Untersuchungsgefangenen); OLG Bamberg, B. v. 11.1.1994, NJW
1994, 1972; BVerfG, B. v. 12.9.1994, in: NJW 1995, 1477 f.; *Erich-
sen*, Feststellungsklage und Innenrecht, Grundrechte und Amtswal-
tung, in: VerwArch 71 (1980), S. 429 ff. (437); *Merten* (Hrsg.), Das
besondere Gewaltverhältnis, in: Vorträge des 25. Sonderseminars
1984 der Hochschule für Verwaltungswissenschaften Speyer
(1985); *Arloth*, Grundfälle zum Strafvollzugsrecht, in: JuS 1990, 35
ff.; *Hufen*, Meinungsfreiheit im Strafvollzug; in: JuS 1995, 68 f.

zu 1.2: *Baumann*, Gesetzliche Regelung des Vollzugs der Untersu-
chungshaft, in: JZ 1990, 107 f.

zu 2.1.1: BVerfG, B. v. 14.3.1972, E 33, 1 (9 ff.).

zu 2.2: BVerfG, B. v. 26.4.1994, E 90, 255 ff.

Lösungsskizze 8

1   **Allgemeine Schulpflicht als Verstoß gegen Art. 2 I?**

Generelle Schulbesuchspflicht spricht kein spezifisches GruR an, also (nur) Art. 2 I GG einschlägig, da der Art. entgegen »Persönlichkeitskerntheorie« (Art. 2 I erfasse nur geistig-seelische Entfaltung) allg. Handlungsfreiheit betrifft (a.A. *Pieroth/Schlink*, Grundrechte/ Staatsrecht II, 10. Aufl. (1994), Rdn. 456: Schulpflicht ist Eingriff in Art. 2 II 2 GG).

Mindestens die Schüler, die von der politischen Fragestellung der geplanten Versammlung angesprochen werden, sind insoweit auch grundrechtsmündig, d.h. fähig, Konsequenzen eines Schulbesuchs bzw. Nicht-Schulbesuchs für das Leben abzuschätzen. Es kommt nicht auf Ausgewogenheit der einzelnen Grundrechtsausübung an, sondern auf natürliche Einsichtsfähigkeit.

1.1   Normbereich: Auch ›Ohne-Schulbildung-bleiben-Wollen‹ ist hier relevante Äußerung einer Verhaltensselbstbestimmung.

1.2   Schranke in der »verf'mäßigen Ordnung«, zu der entspr. dem weiten Bereich der allg. Handlungsfreiheit alle verf'gem. zustandegekommenen RNormen zählen. Festlegung der allg. Schulpflicht durch betreffendes Landes-Schul(pflicht)G ist solche Norm (materielle Kompetenz: Art. 7 I GG, staatliche Schulhoheit).

Ergebnis: Allgemeine Schulpflicht verstößt nicht gegen Art. 2 I GG.

2   **Konkrete Grundrechtstangierung durch Verbot der Versammlung und des Protestes ?** (Zur Grundrechtsmündigkeit s.o.)

Berührt werden Art. 5 I GG und 8 I GG. Kein gegenseitiges Ausschließen oder Ineinanderaufgehen, vielmehr Geltung nebeneinander mit unterschiedlich gerichtetem Erfassungsbereich.

2.1   Versammlungsfreiheit

2.1.1   Art. 8 I GG ohne Gesetzesvorbehalt, damit grds. unbeschneidbar.

Aber: Schüler in ›besonderem Gewaltverhältnis‹ von vornherein grundrechtsbeschränkt?

GG wertgebundene Ordnung, GruRe nach Art. 1 III GG unmittelbar
und umfassend verbindlich. Deshalb entgegen überkommener Auffassung keine prinzipielle GruRBegrenztheit im »bes. GewVerh.«

Einschränkungen vielmehr nur akzeptabel, »wenn zur Erreichung
eines von der Wertordnung des GG gedeckten, gemeinschaftsbezo-
genen Zweckes unerläßlich« (Abwägung nach Art der ›praktischen
Konkordanz‹) und gesetzlich festgelegt.

2.1.2   Schulverhältnis in Art. 7 I GG verfassungsrezipiert (und institutio-
nell gesichert). Verhaltenskodex für Schüler in den Landes-Schul-
gesetzen wenigstens generalklauselartig (nach Maßgabe der
Anstaltsordnung) verankert.

2.1.3   Um SchulVerh. und allg. Schulpflicht aufrechtzuerhalten bzw. ge-
ordnet durchzuführen, ist Verbot der Schüler-Kundgebung während
der geplanten Zeit als unerläßlich zu erachten, da zentrale Unter-
richtseinheiten ausfallen müßten und Versammlung ohne Wertein-
buße auch außerhalb der Schulstunden stattfinden könnte.

Beanstandung der Kundgebungsform hingegen kann wohl nicht als
unerläßlich für die Belange geordneten Schulbetriebes gelten. Da
›Polit-AG‹ mit ihrer Thematik »offiziell eingerichtet« wurde, geht
es nicht um schulfremde Bezüge, und die vorgesehenen Kundge-
bungs-Programmpunkte sind nicht als unangemessen oder schon
grds. disziplingefährdend anzusehen.

2.2   Art. 5 I GG, Meinungsfreiheit

2.2.1   Mit der Kundgebung sollten auch Ansichten manifestiert werden,
sie stellt mithin Meinungsäußerung dar.

Verbot hinsichtlich des Zeitpunktes aber schon aufgrund Art. 5 II
nicht zu beanstanden. Die landesgesetzlich statuierte allg. Schulpflicht, die auch grds. lückenlose Teilnahme am Unterricht fordert,
ist ein »allgemeines Gesetz« i.S.d. Vorschrift (nicht speziell zur Einschränkung des Art. 5 I GG bestimmt).

Hinsichtlich der monierten Kundgebungsform decken die unerläßli-
chen Belange des Sonderstatusverhältnisses das Verbot nicht (s.
2.1.3).

2.2.2   Auch die empörten Urteile über die Lehrerschaft (»unerträgliche
Knebelung der Rechtsstaatlichkeit«, »Meinungsterror«) sind Mei-
nungsäußerungen i.S.d. Art. 5 I GG.

Da durch diese (zumal objektiv unzutreffenden) Aussprüche der Tatbestand der üblen Nachrede erfüllt wird, aktualisiert sich GruR-Begrenzung gem. Art. 5 II (»Recht der persönlichen Ehre«).

Kann aber Rektor auch zugunsten dieses individuellen, nicht institutionellen Rechts einschreiten? Zu seinem Schutz sind Straf- und Zivilrechtsmittel gegeben. Figur der Notwehr oder Nothilfe für Vorgehen eines Anstaltsorgans (»unter Androhung von Schulzuchtmaßnahmen«) insoweit nicht anwendbar.

Aber Stehenlassen der Diffamierungen zugleich Gefährdung des geordneten, Lehrerautorität wie allgemeine Vertrauensatmosphäre sichernden Schulbetriebes. Plakatentfernung und entspr. Äußerungsverbot daher durch unerläßliche Belange der Sonderstatus-Einrichtung gedeckt.

Ergebnis: Verbot der Schülerkundgebung für die geplante Zeit und das Einschreiten gegen die Protestäußerungen verfassungsrechtlich nicht zu beanstanden; Verbot der Kundgebung »in dieser Form« hingegen nicht rechtmäßig.

zu 1: *Pieroth/Schlink*, Grundrechte Staatsrecht II, 10. Aufl. (1994), Rdn. 456 f.; *Gusy*, Freiheitsentziehung und Grundgesetz, in: NJW 1992, 457 (459 f.).

zu 1 und 2.2: *Stein/Roell*, Handbuch des Schulrechts, 1988, S. 49 ff.

zu 2.1.1: B VerfG, B. v. 14.3.1972, E 33, 1 (10 f.); *Richter/Schuppert*, Casebook Verfassungsrecht, 2. Aufl. (1991), S. 66 f.

zu 2.1.3: VG Hannover, B. v. 24.1.1991, NJW 1991, 1000; B VerfG, B. v. 19.5.1992, E 86, 122 (131).

Lösungsskizze 9

1	**Zulässigkeit der Verfassungsbeschwerde (Art. 93 I Nr. 4a GG, §§ 90 ff. BVerfGG)**

1.1   Beschwerdegegenstand

Akt der »öff. Gewalt« ist auch ein Gesetz, nämlich eine Maßnahme staatlicher Machtausübung durch die Legislative. Bestätigung: §§ 93 II, 94 IV, 95 III 1 BVerfGG.

Beschwerdefähiger Gegenstand freilich nicht schon Gesetzentwurf, sondern erst ›fertiges‹, in Kraft getretenes Gesetz.

1.2   Beschwerdeberechtigung

A ist als Träger des von ihm anzuführenden Grundrechtes Art. 12 GG »jedermann« i.S.d. Verfassungsbeschwerde.

1.3   Beschwerdegrund

Behauptete Verletzung der Grundrechte aus Art. 12 I, 2 I und/oder 3 I GG ist juristisch möglich.

Ob auch »selbst, unmittelbar und gegenwärtig«, erscheint allerdings fraglich, wenn man darauf abstellt, daß erst Aufforderung zum Unbedenklichkeitsnachweis oder konkrete Verbotsverfügung durch die Verwaltungsbehörde den A direkt träfe. Eingriffe in Berufsfreiheit (Verbot, Beschränkung) erfolgen aber schon durch das Gesetz selbst. Auch davon auszugehen, daß Zuwiderhandlung automatisch Bußgeld nach sich ziehen kann.

1.4   Rechtswegerschöpfung

An sich gegen Gesetze kein »Rechtsweg« möglich.

Dem A vielleicht zumutbar, daß er einen Ausführungsakt der Verwaltung (s.o.) abwartet und dagegen dann Verwaltungsrechtsweg beschreitet. Für Entlastung des BVerfG mag dies tunlich sein, ob für den einzelnen ein zunächst vom Verbot unbeeindrucktes Weiterarbeiten aber zumutbar wäre, erscheint fraglich.

2   Begründetheit der Verfassungsbeschwerde

2.1   Verletzung des Art. 12 I GG?

2.1.1   Normbereich des Art. 12 I erfaßt?

2.1.1.1   Art. 12 I GG behandelt nominell allein Berufswahl (Art. 12 I 1) und Berufsausübung (Art. 12 I 2). Fall betrifft jedoch Erlaubtheit eines Berufes, die persönliche Zulassung zu diesem Beruf und Reglementierung der Berufsausübung.

Da Berufswahl und Berufsausübung aber nur Einzelabschnitte eines umfassenden Prozesses der Konkretisierung beruflicher Tätigkeit sind, ist davon auszugehen, daß Art. 12 I GG substantiell die *Berufsfreiheit* insgesamt grundrechtlich erfaßt.

2.1.1.2   Tätigkeit des A als »Beruf«

Definition: Jede auf Dauer berechnete und nicht nur vorübergehend der Schaffung und Erhaltung einer Lebensgrundlage dienende Betätigung. Der Begriff ist weit auszulegen und umfaßt nicht nur typische gesetzlich geregelte oder überlieferte Berufsbilder.

A betätigt sich auch noch anderweitig. Es ist jedoch nicht nötig, daß die berufliche Arbeit die ausschließliche Bestreitungsquelle für den Lebensunterhalt darstellt. Tätigkeit müßte nur geeignet sein, die Ressourcen für die Lebensbedürfnisse zu erbringen. Das ist hier bei der Astrologie der Fall.

Das BVerfG verlangt »Erlaubtheit« der Betätigung. Aber: Solcher Ansatz unterliefe das Grundrecht, denn durch einfaches Gesetz wäre Verbot oder Unter-Strafe-Stellen jeder Tätigkeit möglich. Als Maßstab lediglich akzeptierbar, daß effektiv gemeinschaftsschädliche Betätigungen von vornherein außerhalb der Freiheitsgarantie liegen.

Hier: Wahrsagerei wird zwar aus wissenschaftlichen, religiösen, weltanschaulichen Gründen von einem Großteil der Gesellschaft nicht als wirklich sinnvolle Arbeit und Beitrag zur sozialen Gesamtleistung gewertet, gilt aber gewiß nicht schon als gemeinschaftsschädlich. Dies gilt insb. für Astrologie, die nicht nur bereits im Altertum wissenschaftlich betrieben wurde, sondern sich heute auch eines großen Leserkreises erfreut. Sie ist daher durch Art. 12 I GG geschützt.

2.1.2   In diesen Normbereich der Berufsfreiheit wird durch das Gesetz bzw. die auf ihm beruhenden Ausführungsakte eingegriffen.

2.1.3   Vorliegen einer Eingriffsermächtigung?

Zwar nominell nur Gesetzesvorbehalt für Berufsausübung gegeben (Art. 12 I 2 GG), während Berufswahl vorbehaltsfrei garantiert wird (Art. 12 I 1 GG). Da das Gebrauchmachen von der Berufsfreiheit jedoch umfassender fließender Prozeß ist, der sich von der abstrakt-intentionalen Berufswahl bis zu den einzelnen realen Berufsaus-übungshandlungen konkretisiert, muß auch der Gesetzesvorbehalt (in unterschiedlicher Intensität) über den ganzen Entwicklungsablauf hin erstreckt werden.

Nach der »*Dreistufenlehre*« kann demgemäß vom Endpunkt des Konkretisierungsprozesses, der realen Berufsausübung (die unter dem üblichen Gemeinwohlbezug stehend, dem vollen Gesetzesvorbehalt unterliegt: »*1. Stufe*«) quasi rückwärts gewendet um so weniger in das Freiheitsrecht eingegriffen werden, je weiter die betreffende Konkretisierungsphase noch zum subjektiven Entschlußstadium hin gelagert ist. Berufszulassung nach subjektiven Kriterien des Bewerbers ist zum Schutz wichtiger Gemeinschaftsgüter begrenzbar (»*2. Stufe*«); Berufszulassung nach objektiven Kriterien nurmehr zum Schutz überragender Gemeinschaftsgüter vor nachweisbarer oder höchstwahrscheinlich schwerer Gefahr zu beschränken) (»*3. Stufe*«); reine Berufswahlentscheidung (»*Endstufe*«) gar nicht mehr reglementierbar.

2.1.4   Ermächtigungsrahmen eingehalten?

Formelle Fehlerhaftigkeit des Landesgesetzes nicht ersichtlich, insb. Gesetzgebungszuständigkeit nach Art. 72 I GG gegeben (in Frage kommend: Art. 74 Nr. 11 und Nr. 12).

2.1.4.1   Verbot des Wahrsagens mit Ausnahme der wissenschaftlichen Betätigung schränkt die berufliche Realisierung total ein; es bleibt von diesem Berufsfeld nichts mehr übrig. Insoweit wird der Wesensgehalt vernichtet (Art. 19 II GG; »*Endstufe*«).

Aus Erlaubnis der wissenschaftlichen Betätigung kann nicht gefolgert werden, daß nur eine bestimmte Art der Berufsausübung verboten sei. Denn wissenschaftliche und gewerbliche Wahrsagerei wären zwei verschiedene Berufe.

Ergebnis: Diese Regelung verfassungswidrig wegen Verstoßes gegen Art. 12 I, 19 II GG.

2.1.4.2 Zulassung nur vorstrafenfreier Personen stellt eine subjektive Zulassungsvoraussetzung dar. Diese in einem gesteigerten Verhältnismäßigkeitserfordernis nur zum Schutze wichtiger Gemeinschaftsgüter zulässig (»*2. Stufe*«).

Sicherungsgut hier: Schutz der Bevölkerung vor Gaukelei und Betrug. Zulassungsschleuse dazu geeignet, erforderlich und verhältnismäßig.

Ergebnis: Diese Regelung ist verfassungsmäßig.

2.1.4.3 Normierung des Wahrsagens in der Öffentlichkeit

Diese Passage betrifft reine Berufsausübungsregelung (»*1. Stufe*«). Beschränkung also nach ›normalem‹ Gesetzesvorbehalt unter Gemeinwohlbezug zulässig. Zu sicherndes Gemeinschaftsgut hier: Schutz von Kindern und Jugendlichen sowie solchen Personen, die normalerweise nicht mit Wahrsagern in Kontakt kommen und kommen wollen.

(arg. Abstellen auf menschl. Zukunftsangst, Spiel mit Gutgläubigkeit, Vorgaukeln d. Beherrschbarkeit von Ungewißheiten, Verleitung zu Irrationalität, reine Unterhaltungssubstanz).

Einhaltung des Übermaßverbotes?

Verbotsmaßnahme zu jenem Zweck sicherlich geeignet. Ob auch erforderlich, ist allerdings fraglich. Wahrscheinlich jedenfalls nicht verhältnismäßig, denn hinreichend wohl auch z.B.: Verbot aufdringlicher Reklame, Alterskontrolle, Verweisung der Wahrsagerei in Zelte oder geschlossene Räume.

(Konkretes Ergebnis hier weniger entscheidend als überhaupt argumentativ saubere Abwägung.)

2.2 Verletzung des Art. 2 I GG

Dieses Grundrecht als allgemeine Handlungsfreiheit (Auffangtatbestand) nur noch zu prüfen, wenn fälschlicherweise Vorliegen eines »Berufes« verneint wurde. Dann freilich Prüfung auch zwingend.

Nach weiter Auslegung ist die allgemeine Handlungsfreiheit durch jedes verfassungsmäßige Gesetz begrenzt. Insofern Wahrsagegesetz unter den Kautelen des allgemeinen Gemeinwohlbezugs und des Übermaßverbotes sicherlich verfassungsmäßig.

2.3   Verletzung des Art. 3 I GG

Dieses Grundrecht verletzt, wenn wesentlich gleiche Sachverhalte ohne einsichtigen Grund ungleich bzw. wesentlich ungleiche Sachverhalte ohne einsichtigen Grund gleich behandelt werden.

Hier: Astrologie und Wahrsagerei mögen zwar anders, nämlich strenger reglementiert sein als andere Berufe. Sie sind aber auch nicht anderen Berufen »im wesentlichen gleich«. Ihre spezifischen Inhalte, Ausübungssubstrate und erzieherischen Auswirkungen unterscheiden sie maßgeblich von anderen Berufen.

Ergebnis: Kein Verstoß gegen Gleichheitssatz.

zum Fall insgesamt: BVerwG, B. v. 14.11.1965, E 22, 286 ff.

zu 1.4: BVerfG, B. v. 14.11.1989, E 81, 97 ff.

zu 2.1.1.2: BVerwG, U. v. 10.5.1955, E 2, 89 (92); U. v. 24.1.1957, 4, 250 (254 f.).

zu 2.1.3: BVerfG, B. v. 12.6.1990, E 82, 209 (222 f.), NJW 1990, 2306 (2308).

zu 2.1.4.3: BVerfG, B. v. 25.3.1992, E 86, 28 ff. ; *Jahn*, Zur Bedürfnisprüfung im Sachverständigenwesen, in: JuS 1993, 643 ff.

Lösungsskizze 10

1	**Verfassungsmäßigkeit des Gesetzes**
1.1	Formelle Rechtskonformität

Bundeskompetenz nach Art. 74 Nr. 19, 72 II GG gegeben. Unregelmäßigkeiten beim Gesetzgebungsverfahren nicht ersichtlich.

1.2	Materielle Rechtskonformität

Prüfungsnorm: Art. 12 I GG

1.2.1	Tätigkeit des S als »Beruf«?

Die übliche Berufsdefinition hier nur in zwei Punkten problematisch: Daß Vergütung des S ein freibleibender, nichtentscheidender Effekt seiner Arbeit ist, bleibt unerheblich, da seine Tätigkeit jedenfalls geeignet wäre, mit dem erzielbaren Entgelt tatsächlich einen Lebensunterhalt bestreiten zu lassen. Heilkunde auch nicht gesellschaftlich unwertig.

Ohne Bedeutung im übrigen, daß S selber seine Arbeit nicht für einen Beruf hält; entscheidend nicht subjektive Vorstellung, sondern objektives Gegebensein.

1.2.2	Beschränkbarkeit der beruflichen Entfaltung

Nach VerfWortlaut nur Berufsausübung unter Gesetzesvorbehalt (Art. 12 I 2 GG), Berufswahl nicht (Art. 12 I 1 GG).

Aber sowohl hiesiges Erfordernis einer Zulassungsprüfung als auch Bedingung ärztlicher Unterversorgung in ihren Wirkungen nicht eindeutig unter eine der beiden Phasen einzuordnen. Betroffen vielmehr ein Zwischenstadium (»Aufnahme des Berufes«) mit Elementen beider, die auch abstrakt nicht definitiv voneinander abzugrenzen sind.

Ergo: Einheitliches Grundrecht der »Berufsfreiheit«, dessen gesetzliche Beschränkbarkeit von den grundsätzlichen Voluntativakten bis zu den Betätigungsmaßnahmen der laufenden Arbeit in verschiedenen, fließend ineinander übergehenden Stufen zunimmt, d.h. jeweils weniger strengen Kautelen unterliegt (»Dreistufenlehre«).

1.2.2.1 Prüfung über medizinische Grundkenntnisse dabei eine subjektive Zulassungsvoraussetzung, die (in einem gesteigerten Verhältnismäßigkeitserfordernis) zum Schutze wichtiger Gemeinschaftsgüter zulässig wäre (»zweite Stufe«).

Sicherungsgut: Gesundheit der Bevölkerung, Zulassungsprüfung zu deren Schutz geeignet und angebracht.

1.2.2.2 Bedingung ärztlicher Unterversorgung der betr. Region eine objektive, außerhalb der Beeinflussungsmöglichkeit des Bewerbers liegende Zulassungsvoraussetzung. Erlaubt nur ausnahmsweise, u.zw. zum Schutz überragender Gemeinschaftsgüter vor nachweisbarer oder höchstwahrscheinlich schwerer Gefahr (»dritte Stufe«).

Überragendes Gemeinschaftsgut in ›Gesundheit der Bevölkerung‹ zwar gegeben, aber schwere Gefahr durch ärzteversorgungsunabhängige Heilkunde kaum. (Wollte man ›schwere Gefahr‹ abstrakter fassen und sonach annehmen, hätte sicherlich die konkrete Reglementierungsmaßnahme als nicht geeignet und erforderlich zur Bekämpfung zu gelten).

1.3 Wurde unter 1.2.1 fälschlicherweise Vorliegen eines »Berufes« verneint, muß nun Art. 2 I GG geprüft werden. Nach weiter Auslegung ist dort die ›allgemeine Handlungsfreiheit‹ durch jedes verfassungsmäßige Gesetz begrenzt. Insofern auch Heilkundegesetz zulässige Begrenzung.

2 **Rechtsbehelfsmöglichkeiten des S**

VerfBeschwerde nach Art. 93 I Nr. 4a GG, §§ 90 ff. BVerfGG, möglich auch unmittelbar gegen Gesetze (arg. §§ 93 II, 94 II BVerfGG).

Allgemeine Zulässigkeitsvoraussetzungen an sich gegeben.

Aber: Gegen einen abwartbaren verwaltungsmäßigen Eingriff (Verbotsverfügung, Prüfungsaufforderung) Rechtsweg zu den Verwaltungsgerichten möglich (evtl. mit Anregung einer Vorlage nach Art. 100 I GG). Also Rechtswegerschöpfung nach § 90 II 1 BVerfGG erforderlich.

Ausnahmemöglichkeiten nach § 90 II 2 BVerfGG kaum gegeben.

zum Fall insgesamt: grundlegend BVerfG, U. v. 11.6.1958, E 7, 377 (397 ff.); kurze und prägnante Darstellungen als Einstieg in die Probleme der Dogmatik zu Art. 12 I GG: *Frotscher*, in: JuS 1990, L 81 ff.;

zu 1: VGH München, U. v. 24.1.1990, NJW 1991, 1558 ff.; BVerfG, U. v. 11.11.1993, NJW 1994, 3024 ff.; *Jörn Ipsen*, »Stufentheorie« und Übermaßverbot - Zur Dogmatik des Art. 12 GG, in: JuS 1990, 634 ff.

zu 1.2.2.1: zu subjektiven Zulassungsvoraussetzungen (»zweite Stufe«): BVerfG, B. v. 4.7.1989, E 80, 269 (278 f.).

Lösungsskizze 11

1   **Zulässigkeit der VerfB**

Auch gegen Gesetze ist VerfBeschwerde möglich (arg. §§ 93 II, 95 III BVerfGG); das gilt selbst für Ländergesetze (§ 94 I + IV BVerfGG).

In Abgrenzung gegen eine Popularbeschwerde ist VerfB nur zulässig, wenn BeschwFührer selbst, gegenwärtig und unmittelbar betroffen ist. Die RVerhältnisse an E's Grundstück werden unmittelbar durch das DeichOG umgewandelt; es bedarf dazu keines besonderen Vollzugsaktes der Verwaltung mehr.

E's VerfB daher zulässig.

2   **Begründetheit der VerfB**

2.1   Verstoß gegen Art. 14 I GG

2.1.1   Art. 14 I GG gewährt nicht nur Grundrecht, sondern bereits eine Institutsgarantie des Privateigentums. Damit wird als objektive Norm festgelegt, daß in Ausnutzung des Gesetzesvorbehaltes in Art. 14 I 2 nicht der Kernbereich des Privateigentums als eines zentralen Ordnungsgrundsatzes des verfaßten Staates beschnitten werden darf. (Über Art. 2 I GG auch im Wege der VerfB von E anführbar).

Wesensgehalt (Kernbereich, Essentiale etc.) des Eigentums das, was ihm nach allg. rechtsbewußter Anschauung seine spezifische Identität verleiht. Privateigentum bei Deichgrundstücken auch nach klassischem Recht stark von Verfügungsbeschränkungen aufgrund öff. Widmung überlagert. Vollüberführung in öff. Sachherrschaft entzieht daher nurmehr Rudimente des Privateigentums (buchmäßiger Titel). Im übrigen wird das Eigentumsinstitut auch nicht grundsätzlich in Frage gestellt, wenn lediglich Entzug konkreter Substrate vorliegt (arg. Art. 14 III).

Ergo: keine Verletzung der Institutsgarantie.

2.1.2   Verletzung des Individualgrundrechts aus Art. 14 I GG

E verliert sein privates Eigentumsrecht. Darin GruRVerletzung, sofern nicht eine nach Art. 14 III zulässige Enteignung vorliegt.

Hier erfolgt Eigentumsentzug unmittelbar »durch Gesetz«. Derartige ›Legalenteignung‹ nach Art. 14 III 1 grds. zulässig.

2.1.2.1   Durfte hier Legal- statt Administrativenteignung gewählt werden?

Legalenteignung bringt für Betroffene wenn auch nicht qualitative (da Gesetzgebung ebenfalls zur »öff. Gewalt« i.S.d. Art. 19 IV rechnet, arg. §§ 90 I, 93 II BVerfGG), so doch quantitative Verkürzung des RSchutzes mit sich. Im übrigen Enteignung als ein im Widerspruch zum Gleichheitssatz auferlegtes Sonderopfer an sich wesensmäßig auf individuelle und okkasionelle Maßnahmen hin angelegt. Damit trotz verfassungsmäßiger Sanktionierung der Legalenteignung ein systematisches Regel-Ausnahme-Verhältnis gegenüber Administrativenteignung.

Die ausnahmsweise Legalenteignung aber jedenfalls dann wählbar, wenn besondere Gründe der Dringlichkeit oder Umfassenheit gegen Administrativenteignung sprechen. Hiesiger Sachverhalt gibt für solche Beurteilung nicht genügend Anhaltspunkte; deshalb von Zulässigkeit der Legalenteignung auszugehen.

2.1.2.2   Verstoß gegen Verbot der Einzelfallgesetzgebung (Art. 19 I 1 GG)?

Enteignungsgesetz regelt hier nicht abstrakten, generellen Sachverhalt, sondern betrifft nur ganz spezielle Grundstücke und Eigentümer.

Art. 19 I 1 GG gilt prinzipiell für alle Grundrechte. Trotz anderen Ausdruckes (»Enteignung darf erfolgen«) liegt der Sache nach auch eine »Einschränkung« i.S.d. Art. 19 I 1 GG vor: nicht bloße Konkretisierung schon verfassungsimmanenter GruRGrenzen, diese vielmehr in Art. 14 I 2 GG angesprochen. Aber Art. 14 III 2 GG wohl lex specialis gegenüber Art. 19 I GG; nimmt gleiche Schutzfunktion für spezifische Bedingungen der Enteignung wahr. Anders auch eine Legalenteignung überhaupt kaum möglich.

Ergo: DeichOG verstößt nicht gegen Art. 19 I 1 GG (a.A. vertretbar).

2.1.2.3   Aus selbem Grund auch kein Zitiererfordernis (Art. 19 I 2 GG) für Enteignungsgesetze.

2.1.2.4   Finalität »zum Wohle der Allgemeinheit« (begrenzte gerichtliche Nachprüfbarkeit) liegt vor, da Enteignung ganz offensichtlich zugunsten einer Effektivierung des Hochwasserschutzes vorgenommen wurde. Auch kein Anhalt im Sachverhalt, daß Enteignung dafür nicht erforderlich gewesen wäre.

2.1.2.5 »Junktimklausel« (Art. 14 III 2 GG) eingehalten; Entschädigungsregelung uno actu mit Enteignung im DeichOG. Maß der vorgesehenen Entschädigung auch im Rahmen des Art. 14 III 3 GG.

Bereits gesetzliche Bestimmung eines festen Quadratmetersatzes schließt auch nicht den nach Art. 14 III 4 GG garantierten Rechtsschutz aus. Ein konkretes Festsetzungsverfahren muß immer noch stattfinden, gegen dessen Ergebnis der RWeg beschritten werden kann (wenn auch wohl nur bezüglich unkorrekter Rechnung).

2.2 Verstoß gegen Homogenitätsprinzip (Art. 28 I 1 GG)

(Über Art. 2 I GG auch im Wege der VerfB von E inkriminierbar)

Privateigentum stellt sicher einen »Grundsatz des sozialen Rechtsstaates im Sinne des GG« dar (arg. Einrichtungsgarantie). Seine Geltung aber wird hier auch nicht in Frage gestellt. Die Sonderformung gilt nur für den Bereich des Deichrechts und aufgrund besonderer Zweckgebundenheit der betr. Flurstücke. Eine bundeseinheitliche Behandlung dieses Randbereiches wird nicht verlangt. Keine Uniformität, sondern nur gewisse »Entsprechung«.

Ergebnis: DeichOG verfassungsmäßig.

zum Fall insgesamt: BVerfG, U. v. 18.12.1968, E 24, 367 (401); *Maurer*, Enteignungsbegriff und Eigentumsgarantie, in: FS für Dürig (Hrsg.: H. Maurer) (1990), S. 293 ff.; *Detterbeck*, Salvatorische Entschädigungsklauseln vor dem Hintergrund der Eigentumsdogmatik des BVerfG, in: DÖV 1994, 273 ff.; *Sproll*, Staatshaftungsrecht, in: JuS 1995, 1080 ff. (1083 f.).

Lösungsskizze 12

1	**Verfassungsmäßigkeit der RechtsVO**

1.1 Verfassungswidrigkeit wegen formeller, instrumenteller Normabweichungen

1.1.1 Korrektheit der Ermächtigungsgrundlage selbst

Anforderungen an ihre Bestimmtheit gem. Art. 80 I 2 GG danach zu bemessen, ob die möglichen Exekutiveingriffe für den Bürger hinreichend voraussehbar und berechenbar sind. Hier eindeutige Eingrenzung auf Belange des Straßenverkehrs, und zwar seine Sicherheit und Ordnung (Leichtigkeit des Verkehrs) sowie Vermeidung von Belästigungen gegeben. Zusammen mit der (nur beispielhaften) Spezifizierung unter d) wird damit ausreichende Abschätzung einer Regelung wie der jetzt ergangenen möglich.

Ergo: § 6 I Nr. 3 StVG genügt den Anforderungen des Art. 80 I 2 GG.

1.1.2 Die RechtsVO hält sich auch im Rahmen der Ermächtigungsgrundlage. Die Regelung bezieht und beschränkt sich auf straßenverkehrsmäßige Gewährleistung von Sicherheit, Leichtigkeit und möglichster Belästigungsreduktion vorübergehend übermäßigen Verkehrsaufkommens.

1.2 Verstoß gegen Art. 12 I GG?

1.2.1 Da Speditionsunternehmer eine auf Dauer angelegte, zur Bestreitung des Lebensunterhaltes geeignete Tätigkeit, also »Beruf« darstellt, ist Normbereich des geschlossenen Berufsfreiheitsrechtes einschlägig.

1.2.2 RechtsVO hindert niemanden und in nichts, den Beruf des Güterspediteurs zu wählen und aufzunehmen; es wird lediglich die Ausübung des Berufes beschränkt.

1.2.3 Die Eingriffsermächtigung erstreckt sich auf den gesamten beruflichen Konkretisierungsprozeß, findet für die Berufsausübung nur ihre ausdrückliche Positivierung (Art. 12 I 2 GG).

1.2.4   Der Eingriff in die Berufsfreiheit erfolgt mit der Berufsausübungs-
               regelung auf der »1. Stufe«.

               Zulässig hier wie bei jedem Gesetzesvorbehalt aus »vernünftigen
               Gründen des Gemeinwohles« und unter Einhaltung des Übermaß-
               verbots.

               Gesteigertes Bemühen um Sicherheit und Ordnung auf den Bundes-
               autobahnen und -fernstraßen während der Ferienzeit dient dem
               Gemeinwohl. Die dazu verhängten Verbote für Lastwagenverkehr
               erstrecken sich nur auf Wochenenden und nur auf deren fünf im Jahr.
               Da erfahrungsgemäß die Ferienreisenden (trotz aller Warnungen)
               ihre Fahrten am Wochenende und genau zu Schul- oder Betriebsfe-
               rienbeginn bzw. -ende durchzuführen pflegen, sind getroffene Maß-
               nahmen auch zweckmäßig. Beschränkung für Fernlastverkehr so
               gering wie möglich; es bleibt ja auch die Möglichkeit, Transporte
               über Nebenstraßen abzuwickeln.

               Ergo: RechtsVO verstößt nicht gegen Art. 12 I GG.

1.3   Verstoß gegen Art. 14 GG?

1.3.1   Zwar kann Ausübung der speziellen Betriebstätigkeit eines Gewer-
               bebetriebes als ein Vermögenswert i.S.d. Art. 14 GG angesehen
               werden.

1.3.2   Verkehrsbeschränkung indessen nicht gezielter, konkreter Entzug
               einer speziellen Eigentumsposition (i.S. »Enteignung« gem. Art. 14
               III GG), sondern generell-abstrakte Festlegung dessen, was eine
               Schwerlastspedition an verwendbarem Unternehmenspotential
               künftig nur noch sein soll. Also vorliegend eine »Begrenzung« nach
               Art. 14 I 2 GG.

1.3.3   Eine solche durch Gesetz festzulegen erlaubt.

1.3.4   Sie bewegt sich innerhalb des ohnehin nur Sozialverträglichen (Art.
               14 II GG), beläßt am unternehmerischen Kapital einer Spedition
               durchaus noch das Wesentliche und ist für die Spediteure bzw. deren
               Fahrer ohne weiteres zumutbar.

               Ein Verstoß gegen Art. 14 I 1 GG liegt daher nicht vor.

1.4   Ein Verstoß gegen Grundrecht der freien Entfaltung der Persönlich-
               keit (Art. 2 I GG) ist von vornherein ausgeschlossen, weil Sachver-
               halt bereits von Sonderfreiheitsrechten Art. 12 und 14 GG erfaßt

wird (lex specialis-Regel). Die freie Persönlichkeitsentfaltung ist hier auschließlich in Form einer Ausübung der Fernlastspedition angesprochen.

1.5   Verstoß gegen Art. 3 I GG?

(Die benannten Gleichheitsrechte nach Art. 3 II und III sind nicht betroffen).

1.5.1   U ist als Jedermann Träger des allgemeinen Gleichheitsrechtes; es geht auch sachlich (nur) um die gleiche Behandlung »vor dem Gesetz«.

1.5.2   Von der fraglichen VO wird auch gerade U als Spediteur betroffen.

1.5.3   Es dürfte aber schon keine von der Hoheitsmaßnahme (VO) nicht erfaßte Personengruppe geben, die mit den Schwerlastkraftfahrern bzw. -unternehmern in den VO-wesentlichen Merkmalen übereinstimmen.

Schwerlaster sind nun einmal auf Bundesautobahnen und -fernstraßen wegen Größe, Manövrierschwerfälligkeit und Geschwindigkeitslimit besondere Verkehrselemente.

1.5.4   Jedenfalls aber wären spezielle Verbotsregeln zudem sachangemessen und nicht willkürlich, weil aus denselben Gründen gerade Fernlaster die entscheidenden Hindernisse im dichten Ferienreiseverkehr darstellen.

Ergebnis: RechtsVO insgesamt verfassungsmäßig.

2   **Möglichkeit einer Verfassungsbeschwerde**

2.1   Beschwerdegegenstand: Erlaß einer RechtsVO als Rechtsetzungstätigkeit der Exekutive Ausübung »öff. Gewalt«.

2.2   Beschwerdebefugnis: U ist für die in Frage kommenden verletzten Grundrechte grundrechtsfähig (für Deutschenrecht Art. 12 I GG deutsche Staatsangehörigkeit unterstellen).

2.3   Beschwerdegrund: U kann als juristisch möglich behaupten, durch die RechtsVO in seinen Grundrechten aus Art. 12 I, 14 I 1 sowie 3 I GG selbst, unmittelbar und gegenwärtig verletzt zu sein.

2.4   Behauptete Rechtsverletzungen treten unmittelbar durch die RechtsVO ein (kein besonderer Vollzugsakt mehr erforderlich). Ein

Rechtsweg (§ 90 II BVerfGG) gegen die Bundes-RechtsVO nicht gegeben.

Ergebnis: VerfB zulässig; U muß jedoch die Frist nach § 93 II BVerfGG beachten.

zu 1.2: *Gusy*, Die Freiheit von Berufswahl und Berufsausübung, in: JA 1992, 257 (262 ff.).

Lösungsskizze 13

1	**Rechtmäßigkeit des »Lauschangriffes« nach geltendem Recht**

Sollte es sich um einen Eingriff in die Grundrechte des W handeln, ist aufgrund des grundrechtlichen Gesetzesvorbehaltes eine gesetzliche Ermächtigungsgrundlage erforderlich.

1.1	Der Schutzbereich des Art. 13 I GG umfaßt die räumliche Integrität der Wohnung im weitesten Sinne. Neben den eigentlichen Wohnräumen sind auch Geschäfts- und Betriebsräume geschützt.

Sowohl das einmalige heimliche Eindringen zum Zwecke der Mikrophonanbringung als auch vor allem das von W nicht gewollte Ausforschen von Vorgängen in seiner Wohnung stellen daher Eingriffe in den Schutzbereich des Art. 13 I GG dar.

1.2	Das Abhören ist keine »Durchsuchung« i.S.d. Art. 13 II GG, denn »Durchsuchung« i.S. dieser grundrechtsimmanenten Schranke ist nur das Betreten von geschützten Räumen, verbunden mit der Vornahme von Augenschein an Personen, Sachen und Spuren. Der unkörperliche Eingriff in die Wohnung durch Abhören ist keine »akustische Durchsuchung«, da das offene Vorgehen der Strafverfolgungsbehörden bei einer Durchsuchung nicht mit dem heimlichen Belauschen von Gesprächen aus Wohnungen verglichen werden kann.

1.3	Das Abhören ist dann ein sonstiger Eingriff, der nach Art. 13 Abs. III GG nur unter besonderen Voraussetzungen zulässig ist.

1.3.1	Art. 13 III, 1. Alt.: Auch wenn die vermuteten »schwarzen Geschäfte« des W als ernstes *Gefahrenmoment* angesehen werden könnten (Mißachtung der geltenden Arbeits-, Steuer- und Wirtschaftsordnung), dürfte die Relevanz kaum über den Einzelfall hinausreichen und deshalb nicht als »gemein« einzuordnen sein. Jedenfalls aber muß eine Notwendigkeit der Maßnahme *zur Abwehr* der Gefahr bestehen, wovon im vorliegenden Fall bei bloßer Ausforschung keine Rede sein kann. Die zweite Variante der 1. Alt. ist hier mangels Lebensgefahr nicht einschlägig.

1.3.2   Art. 13 III, 2. Alt.: Es handelt sich bei den vermuteteten »schwarzen
             Geschäften« des W um eine »normale« Gefahr für die öffentliche
             Sicherheit, weil ggfs. verschiedene Vorschriften von W mißachtet
             bzw. verletzt würden. Da erste Fakten und relativ eindeutige Er-
             kenntnisse vorliegen, handelt es sich nicht nur um Verdachtsmo-
             mente und Anhaltspunkte. Da diese Anzeichen gravierend sind,
             kann die Gefahr auch als »*dringend*« gelten, so daß die Maßnahme
             der Steuerfahnder als unumgängliche, integrierende Voraufklärung
             und damit als Gefahrenverhütungsschritt angesehen werden kann.
             Aufgrund Gesetzes wäre das Vorgehen also verfassungsrechtlich
             akzeptierbar.

1.3.2.1   § 208 I 1 Nr. 1-3 AO erfaßt hier zwar das *Vorgehensziel* der Steuer-
             fahnder. Die Vorschrift ist aber nur *Aufgaben- und Zuständig-
             keitsnorm*, wie Abs. 2 unmißverständlich klarstellt. Kann eine
             Kompetenznorm nach richtiger Ansicht grundsätzlich nicht als Be-
             fugnis- und Ermächtigungsnorm in Anspruch genommen werden,
             so gilt dies bei einem derart schwerwiegenden Grundrechtseingriff
             erst recht. Unterstützt wird dies dadurch, daß keinerlei Handlungs-
             mittel angegeben sind, obwohl gerade diese es wären, welche eine
             Grundrechtsbeschränkung vermitteln und ausmachen.

1.3.2.2   Entsprechende Befugnisnorm könnte dann § 404 AO i.V.m. StPO
             sein.

             §§ 99, 100a StPO sind nicht einschlägig, weil das Abhören der
             mündlichen Gespräche in der Wohnung eben nicht auf den Brief-
             oder Fernmeldeverkehr des W gerichtet sind. Gleiches gilt für §§
             102, 104 StPO, denn eine Durchsuchung der Wohnung liegt nicht
             vor (s.o.).

             § 100c I Nr. 2 StPO erlaubt lediglich das Abhören und Aufzeichnen
             des nicht öffentlich gesprochenen Wortes *außerhalb von Wohnun-
             gen*, also außerhalb des Schutzbereiches von Art. 13 GG. Zwar er-
             gibt sich dies nicht unmittelbar aus dem Text, doch dürfte im
             Hinblick auf Art. 13 GG gelten, daß das Abhören und das Aufzeich-
             nen des in einer Wohnung nicht öffentlich gesprochenen Wortes
             ohne eine Grundgesetzänderung unzulässig ist. Hiervon ging auch
             der Gesetzgeber bei der Einfügung der Vorschrift durch das OrgKG
             vom 15.7.1992 (BGBl. I S. 1302) aus. Der BT machte gleichzeitig
             deutlich, daß die Diskussion über einen Einsatz technischer Mittel
             innerhalb von Wohnungen weitergehen soll, um eine verfassungs-
             mäßige Lösung zu erreichen.

Nach der Systematik des Befugnisfächers in AO und StPO ist davon auszugehen, daß die dort gegebenen Ermächtigungen abschließend sind. Nicht kodifizierte Vorgehensmöglichkeiten sollen auch nicht zulässig sein. Etwas anderes wäre mit der bestehenden Grundrechtssensibilität, der Ermächtigungsstrenge sowie dem die StPO beherrschenden politisch-gesetzgeberischen Hintergrund unvereinbar.

1.3.2.3   Auch einen rechtfertigenden »*übergesetzlichen Notstand*« entsprechend § 34 StGB kann es - abgesehen von der konkreten Tatbestandsmäßigkeit - für die staatliche Gewalt nicht geben, schon gar nicht für Grundrechtseingriffe. Die Norm gilt für die möglicherweise strafbare Einzelperson, ist also individuelle Rechtfertigungs- bzw. Legitimationsnorm; sie stellt keine hoheitliche Handlungsermächtigung dar. Mit ihrer Inanspruchnahme würde zudem das System des Grundrechtsschutzes mit seinem Eingriffs-Gesetzesvorbehalt ausgehebelt.

1.4   Eine verfassungsrechtliche Unzulässigkeit des »Großen Lauschangriffs« könnte sich auch aus einem Verstoß gegen das Grundrecht auf informationelle Selbstbestimmung (Art. 2 I i.V.m. Art. 1 I GG) ergeben.

1.4.1   Dazu müßte es allerdings noch anwendbar sein. Dies wäre angesichts der Einschlägigkeit eines speziellen Schutzbereiches (hier: Art. 13 I GG) zu verneinen, wenn es wegen seiner teilweisen Ableitung aus Art. 2 I GG dessen Subsidiarität teilen würde. Wegen der gleichzeitigen Herleitung aus dem allgemeinen Persönlichkeitsrecht ist dieses Grundrecht aber nicht als Auffanggrundrecht zu verstehen. Das Recht auf informationelle Selbstbestimmung genießt den Rang eines Spezialfreiheitsrechtes, so daß zu Art. 13 GG Idealkonkurrenz besteht. Ist dieses Grundrecht demnach anwendbar, ist festzustellen, daß es ebenfalls nicht schrankenlos gewährleistet wird. Einschränkungen sind im überwiegenden Allgemeininteresse zulässig. Dabei ist aber der Grundsatz der Verhältnismäßigkeit zu beachten.

1.4.2   Bei der Überprüfung des Grundsatzes der Verhältnismäßigkeit ergibt sich folgendes: Die Geeignetheit des »Großen Lauschangriffs« dürfte wohl gegeben sein. Schwieriger steht es bezüglich der Erforderlichkeit. Zwar mögen zur Erreichung des angestrebten Zweckes Telefonüberwachung (§ 100a I StPO) oder Rasterfahndung (§§ 98a, 98b StPO) als mildere Mittel gelten, ob sie aber den gewollten

Zweck gleichermaßen erreichen würden, erscheint zweifelhaft. Wenn man jenen Zweck als gewünscht akzeptiert, müßte der begrenzte und kontrollierte Eingriff (§ 100c I Nr. 2 StPO) wohl auch proportional sein.

Mit § 100c I Nr. 2 StPO dürfte also das Grundrecht auf informationelle Selbstbestimmung konkret beschränkt werden.

Ergebnis: Wegen Art. 13 GG war die Steuerfahndung zu dem »Lauschangriff« nicht befugt.

2   **Zulässigkeit einer Einschränkungsermächtigung**

Entspr. dem zu 1.2.2 Gesagten bedürfte die Steuerfahndung für ein Vorgehen wie das gegen W einer zusätzlichen Gesetzesermächtigung, die durch eine Ergänzung des § 404 AO (sofern nicht generell die strafverfolgerischen Möglichkeiten in der StPO erweitert werden sollten) an die Hand zu geben wäre.

2.1   Eine solche Ergänzung müßte das Zitiergebot (Art. 19 I 2 GG) einhalten. Eine lediglich Begrenzng des grundrechtlichen Schutzgutes, für welche jenes Gebot nicht gelten würde, liegt nicht vor; auch schon immanent vorhandene Schranken des Grundrechtes würden nicht bloß deklariert oder präzisiert.

Ein Nicht-Zitieren i.S.d. Art. 19 I 2 GG machte die AO mit ihrem neuen Eingriffstatbestand verfassungswidrig.

2.2   Möglicherweise würde durch eine entspr. Ergänzung der AO aber Art. 13 I GG unverhältnismäßig eingeschränkt.

Das heimliche Ausforschen des Wohnbereiches ist, da vom Wohnungsinhaber mangels Kenntnis nicht abwehrbar, der denkbar massivste Eingriff in das Grundrecht. Demgegenüber könnte den Bedürfnissen der Steuerfahndung auch etwa durch eine noch eingehendere Beobachtung von Haus und Treiben des W, durch seine förmliche, eingehende persönliche Befragung resp. Vernehmung o.ä. genügt werden.

Der Eingriff in Art. 13 I GG wäre daher unverhältnismäßig.

2.3   Sofern der neue Eingriffstatbestand auf konkret verfassungsgefährdende Situationen begrenzt wird, könnte er jedoch trotz Verletzung des Art. 13 I GG im Wege der Normenkollision gerechtfertigt werden.

Entsprechend kollisionsfähige Güter hätten aber grundrechts-gleichrangige Verfassungspositionen zu sein. Nach den Bedingun-gen »praktischer Konkordanz« müßten dann die gegenläufigen Positionen wechselseitig soweit zurückgedrängt werden, wie es für eine wirksame Aufrechterhaltung der jeweils anderen Größe uner-läßlich ist. Insoweit wäre vorstellbar, daß extreme Gefährdungen existentieller Sicherheitsbelange der BRD eine Zurückdrängung des Grundrechtes aus Art. 13 I GG nötig machten. Dieselben wären aber gewiß nur verhältnismäßig, wenn unmittelbar nach Abwen-dung der akuten Gefahr die Grundrechtsverletzung dem Inhaber bekanntgemacht und wieder aufgehoben würde.

(Daß tatbestandlich der vorliegende Sachverhalt nicht darunter ein-geordnet werden könnte, liegt nach dem oben zu 1.2.1 Gesagten auf der Hand.)

Ergebnis: Eine in die AO eingefügte, an bestimmte Voraussetzungen gebunde-ne Einschränkungsermächtigung könnte für Extremfälle verfas-sungsrechtlich zulässig sein.

3   **Erforderlichkeit einer Grundgesetz-Änderung**

Wollte man eine repressive Eingriffsermächtigung zum Abhören innerhalb geschlossener Räume schaffen, so stellt sich die Frage der Verfassungsmäßigkeit dieser Eingriffsgrundlage.

3.1   Durch das Abhören von Gesprächen innerhalb der Wohnung wird in die »räumliche Privatsphäre« und damit in den Schutzbereich des Art. 13 GG unmittelbar eingegriffen. Da es sich nicht um eine Durchsuchung handelt, wäre eine solche Rechtsgrundlage nicht auf Art. 13 II GG zu stützen. Auch Art. 13 III GG scheidet aus, da er nur Maßnahmen zur Verhinderung bevorstehender Gefahren zuläßt, mithin präventiven Charakter hat.

3.2   Damit bleibt für die verfassungsmäßige Zulässigkeit des »Großen Lauschangriffs« zu repressiven Zwecken nur die Änderung des Art. 13 GG. Denkbar sind zwei Varianten:

3.2.1   Zum einen könnte der Schutzbereich des Art. 13 I GG eingeschränkt werden, entweder durch ausdrückliche Herausnahme bestimmter Räumlichkeiten aus dem Wohnungsbegriff oder durch eine exakte Definition eines gegenüber dem Status quo eingeschränkten Woh-nungsbegriffes. Vor der verfassungsrechtlichen Erörterung begegnet dieser Vorschlag vor allem praktischen Bedenken: Zum einen ist nicht erkennbar, wie der abhörfreie Kernbereich der Wohnung definiert werden soll. Zum anderen dürften organisierte Straftäter ihre einschlägigen Gespräche dann in die weiterhin von Art. 13 I GG geschützten Räumlichkeiten verlegen.

3.2.2 Erfolgversprechender ist eine Erweiterung der Schranken, sei es durch Hinzufügung eines neuen oder durch Ergänzung des dritten Absatzes für repressive Zwecke.

3.3 Fraglich ist aber, ob eine derartige Änderung des GG überhaupt verfassungsrechtlich zulässig wäre. Bedenken bestehen im Hinblick auf Art. 79 III und Art. 19 II GG.

Nach Art. 79 III GG ist eine Änderung des GG unzulässig, wenn die in den Art. 1 und 20 GG niedergelegten Grundsatz berührt sind. Art. 79 III GG beschränkt die Änderungsbefugnis des GG bezüglich der Grundrechte insoweit, als eine Änderung des grundrechtlichen Kernbereichs, mit dem die Menschenwürde aus Art. 1 I GG verletzt wird, auch dem Verfassungsgeber entzogen ist. Wenn die Menschenwürdegarantie wegen ihrer Unabänderlichkeit und der im übrigen geltenden Grundrechte auch nur eine Minimalgarantie sein kann, so ist doch mit der besonderen Betonung der Menschenwürde auch die Konstituierung eines unantastbaren Kernbereichs der Privatsphäre auf das engste verbunden. In der Rechtsprechung des BVerfG wird daher immer wieder betont, daß ein absoluter Schutz eines »Innenraums« bestehe, in dem der einzelne »sich selbst besitzt« und »in den er sich zurückziehen kann, zu dem die Umwelt keinen Zutritt hat, in dem man in Ruhe gelassen wird und ein Recht auf Einsamkeit genießt«. Berücksichtigt man als maßgebendes Kriterium zur Bestimmung dieses Kernbereichs den sozialen Bezug und seine Intensität, also die bewußt gewählte Interaktion des Betroffenen mit anderen Personen, wird deutlich, daß das heimliche Abhören der in der Wohnung geführten Gespräche der schärfste Eingriff in Art. 13 I GG überhaupt ist.

Dem läßt sich aber entgegenhalten, daß dem Grundrecht auf Unverletzlichkeit der Wohnung durch Art. 13 II und III GG bereits verfassungskonforme Schranken gesetzt sind, der Betroffene also den innersten Raum seiner privaten Existenz auch bei der Durchsuchung seiner Wohnung im Rahmen der Strafverfolgung preisgeben muß. Zwar liegt der Unterschied zu den bislang nach Art. 13 II, III GG zulässigen Maßnahmen in der Heimlichkeit der Maßnahme und der daraus folgenden höheren Ungeschütztheit des Betroffenen. ·

Wenn jedoch der begründete Verdacht einer Begehung schwerster Verbrechen gegenübersteht, wird man die Beschneidung des Schutzgutes hinnehmen können.

Ergebnis: Im Ergebnis wird man daher sagen müssen, daß der »Große Lauschangriff« zwar an den unantastbaren Kernbereich heranreicht, aber doch noch verfassungsrechtlich zulässig ist (a.A. vertretbar).

4   Ausschluß gerichtlichen Rechtsschutzes

Ein parallel dem Art. 10 II 2 GG einzuführender Ausschluß jeder Eingriffsmitteilung an den Betroffenen würde das Grundrecht des Art. 13 I GG in seinem Wesensgehalt treffen (Art. 19 II GG) und die Rechtsschutzgarantie des Art. 19 IV GG durchbrechen.

Eine entsprechende Verfassungsänderung wäre nur im Rahmen des Art. 79 III GG (und nach dem Verfahren des Art. 79 I + II GG) zulässig, wonach nicht nur die grundsätzliche Preisgabe bestimmter Verfahrensinhalte, sondern die Antastung überhaupt dieser inhaltlichen Grundsätze verboten ist.

4.1   Verletzung der Grundsätze des Art. 1 GG

4.1.1   Zwar bezieht Art. 79 III GG nicht den ganzen Grundrechtskatalog in seine »Ewigkeitsgarantie« ein. Aber der geschützte Art. 1 I GG ist insoweit systematisches Zentrum und inhaltlicher Bezug aller Grundrechte. Jedenfalls in seinem Menschenwürdegehalt darf daher auch Art. 13 I GG nicht durch Verfassungsänderung angetastet werden.

4.1.2   Kraft seines spezifischen Menschseins, seiner personalen Individualität, ist jedermann auf einen unverfügbaren, letzten geistig-seelischen Freiraum angewiesen. Zu dieser absolut geschützten Intimsphäre muß in räumlicher Hinsicht die Wohnung gezählt werden, in welcher der Mensch unbeobachtet und frei von jedem Fremdeinfluß sich nach seinen Stimmungen geben und zurückziehen kann. Diese Individualität auch nur punktuell aufzuheben, verletzt den Wohnungsinhaber in seiner Menschenwürde.

Wenn schon ein Einbruch in diese seine Intimsphäre absolut unvermeidbar sein soll, so muß der Mensch jedenfalls geistig-willentlichen Einfluß darauf nehmen können, sei es, daß er gegen die Voraussetzungen angehen, sei es, daß er sich innerlich darauf einstellen kann. Ein Vorenthalten jeglicher Kenntnis von der Aufhebung der Individualsphäre einer Person trifft den Kern ihrer Menschenwürde.

4.2   Verletzung der Grundsätze des Art. 20 GG

4.2.1   Die Rechtsschutzgarantie des Art. 19 IV GG als solche ist in keinem der Tatbestandsmerkmale des Art. 20 GG förmlich inkorporiert. Insoweit wäre es methodisch unzulässig, seine Gehalte interpretatorisch in den Art. 20 GG hineinzulesen.

Gleichermaßen verbietet es sich, Art. 20 II 2 + III GG als Ausprägung des »Rechtsstaatsprinzipes« auszuweisen, zu dessen Inhalten auch eine umfassende Rechtsschutzgarantie wie in Art. 19 IV GG gehöre. Solches Auslegungsvorgehen bedeutet einen Zirkelschluß, mit dem man zunächst dritte Inhalte in die Norm hineininterpretiert, um sie dann bei der Normanwendung wieder daraus abzurufen.

4.2.2   Sofern mit der Verfassungsänderung die Eingriffsüberprüfung anstelle eines Gerichtes einem parlamentarischen Gremium zugewiesen wird, könnte Art. 20 II 2 GG + III GG (»Gewaltentrennungsprinzip«) verletzt sein.

Beide Tatbestände enthalten jedoch bei präziser Sicht nur die Gliederungsgarantie, daß die Staatsgewalt »dreigeteilt« wahrgenommen werde, nicht aber, welchen gegenständlichen Inhalt jede der drei Säulen hat und daß keine je in den Funktionsbereich einer anderen hineinwirken darf. Der Gewaltentrennungsgrundsatz in diesem materiellen Sinne ist vielmehr ein allgemeines, geschichtliches Strukturprinzip, das dem GG zwar allenthalben zugrunde liegt, aber nicht in voller Stringenz in Art. 20 II und/oder III GG festgemacht werden kann.

4.2.3   Art. 20 III GG statuiert jedoch u.a. die Bindung der vollziehenden Gewalt an Gesetz und Recht. Eine solche Bindung müßte ohne einen wirksamen individualrechtlichen und gerichtsförmigen Rechtsschutz leerlaufen. Eine punktuelle Aufhebung umfassenden gerichtlichen Rechtsschutzes trifft daher mit Art. 20 III GG (Rechtsbindung der vollziehenden Gewalt) einen »Grundsatz des Art. 20«.

Ergebnis: Eine Änderung des Art. 13 GG nach dem Vorbild des Art. 10 II 2 GG bliebe nicht im Rahmen des Art. 79 III GG und wäre daher verfassungswidrig.

Bezüglich des Grundrechtes auf informationelle Selbstbestimmung (Art. 2 I i.V.m. Art. 1 I GG) gilt jeweils genau Entsprechendes.

zu 1: BVerfG, B. v. 5.5.1987, E 75, 318 ff.; *de Lazzer/Rohlf*, Der »Lauschangriff«, in: JZ 1977, 207 ff.; *Dagtoglou*, Das Grundrecht der Unverletzlichkeit der Wohnung (Art. 13 GG), in: JuS 1975, 753 ff.

zu 1.4: BVerfG, U. v. 15.12.1983, E 65, 1 ff.

zu 3: *Raum/Palm*, Zur verfassungsrechtlichen Problematik des »großen Lauschangriffs«, in: JZ 1994, 447 ff.; *Schelter*, Verbrechensbekämpfung mit elektronischen Mitteln – ein Tabu?, in: ZRP 1994, 52 ff.

zu 3.2.1: *Hofe*, Abschied vom weiten Wohnungsbegriff des Art. 13 GG?, in: ZRP 1995, 169 ff.

zu 4: *Häberle*, Kommentierte Verfassungsrechtsprechung (1979), S. 91 ff.; *Schmidt-Jortzig*, Effektiver Rechtsschutz als Kernstück des Rechtsstaatsprinzips nach dem GG, in: NJW 1994, 2569 ff.

Lösungsskizze 14

1	**Verfassungsmäßigkeit der §§ 12, 17 BNatSchG**
	Verfassungsmäßigkeit der §§ 12, 17 BNatSchG (und Landes-Ausführungsvorschriften) – Verstoß gegen Art. 14 I 1 GG?
1.1	Das Immobiliarvermögen B's, zu welchem auch die Platanengruppe gehört, ist als »Eigentum« i.S.d. Vorschrift als Grundrecht geschützt. Dazu gehört grds. auch die ungestörte Disponibilität (wie etwa § 903 BGB bestätigt).
1.2	Dieses Eigentumsrecht auf zweierlei Weise begrenzbar: entweder durch gesetzliche Inhaltsbestimmung nach Art. 14 I 2 oder durch Enteignung nach Art. 14 III GG. Welcher Weg vorliegendenfalls eingeschlagen, ist nach inhaltlicher Auslegung des gesetzlichen Schrittes zu beurteilen; entsprechend ergeben sich auch die verfassungsrechtlichen Schranken-Schranken. Auslegung von §§ 12 und 17 BNatSchG ergibt, daß mit darauf beruhendem Behördenhandeln dem B nicht seine vermögensrechtliche Zurechnung bzw. Verfügungsbefugnis bezüglich der Platanen (vollständig oder teilweise) definitiv entzogen werden soll. Regelung vielmehr darauf gerichtet, generell festzulegen, wie B künftig mit dem Platanenhain (nur) mehr verfahren darf. Folglich Inhalts- und Schrankenbestimmung nach Art. 14 I 2 GG.
1.3	Verfassungsmäßigkeit der Begrenzung
1.3.1	Notwendige Gesetzesform ist mit dem BNatSchG eingehalten.
1.3.2	Da die Eigentumsreduzierung dem Interesse von Naturschutz und Landschaftspflege dient, ist sie gemeinwohlbezogen.
1.3.3	Fraglich, ob auch verhältnismäßig.
1.3.3.1	Daß Kategorisierung als »Naturdenkmal« ein geeignetes Mittel zur Erreichung des Naturschutzzweckes bei landschaftlichen Gegebenheiten wie dem Platanenhain darstellt, dürfte unstreitig sein.
1.3.3.2	Auch daß Erfassung als Naturdenkmal (und die sich daran anknüpfenden Verfügungsbeschränkungen) abstrakt geringstnotwendigen Schritt zur Sicherung des naturschützerischen Gesetzeszweckes bedeutet, kaum zu bestreiten. Insofern ist dieser Ansatz »erforderlich«.

1.3.3.3   Ob dies aber auch verhältnismäßig, angemessen, zumutbar ist, scheint zweifelhaft.

Zwar sind entsprechende Landschaftserscheinungen, die (wie B's Platanen) als Naturdenkmäler erfaßt werden, in ihrer besonderen wissenschaftlichen, naturgeschichtlichen oder landeskundlichen Bedeutung, Seltenheit oder Eigenart schon überkommenerweise und in Verantwortung gegenüber der Allgemeinheit irgendwie stärker auf Erhaltung oder zumindest Weiter-Bestehen-Lassen angelegt. Im Einzelfall aber kann dies unangemessen sein, wenn etwa das Naturdenkmal gewichtigen, existentiellen Wirtschaftsinteressen des Eigentümers gegenübersteht, von keinem gravierenden Wert ist oder bisher von der Allgemeinheit auch gar nicht sonderlich goutiert wurde. Dann würde eine effektive Begrenzung der Eigentumsrechte nur verhältnismäßig sein, wenn ein finanzieller Ausgleich erfolgte.

Da das BNatSchG nur ein Rahmengesetz ist, welches landesrechtlich noch ausgefüllt und konkretisiert werden muß (vgl. auch § 4 BNatSchG), macht ein Fehlen einer entsprechenden Entschädigungsvorschrift nicht schon die Regelungen des BNatSchG verfassungswidrig. Es müßte aber das betreffende Landesgesetz eine einschlägige Regelung bereithalten. Dies ist durchweg der Fall (z.B. § 7 LSchG NW oder § 42 LNatSchG SH), die Vorschriften sind üblicherweise jedoch ganz global und unkonturiert gehalten: sog.»salvatorische Entschädigungsklauseln«. Diese dürften dem im Grundrechtsschutz nötigen Präzisionserfordernis kaum gerecht werden, weil weder genaue Entschädigungstatbestände noch konkrete Entschädigungsbeträge oder wenigstens Bemessungsmerkmale angegeben sind. Deshalb erweisen sich die Landes-Naturschutzgesetze insoweit als verfassungswidrig (str.).

2   **Eintragungsverfügung gegen B rechtmäßig?**

Wurden §§ 12, 17 BNatSchG und/oder die betreffende Landes-Ausführungsvorschrift für verfassungswidrig erachtet, ist ohne weiteres auch die darauf gestützte, grundrechtsbegrenzende Listeneintragung rechtswidrig. Die erforderliche Ermächtigungsgrundlage wäre nichtig = unwirksam.

Wurden die generellen Rechtsgrundlagen hingegen für verfassungsmäßig erachtet, müßte die Listeneintragung ihrerseits noch im konkreten Fall des B ihre Verhältnismäßigkeit erweisen. Dies erscheint jedoch zweifelhaft. Da die Platanen im umfriedeten Park stehen, sind sie der Allgemeinheit ohnehin nicht zugänglich (ob allein Anblick von draußen möglich und bereits für sich gemeinwichtig, geht aus Sachverhalt nicht hervor). Sacherhaltung als solche, ohne konkrete immateriale Genußmöglichkeit Dritter, ist kaum sozialerforderlich. Gemeinschaftsrücksicht in diesem Falle also übermäßig = unzumutbar.

Die danach rechtswidrige Listeneintragung von B im Verwaltungsrechtswege zu beseitigen. Dies dürfte im Wege einer Anfechtungsklage zu erfolgen haben, weil die Listeneintragung wegen schon unmittelbar außenwirkenden Regelungsgehaltes einen VA darstellt (andernfalls: Beseitigungsklage als Form der allgemeinen Leistungsklage).

3 **Direkte Erwirkbarkeit einer Entschädigung**

3.1 Verfassungswidrigkeit der Eigentumsbegrenzung hat deren Unakzeptierbarkeit zur Folge. Ein Wahlrecht nach dem Motto »Dulde, aber liquidiere« deshalb nicht möglich. Die verfassungsrechtliche Eigentumsgarantie ist eine Bestands- und Substanzgarantie, welche erst bei Nicht-mehr-Realisierbarkeit in eine Wert(ersatz)garantie umschlägt.

3.2 Auch wenn Listeneintragung lediglich (einfach) gesetzwidrig war, d. h. auf rechtswidriger Anwendung der Ermächtigungsgrundlage beruht, kann nichts anderes gelten. Der Versuch einer Umgehung der eigentumsrechtlichen Bestandspriorität schon deshalb ohne Erfolg, weil willentliches Unterlassen einer möglichen Listeneintragungsabwehr beim Schadensersatz- oder Entschädigungsanspruch immer als Mitverschulden anzurechnen. Nur wenn die Wirkungen der Listeneintragung nicht gänzlich beseitigt werden konnten (etwa weil die Prozeßdauer wirtschaftliche Verzögerung und damit Vermögensschäden bei B nach sich zog), wäre noch ein Ausgleichsanspruch im Wege Amtshaftung und/oder enteignungsgleichem Eingriff möglich.

Lediglich eine Stufe zuvor und mit anderer Initialrichtung könnte (aufgrund entsprechender Entschädigungsklausel des Gesetzes) die Behörde ihrerseits eine Entschädigung anbieten, um damit ihre Maßnahme doch noch zumutbar zu machen. Der beeinträchtigte Eigentümer seinerseits könnte dies sicher hinnehmen, ja informal sogar anregen.

4 Besteht für das BNatSchG als Rahmengesetz kein ausfüllendes eigenes Landes-Naturschutz- oder Landschaftspflegegesetz, gilt RNatSchG von 1935 gem. Art. 123 GG fort (Art. 124 f. GG nicht einschlägig). Dies aber nur, soweit das dortige Fehlen einer Entschädigungsregel wegen Verstoßes gegen die Eigentumsgarantie »nicht dem Grundgesetze widerspricht« (Art. 123 I GG). Wird also eine Ausgleichsvorschrift als unerläßlich für die Verfassungsmäßigkeit der gesetzlichen Eigentums- Inhaltsbestimmung angesehen, so wäre – mangels landesrechtlicher »Nachbesserung« – schon das BNatSchG verfassungswidrig.

zu 1: BGH, U. v. 25.3.1957 (»Buchendom«), DVBl. 1957, 861 ff. = LM Nr. 60 zu Art. 14 GG - heute im Lösungsansatz überholt.

zu 1.2 und insgesamt zu der grundlegenden Systematik: BVerfG, B. v. 15.7.1981 (»Naßauskiesung«), E 58, 300; BVerfG, B. v. 9.1.1991, E 83, 201 (211 ff.); BVerwG, U. v. 24.6.1993 (»Herrschinger Moos«), E 94, 1 (4 ff.); BGH, U. v. 18.2.1993, DVBl. 1993, 1085 ff.; *Papier*, Entwicklung der Rechtsprechung zur Eigentumsgarantie des Art. 14 GG, in: NWVBl. 1990, 397 ff.

zu 1.3.3.3: BGH, U. v. 17.12.1992, BGHZ 121, 73 (78 ff.); und bez. »salvatorischer Entschädigungsklauseln« BVerwG, U. v. 15.2.1990, E 84, 361 (365 ff.); *Maurer*, Der enteignende Eingriff und die ausgleichspflichtige Inhaltsbestimmung des Eigentums, in: DVBl. 1991, 781 ff.; *Detterbeck*, Salvatorische Entschädigungsklauseln vor dem Hintergrund der Eigentumsdogmatik des Bundesverfassungsgerichts, in: DÖV 1994, 273 ff.

Lösungsskizze 15

1	**Auslieferungsersuchen des Landes A**

1.1 Rechtsgrundlage einer möglichen Auslieferung Z's ist § 2 I IRG.

Die in A vorgeworfenen Straftaten sind auch nach deutschem Recht als rechtswidrig zu bezeichnen, vgl. § 3 I IRG.

1.2 Die Auslieferung wäre jedoch bereits ausgeschlossen, wenn Z sich wegen politischer Verfolgung in A auf das Asylrecht gem. Art. 16a I GG berufen könnte.

Unabhängig von den Verhältnissen in seinem Heimatland könnte Z sich schon deswegen nicht auf das Asylrecht berufen, weil er aus einem sicheren Drittstaat in die Bundesrepublik eingereist ist, Art. 16a II GG. Sichere Drittstaaten sind gem. Art. 16a II 1 GG u.a. die Staaten der Europäischen Gemeinschaften. So also auch E. Ausreichend nur der bloße Gebietskontakt im Fall der Durchreise, was sogar dann gelten soll, wenn nicht feststeht, aus welchen sicheren Drittstaaten eingereist wurde. Hier jedenfalls eindeutig: Z kann sich nicht auf das Asylgrundrecht berufen und nicht gem. § 26a AsylVfG als Asylberechtigter anerkannt werden.

1.3 Der Auslieferung könnte jedoch entgegenstehen, daß es sich bei den verfolgten Straftaten um politische Taten handeln könnte; § 6 I IRG.

Offiziell »verfolgt« A nur Vermögensdelikte. Darin ist keine politische Notlage zu erblicken, auch wenn das Regime des verfolgenden Staates vom Betroffenen abgelehnt wird.

Der Auslieferung könnte daher allenfalls gem. § 6 II IRG entgegenstehen, daß ernstliche Gründe für die Annahme bestehen, daß die Lage des Verfolgten wegen seiner politischen Anschauung erschwert werden könnte. Die Strafverfolgung in A müßte also auf die vorgeworfenen Vermögensdelikte beschränkt bleiben, ohne daß sich Z's Mitgliedschaft in der ehemaligen Regierungspartei negativ für ihn auswirken könnte. Dies ist kaum als gewährleistet anzusehen, da Z's politische Aktivitäten der gegenwärtigen Regierung von A entgegenstehen und diese insb. die Mitglieder der ehem. Regierungspartei verfolgen läßt. Diese vielleicht auch nur inoffizielle

Politik in A könnte sich für Z bis hin zur Beurteilung des Strafmaßes für die ihm vorgeworfenen Taten auswirken.

1.4   Ergebnis: Z darf nicht an A ausgeliefert werden.

2   Auslieferungsersuchen des Landes B

2.1   Rechtsgrundlage wieder § 2 I IRG. Verfolgungsfall ist rein kriminelle Tat ohne politische Implikation oder politische Sonderbeziehung zwischen Täter und Auslieferung ersuchendem Staat, die auch nach deutschem Recht rechtswidrig ist.

2.2   Zulässigkeit der Auslieferung daher nur fraglich wegen Bedrohung mit Todesstrafe. § 8 IRG verbietet absolut die Auslieferung bei drohender Todesstrafe. Insbesondere für die geforderte Zusicherung, daß keine Todesstrafe zur Anwendung kommt, keinerlei Hinweis. Sollte diese abgegeben werden, wird Auslieferung möglich.

2.3   Z kann ohne weitere Zusicherungen auch nicht nach B ausgeliefert werden.

3   Abschiebung nach E

3.1   Z kann sich nicht auf das Grundrecht auf Asyl berufen und nicht gem. § 26a AsylVfG als Asylberechtigter anerkannt werden (s.o. Ziff. 1.1.2). Da Z auch aus keinem anderen Grunde ein Bleiberecht in der Bundesrepublik geltend machen kann, besteht für ihn die grundsätzliche Ausreisepflicht eines Ausländers gem. § 42 AuslG. Die gesetzliche Ausreisepflicht wäre nach Androhung (§ 34 AsylVfG) und Anordnung (§ 34a AsylVfG) der Abschiebung vollstreckbar.

3.2   Nach dem »Konzept normativer Feststellung und Vergewisserung« des sicheren Drittstaates durch den Gesetzgeber (hier sogar durch das GG selbst in Art. 16a II 1) findet eine Prüfung von Abschiebungshindernissen nicht statt. Etwas anderes gilt nur, soweit besondere Umstände vorliegen, die ihrer Eigenart nach nicht im Vorwege gesetzgeberischer Prüfung berücksichtigt werden konnten und die Abschiebungshindernisse nach §§ 51 I oder 53 AuslG begründen. Fraglich ist daher, ob ein Abschiebungshindernis entgegensteht.

3.2.1   Gefahr der politischen Verfolgung i.S.d. § 51 I AuslG könnte vorliegen. Die eventuelle Bereitschaft, Z aus politischer Rücksichtnahme an B auszuliefern, begründet keine politische Sonderbeziehung zwischen E und Z. Insbesondere sieht sich Z vor Ort in E keiner politisch motivierten Strafverfolgung gegenüber, so daß von politischer Verfolgung, die mit staatlicher Verfolgung gleichzusetzen ist, nicht ausgegangen werden kann.

3.2.2 Gem. § 53 II 1 AuslG darf ein Ausländer nicht in einen Staat abgeschoben werden, wenn dieser den Ausländer wegen einer Straftat sucht, für die die Gefahr besteht, mit der Todesstrafe bestraft zu werden. Unmittelbar keine Gefahr für Z durch Todesstrafe in E. Keine unmittelbare Einschlägigkeit des Abschiebungshindernisses aus § 53 II 1 AuslG.

3.3 Verstoß gegen Art. 2 II 1 i.V.m. Art. 102 GG?

Fraglich ist, wie es zu bewerten ist, daß E wegen besonderer polit. Rücksichtnahmen nicht versichern kann, Z werde nicht nach B ausgeliefert, wo ihm die Todesstrafe droht. Der Auslieferung des Z könnte insbesondere dessen Grundrecht aus Art. 2 II 1 GG entgegenstehen.

Gegen das Recht auf Leben verstößt (trotz gesetzlicher Modifizierbarkeit) nach Art. 102 GG eine Verhängung der Todesstrafe absolut, d.h. der Gesetzesvorbehalt des Art. 2 II 3 GG vermag keine Todesstrafe zu sanktionieren.

Fraglich ist aber, ob diese absolute Grenze auch gegenüber einer (drohenden) Drittstaatenmaßnahme wirkt, also deutschen Staatsorganen auch insoweit jegliche (mittelbare) Tätigkeit verbietet.

3.3.1 Wortlaut des Art. 102 GG gibt hierzu keinen verläßlichen Anhalt. Zwar spricht seine Unbedingtheit für eine umfassende Ächtung der Todesstrafe. Aber das »abgeschafft« kann sich als Bezeichnung einer Regelungsmaßnahme nur auf den der deutschen Constituante zugänglichen Bereich erstrecken.

3.3.2 Auch die systematische Stellung in Abschnitt IX ›Rechtsprechung‹ des GG ergibt keine eindeutige Aussage. Denn zwar wird auf die innerstaatliche Rechtsanwendung und Verfahrensgestaltung abgestellt. Aber beispielsweise Rechtshilfemaßnahmen (Auslieferung) sind auch justizielle Angelegenheiten und können mittelbar zur Verhängung von Todesstrafe (durch Drittstaat) beitragen.

3.3.3 Teleologische Auslegung läßt Einsicht zu, daß mit Art. 102 GG kein Werturteil über andere Rechtsordnungen (die Todesstrafe enthalten) gefällt werden soll. Zu einer Verabsolutierung der grundgesetzlichen Entscheidung angesichts der abweichenden Überzeugungen anderer Rechtskulturen wohl auch keine Legitimation.

Verweigerung einer Rechtshilfezusammenarbeit mit Staaten, in denen Todesstrafe besteht, würde nicht nur generell internationale Beziehungen der BRD hemmen, sondern speziell den Rechtshilfeverkehr eindämmen, obwohl ein dringendes internationales Bedürfnis an zwischenstaatlicher Rechtshilfe bei der Verbrechensbekämpfung besteht. Im übrigen kann eine substantielle Verwirklichung des Art. 102 GG gerade durch Auslieferung samt gleichzeitiger Zusagebedingung des Empfangsstaates, eine Todesstrafe in diesem Fall nicht zu verhängen, besser erreicht werden, als durch Auslieferungsverweigerung, weil sich dadurch gerade auf die eben auch dort erfolgende Eindämmung der Todesstrafe Einfluß nehmen läßt, (vgl. § 8 IRG).

Grds. daher nur sehr bedingt über die deutsche Strafgewalt hinausreichende Bedeutung von Art. 102 GG.

3.3.4   Fraglich weiterhin, wie die mittelbare Bedrohung mit Todesstrafe zu beurteilen ist. Eine Einflußmöglichkeit auf den ersuchenden Staat wie bei § 8 IRG liegt bei Abschiebung nicht vor. Abschiebungshindernis i.S.d. § 53 II 1 AuslG ebenfalls nicht einschlägig. Daher Rückgriff auf die höherrangige Norm, deren einfachgesetzliche Ausprägungen § 8 IRG und § 53 II AuslG sind; nämlich Art. 2 II 1 GG (konkretisiert durch Art. 102 GG; Frage str.). Richtigerweise muß die Ächtung der Todesstrafe durch die bundesdeutsche Rechts- und Werteordnung auch vor der Weiterlieferung und somit der mittelbaren Bedrohung mit Todesstrafe schützen (Problem der sog. ›Kettenabschiebung‹). Ansonsten völliges Leerlaufen der verfassungsrechtlichen Garantien durch einfaches »Dazwischenschalten« eines Weiterauslieferers bzw. -abschiebers.

3.4   **Ergebnis**: Abschiebung Z's nach E wegen Gefahr der Weiterauslieferung verfassungsrechtlich unzulässig. Eine Würdigung der Straftaten des Z (insb. die in Land B) nach deutschem Strafrecht gem. § 7 II Nr. 2 StGB möglich (Prinzip der stellvertretenden Strafrechtspflege).

zum Komplex Asylrecht: *Schoch*, Das neue Asylrecht gem. Art. 16a GG, in: DVBl. 1993, 1161 ff.; *Henkel,* Das neue Asylrecht, in: NJW 1993, 2705 ff.; *Wollenschläger/Schraml*, Art. 16a GG, das neue »Grundrecht« auf Asyl?, in: JZ 1994, 61 ff.

zu 1.2: BVerfG, U. v. 14.5.1996, NJW 1996, 1665 (Nr. 1) Leitsatz 3; VGH Bad.-Württ., B. v. 26.9.1994, DÖV 1994, 207.

zu 3.2: BVerfG, U. v. 14.5.1996, NJW 1996, 1665 (Nr. 1): Leitsatz 5 b); vgl. auch dieselbe Entsch. mit Gründen in: EuGRZ 1996, 237 ff. (251 f.).

zu 3.2.1: BVerwG, U. v. 18.1.1994, DÖV 1994, 479.

zu 3.3: BVerfG, B. v. 30.6.1964, E 18, 112 ff.; B. v. 4.5.1982, E 60, 348 ff.; und *Geck*, Art. 102 GG und der Rechtshilfeverkehr zwischen der Bundesrepublik und Ländern mit Todesstrafe, in: JuS 1965, 221 ff.; Bezugnahme in BVerfG, B. v. 19.2.1975, E 38, 398 ff.; BVerfG, B. v. 13.4.1983, E 64, 46 ff.; BVerfG, B. v. 26.11.1986, E 74, 51 ff.

Lösungsskizze 16

1 Prozessuale Rechtslage

1.1 Da eine deutsche Verwaltungsbehörde nur authentische Feststellung über die deutsche Staatsangehörigkeit treffen kann, ist der begehrte Bescheid eine (hier mit negativem Ergebnis gewünschte) Staatsangehörigkeitsbescheinigung nach § 39 RuStAG i.V.m. dem betr. Erlaß des BMI. Auf eine entsprechende Ausweiserteilung besteht ein Anspruch, die Behördenzuständigkeit richtet sich nach § 40 II RuStAG und der betr. Landes-AusfVO.

1.2 Verwaltungsrechtlich ist die Staatsangehörigkeitsbescheinigung ein feststellender VA. Ihre (mit dem gewünschten Inhalt) verweigerte Erteilung wäre deshalb verwaltungsgerichtlich an sich mit einer Verpflichtungsklage zu erstreiten. Da ein Feststellungsurteil bezüglich des strittigen Rechtsverhältnisses mindestens die gleiche Beweiswirkung hat und nochmaliges Tätigwerden der Verwaltungsbehörde erübrigte, wird aus Praktikabilitätsgründen jedoch auch eine Feststellungsklage zugelassen.

1.3 Klagebefugnis (§ 42 II VwGO) bzw. Feststellungsinteresse (§ 43 I Hs. 2 VwGO) unproblematisch.

Ergebnis: Die Klage A's ist zulässig.

2 Materielle Rechtslage

Die Klage wäre begründet, wenn A tatsächlich aufgrund §§ 17 Nr. 2, 25 I RuStAG seine deutsche Staatsangehörigkeit durch »Erwerb einer ausländischen Staatsangehörigkeit« verloren hätte.

2.1 A ist »deutschgebürtig«, d.h. er hat nach dem Abstammungsprinzip gem. §§ 3 Nr. 1 RuStAG (zunächst) die deutsche Staatsangehörigkeit erworben. Er war damit jedenfalls bis zum Komplex »Sealand« Deutscher i.S. des Gesetzes.

2.2 A hat unstreitig auch folgende Tatbestandsmerkmale des § 25 I RuStAG erfüllt: Sein Wohnsitz oder dauernder Aufenthalt befindet sich nicht mehr im »Inland«, sondern auf ›Sealand‹, und seine dortige personale Integration (angebliche Staatsangehörigkeit) hat er auf eigenen Antrag erworben.

Fraglich aber, ob dieses Zurechnungsverhältnis eine »ausländische Staatsangehörigkeit« darstellt.

2.2.1   Staatsangehörigkeit wird heute nicht mehr i.S.d. »Patrimonialtheorie« als Zugehörigkeit zu einem staatsförmigen Herrschaftsobjekt (gewissermaßen ›personelles Zubehör‹) und damit Ausweis konkreter Untertanenstellung verstanden. Staatsangehörigkeit ist vielmehr i.S.d. »Statustheorie« eine rechtliche Eigenschaft natürlicher Personen, mit welcher unmittelbare Rechte und Pflichten gegenüber einem bestimmten Staat verbunden sind. Für den betr. Staat bedeuten die ihm so angehörenden Bürger nicht mehr bloß gegenständliche Erstreckungssubstrate, sondern eine wesensmäßige Bestandsvoraussetzung.

2.2.2   »Fürstentum Sealand« ein Staat?

Im Völkerrecht wird zur Bestimmung der Staatsqualität die *Georg Jellinek* zugeschriebene »Drei-Elemente-Lehre« angewendet: konstitutive Bestandteile »Staatsgebiet«, »Staatsvolk« und »Staatsgewalt«. Dabei ist allerdings unstreitig, daß diese Darstellung nur formale Kriterien erfaßt, die bestehenden substantiellen Merkmale also unberührt läßt, und die sachliche Einheit ›Staat‹ nicht als aufteilbar erscheinen lassen darf.

Im Staatsrecht wird neben der phänomenologischen Einheitlichkeit des Staates in neuerer Zeit vor allem seine Prozeßhaftigkeit betont und der »Drei-Elemente-Lehre« als verbindendes ›viertes Element‹ der Faktor Verfassung hinzugefügt. »Staat« kann danach etwa definiert werden als: Der nach einer spezifischen Verfassung geordnete und auf ein bestimmtes Territorium sich erstreckende Wirkungszusammenhang zwischen einer konkreten Herrschaftsgewalt und der sie tragenden wie ihr unterliegenden Menschengesamtheit.

2.2.2.1   »Verfassung« ist die rechtliche Grundordnung eines organisierten Verbandes. Da es für diesen allgemeinen juristischen Verfassungsbegriff nicht darauf ankommt, ob jenes Statut irgendwie formell besonders niedergelegt wurde, ist davon auszugehen, daß auch »Sealand« eine solche von den beteiligten Personen getragene, rechtliche Grundordnung seiner Verhältnisse besitzt.

2.2.2.2   »Staatsgewalt« ist rechtlich organisierte politische Macht, d.h. das Mandat, das Verhalten der Menschen im betr. Herrschaftsgebiet rechtlich zu regeln mit der Chance, die Regeleinhaltung nötigenfalls auch erzwingen zu können. Aus der Einsicht, daß der Zusammenschluß bestimmter Menschen (Bürger, Volk) konstruktiver Ausgangstatbestand des Staates ist, ergibt sich zugleich das Erfordernis einer Legitimität der Staatsgewalt, d.h. einer irgendwie gearteten Zurückführbarkeit der Herrschaftsmacht auf die betr. Bürger. Nach dem Demokratieverständnis des GG wird sie durch wahlmäßige Einsetzung der Herrschaftsorgane und begleitenden Konsens des Volkes gewährleistet.

Da »Sealand« mit einem gewählten Anführer und in A einem »Außenminister« offensichtlich über eine funktionierende, von dort lebenden Menschen anerkannte Herrschaftsstruktur verfügt, läßt sich auch das Vorhandensein einer »Staatsgewalt« attestieren.

2.2.2.3   Fraglich aber, ob die Flak-Plattform ein »Staatsgebiet« darstellt.

Nach klassischer Völkerrechtslehre ist »Staatsgebiet« ein abgegrenzter Teil der Erdoberfläche. Diese Auffassung aber so wohl nur, weil anders eine naturwissenschaftlich und ortungsmäßig dauerhafte Fixiertheit eines menschlichen Lebensraumes (i.Ggs. etwa zu Schiffen oder Flugzeugen) nicht vorstellbar war. Da und soweit der technische Fortschritt aber Möglichkeiten zuläßt, menschliche Lebensareale auch in anderen Räumen fest zu installieren (z.B.: ins Meer hinausgebaute Städte, Bohrinseln, »Unterwasserglocken« etc.), wäre vorstellbar, daß auch die äußeren Kriterien für das Vorleigen eines »Staatsgebietes« in entspr. Weise weiterentwickelt werden könnten. Insoweit läßt sich einer fest mit dem (Meeres)Boden verbundenen Plattform nicht eo ipso die gegenständliche Staatsgebiet-Qualität absprechen. (str.)

2.2.2.4   Bewohnerschaft von »Sealand« ein Staatsvolk?

Unter »Staatsvolk« wird grds. verstanden: die Gesamtheit der von einer Verfassungsordnung als ihr zugehörend in Anspruch genommenen Bürger. Wenn man die Geregeltheit von Herrschaft und Zusammenleben der Menschen auf »Sealand« abstrakt als eine eigene (Verfassungs)Rechtsordnung akzeptierte und unterstellt, daß eben sie die betr. Bewohner als »Staatsbürger« in Anspruch nimmt, wäre danach auch die Qualifikation als »Staatsvolk« zuerkennbar.

Zu dem formalen Kriterium der rechtlichen Inanspruchnahme muß für die Zurechnung zu einem Staatsvolk (»Staatsangehörigkeit«) aber noch eine spezielle innere Beziehung der Menschen zu dem betr. Gemeinwesen treten (»Staatsbewußtsein«). Verlangt wird eine »echte Verbundenheit von Existenz, Interessen und Empfindungen« (»general link«), in welcher sich eine effektive, dauernde und regelmäßig ausschließliche Verknüpfung des einzelnen mit dem Gemeinwesen dokumentiert.

Eine solch emotionale Bindung der Bewohner mit der ehemaligen Flakstellung jedoch wird ernstlich kaum zu attestieren sein. Auch die sich dauerhaft auf der Stahlinsel aufhaltenden Menschen haben dort nur eine bestimmte wirtschafts- und steuerpolitische Zielsetzung gemein. Ihre ›geistige Heimat‹, ihre kulturellen Interessen, die abstammungsmäßigen und verwandtschaftlichen Verwurzelungen liegen jeweils woanders.

Ergebnis: Die Staatseigenschaft »Sealands« scheitert (mindestens) an den substantiellen Voraussetzungen des Faktors Staatsvolk. Bei der beanspruchten Zugehörigkeit zu »Sealand« handelt es sich deshalb nicht um eine ›ausländische Staatsangehörigkeit‹.

Die Klage ist unbegründet.

zum Fall insgesamt: VG Köln, U. v. 3.5.1978, DVBl. 1978, 510 ff.

zu 1.2: BVerwG, U. v. 30.3.1966, DÖV 1966, 725 f.

zu 2.2.2: OVG Münster, U. v. 24.2.1989, NVwZ 1989, 790.

zu 2.2.2.3: gegen »Staatsgebiet«: *Schmalz*, Staatsrecht, 2. Aufl. (1990), Rdn. 656 m.w.N.

zu 2.2.2.4: IGH, U. v. 6.5.1955 (»Nottebohm-Urteil«), Bericht: ZaöRV 16 (1956), 407 ff.; für »Staatsvolk«: *Schweitzer*, Staatsrecht III, Staatsrecht, Völkerrecht, Europarecht, 5. Aufl. (1995), Rdn. 443.

Lösungsskizze 17

1   **Verfassungsmäßigkeit eines »Gesetzes über Volksbefragungen«**

1.1   Verstoß gegen Art. 65 ff. GG, sofern die verfassungsmäßig festgelegten Zuständigkeiten der Bundesregierung durch Einholung der Volksmeinung zu den einzelnen Vorhaben beeinträchtigt würden. Es gilt der »Grundsatz der Ausschließlichkeit von Zuständigkeiten«, wonach in bezug auf eine Kompetenz allein der dafür gesetzlich Zuständige tätig werden darf.

Eine lediglich Befragung des Volkes hat für die Bundesregierung juristisch keinerlei Verbindlichkeit. Das Befragungsergebnis wird die Überlegungen innerhalb der Regierung zwar gewiß beeinflussen, indem es die Kabinettsmitglieder wenigstens dazu bringt, sich mit ihm auseinanderzusetzen. Derartigen Einwirkungen unterliegt jedoch jede (politische) Meinungsbildung, und für den demokratischen Konkretionsprozeß bedeutet solche Offenheit sogar eine zwingende Notwendigkeit. Die eigentliche Entscheidungsfindung, bei welcher dann schließlich alle Informationen auf ein Endergebnis hin verdichtet werden, wird dadurch der Regierung nicht aus der Hand genommen oder in irgendeiner Weise beschnitten.

Da (und solange) die Regierungsentscheidung nicht an ein Befragungsergebnis gebunden wird, bleibt die grundgesetzliche Zuständigkeit daher unverletzt.

1.2   Verstoß gegen die spezielle Demokratieformung des GG?

Da eine Volksbefragung keine unmittelbare Entscheidungswirkung hat, wird durch ihre Einführung dem Volke auch nicht eine zusätzliche organschaftliche Kompetenz gegeben. Staatsrechtlich kommt daher (unabhängig von einer speziellen Formvorgabe der Verfassung) keinerlei neues Demokratieinstrument ins Spiel.

Ergebnis: Gegen das geplante »Gesetz über Volksbefragungen« bestünden keine verfassungsrechtlichen Bedenken.

2   **Verfassungsmäßigkeit des Gesetzesprojektes der B-Fraktion**

Die geplante Verfassungsergänzung wäre (unter den Verfahrensvoraussetzungen des Art. 79 I + II GG) möglich, wenn ihr Inhalt nicht das »verfassungsfeste Minimum« (die »positive Verfassung«) des Art. 79 III GG antastete. Problem daher, ob insoweit ein »in Art. 20 niedergelegter Grundsatz« entgegenstünde.

2.1 *Daß* Staatsform der Bundesrepublik die Demokratie sein muß, wird in Art. 20 II 1 GG festgelegt. *Wie* sie im einzelnen organisiert sein soll, bleibt daher zunächst offen.

2.1.1 Art. 20 II 2 GG scheint die Alternativen »unmittelbare Demokratie« (Staatsgewaltausübung ›vom Volke in Abstimmungen‹) und »mittelbare Demokratie« (Staatsgewaltausübung ›vom Volke in Wahlen‹ und dadurch Legitimierung von konkret handelnden ›besonderen Organen‹) als gleichermaßen möglich nebeneinander zu stellen.

Diese Auslegung aber nicht zwingend: möglich auch, daß nur die in Frage kommenden Formen technisch vorgestellt werden, ohne Aussage über ihre materielle Gewichtigkeit und Rangfolge. Zudem fraglich, ob die beiden dogmatisch einander ausschließenden Formen der Demokratie so ohne weiteres für miteinander vereinbar erklärt werden sollen oder können.

Daher Näheres über die materiellen Bedingungen der Demokratieform durch weitere Auslegungsarbeit zu ermitteln.

2.1.1.1 Grammatisch-philologisch läßt Art. 20 II 2 GG eine inhaltliche Rangabstimmung offen. Das schlichte Kopulum »und« zwischen »Wahlen« und »Abstimmungen« verwehrt jeder weitergehenden Inhaltsherauslese die textliche Relevanz.

2.1.1.2 Systematisch ergibt sich maßgeblicher Zusammenhang mit Art. 38 I 2 GG. Danach entscheiden die Abgeordneten des gem. Art. 77 I 1 GG organschaftlich hauptzuständigen Bundestages drittunabhängig, »nur ihrem Gewissen unterworfen«. Der Bundestag findet seine Entscheidungen nicht durch einfache Auszählung der von der Volksbasis her festgelegten Stimmquoten (Abgeordnete als »Erklärungsgehilfen« des Volkes), sondern in eigenständiger Abklärungsbemühung als »Repräsentativorgan« des Volkes. Danach GG prinzipiell auf mittelbare Demokratie angelegt.

Der einzige Fall unmittelbarer Volksentscheidungen bei Art. 29 GG (Art. 118 S. 1 GG ist obsolet geworden) erweist sich als (ausdrücklich eingeführte) lediglich Ausnahme.

2.1.1.3   Teleologische Perspektive bestätigt dieses Ergebnis. Nach den negativen Erfahrungen unter der WRV (steter Kontrasthintergrund für das GG) sollen Möglichkeiten unmittelbarer Demokratie weitestgehend ausgeschaltet bleiben. Die vielfältigen Handhaben direkter Demokratie haben sich unter der WRV zu eindeutig als Entfaltungsmedium für Demagogie und emotionale Problemverkürzung gezeigt sowie als willfährige Mittel in der Hand dessen, der die Abstimmungsfragen abfaßt.

2.1.2   Die Demokratie des GG ist damit prinzipiell als mittelbare, repräsentative Demokratie ausgestaltet. Die in Art. 20 II 2 GG aufgeführten Form-Alternativen sind so einzustufen, daß Demokratie grds. in der Legitimierung konkret handelnder »besonderer Organe« durch das Volk (mittels Wahl und Konsens) verwirklicht wird und Möglichkeiten sachlich unmittelbarer Volks(mit)entscheidung lediglich streng dosierte, verfassungsgesetzlich genau abgesteckte Ausnahmen darstellen. Als systematischer Gehalt des Art. 20 II GG ist dieser Befund über Art. 79 III auf dem Boden des GG unabänderlich.

2.2   Die beiden Desiderate der vorgesehenen Verfassungsergänzung müssen danach differenziert bewertet werden.

2.2.1   Figur des »Volksbegehrens«

Zwar bedeutet schon die Entwurfseinbringung beim Gesetzgebungsverfahren ein Stück Entscheidungsteilhabe, weil damit eine konkrete Sachbefassung des Parlamentes initiiert wird. Für die repräsentative Demokratie bedeutet eine volksgerichtete Ausdehnung des Initiativrechtes aber keine grundsätzliche Relativierung, weil der eigentliche Gesetzesbeschluß weiterhin unbestritten beim Parlament bleibt (Art. 77 I 1 GG). Auch das Gesamtsystem der Demokratiegestaltung erhält dadurch keine essentielle Umgewichtung.

Ergebnis: Eine den Art. 76 I GG ändernde Einführung eines »Volksbegehrens« wäre unter den Verfahrensvoraussetzungen des Art. 79 I + II GG möglich (a.A. vertretbar).

2.2.2   Figur des »Volksreferendums« (kassatorischer »Volksentscheid«)

Hier wäre die endgültige Entscheidung über ein Gesetz (jedenfalls kodexverwerfend) dem Parlament entzogen. Die gesetzliche Normierung ist jedoch die hauptsächliche und maßgebliche Regelungsform im Rechtsstaat. Für sie die ausschließliche Verbindlichkeit des parlamentarischen Gesetzesbeschlusses auch nur partiell zu beseitigen und dem Volke unmittelbar ein Letztentscheidungsrecht zuzuweisen, würde daher das Prinzip der repräsentativen Demokratie grundlegend aushöhlen.

Ergebnis: Ein »Volksreferendum« einzuführen, wäre auch mit verfassungsändernder Mehrheit unter dem GG nicht möglich (Art. 79 III i.V.m. 20 II 2 GG).

zum Fall insgesamt: *Ebsen*, Abstimmungen des Bundesvolkes als Verfassungsproblem, in: AöR 110 (1985), 2; *C. Pestalozza*, Volksbefragung - das demokratische Minimum, in: NJW 1981, 738 ff.; *Bugiel*, Volkswille und repräsentative Entscheidung: Zulässigkeit und Zweckmäßigkeit von Volksabstimmungen nach dem GG (1991).

zu 1.1: VG Ansbach, U. v. 12.11.1970, BayVBl. 1971, 194 f.

zu 2.1.1: *Schmidt-Jortzig*, in: Aus Politik und Zeitgeschichte (Beilage zu »Das Parlament«) B 38/79, S. 3 (5 ff.).

zu 2.1.1.3: *Gusy*, Das Demokratieprinzip der Weimarer Reichsverfassung, in: Jura 1995, 226 ff. (227).

Lösungsskizze 18

1	**Rechtslage auf Bundesebene**

1.1   § 12 BWahlG beschränkt bisher Wahlrecht auf Deutsche. Bundesge-
setzkompetenz für Änderung ergibt sich aus Art. 38 III GG (sowie
dem Vorhandensein des BWahlG). Initiativrecht zu Änderungsgesetz für die BT-Fraktion aufgrund Art. 76 I GG, §§ 76, 10 I GeschO
BT gegeben.

1.2   Möglicherweise positive Verfassungsforderung einer entspr. Wahlrechtsangleichung für Ausländer?

1.2.1   Art. 3 III GG könnte Aufhebung einer Wahlrechtsbegrenzung auf
Staatsbürger verlangen. Staatsangehörigkeit ist jedoch weder unter
»Heimat« noch »Herkunft« zu subsumieren und stellt daher kein
verbotenes Merkmal gem. Art. 3 III GG dar.

1.2.2   Auch Demokratieprinzip (Art. 20 II 1 GG) fordert nicht Teilhabe
von Ausländern am Bundeswahlrecht.

Wer der »demos« ist, von welchem alle Staatsgewalt ausgehen muß,
ist eine demokratievorgelagerte Frage. Insoweit läßt sich Auslän-
dererstreckung auch nicht aus dem Gedanken herleiten, daß alle der
Staatsgewalt (gleich voll) Unterworfenen dieselbe mitbestimmen
sollen. Ausländer sind von der bundesdeutschen Staatsgewalt nur
begrenzt betroffen: Personalhoheit über sie bleibt weiter bei ihrem
Heimatstaat, deshalb auch keine Wehrpflicht (§ 2 WPflG nur als
Repressalie ausgestaltet); es besteht lediglich Gebietshoheit der
Bundesrepublik mit Steuerpflicht, Polizeipflicht u.ä., welcher man
sich aber jederzeit durch Ausreise entziehen kann.

1.2.3   Beseitigung des Wahlrechtsvorbehaltes für Deutsche wegen Art. 38
I 1 GG: »Allgemeinheit« der Wahl?

Eine grammatisch-philologische Auslegung der Norm bleibt ohne
Präzision, denn über den Maßstab, den Erstreckungsbereich der
Allgemeinheit wird nichts gesagt. Historisch bedeutet das Merkmal
die Ablehnung (Überwindung) eines Zensus- und/oder Männer-
wahlrechtes; die Ausgangsbasis der deutschen Staatsangehörigkeit
war dabei stets absolut selbstverständlich. Auch systematische Auslegung ergibt Allgemeinheits-Begrenzung auf Deutsche, denn die

demokratiezentralen Grundrechte Art. 8 + 9 GG sind nur sog. »Deutschenrechte«.

1.3 Verfassungsmäßigkeit einer Wahlrechtsangleichung?

Entgegenstehen könnte Art. 20 II 1 GG.

»Volk«, von welchem die (auch vom BT ausgeübte) Staatsgewalt ausgeht, bedeutet allgemeinem Verständnis nach: »Staatsvolk« = Gesamtheit der deutschen Staatsangehörigen. Dies nicht nur aufgrund traditionellem Verständnis oder Üblichkeit einer Ausfüllungsvorschrift wie § 12 BWahlG. Vielmehr ist es schon theoretische Basis des Staates überhaupt, Zusammenschluß soziologisch verbundener Menschen zu einer Zweckformation zu sein. Die Staatszugehörigkeit des den Staat konstituierenden Volkes stellt daher ein immanentes Merkmal des so entstandenen und verfaßten Staates dar. Beleg außerdem: Art. 1 II, 146 GG.

Ergebnis: Bundeswahlrechtseröffnung für Ausländer wird nicht nur vom GG nicht gefordert, sondern verstieße vielmehr gegen Art. 20 II GG sowie eine Grundprämisse der Staatsverfassung; sie wäre daher gem. Art. 79 III GG auch nicht durch Verfassungsänderung einführbar.

2 **Rechtslage auf Landesebene**

2.1 Gesetzgebungskompetenz für Landtags- (Bürgerschafts-, Abgeordnetenhaus-)wahlrecht nach Art. 70 GG – selbstverständlich – ausschließlich beim Land. Verfahren zur Änderung des auf Deutsche begrenzenden Landes-Wahlgesetzes wie auf Bundesebene durch LT-Fraktion einleitbar.

2.2 Materiell-verfassungsrechtliche Zulässigkeit

2.2.1 Nach Art. 28 I 1 GG muß die verfassungsmäßige Ordnung in den Ländern u.a. den »Grundsätzen des demokratischen Staates im Sinne des GG« entsprechen (»Homogenitätsprinzip«). Da Vorbehalt des Wahlrechtes für Deutsche ein solches Verfassungselement darstellt, ist diese Restriktion auch für Landesverfassungen zwingend.

2.2.2 Relativierung dieses Grundsatzes u.U. aber durch Art. 28 I 3 GG, so daß wenigstens Bürger aus Ländern der EG durch eine entsprechende Änderung der Landtagswahlgesetze begünstigt werden könnten. Art. 28 I 3 GG eröffnet das Wahlrecht für diese Personengruppe bisher nur auf der Ebene der Kreise und Gemeinden. Er vermag nicht, den einheitlichen Begriff »Volk« aus Absatz 1 Satz 2 neu zu bestimmen.

2.2.3   Das Tatbestandsmerkmal »allgemein« in Art. 28 I 2 GG erweist sich
             ebenso wie bei Art. 38 I 1 GG (s.o. sub 1.2.3) hermeneutisch als von
             vornherein nur auf das betr. »Volk« bezogen.

Ergebnis: Auch auf Landesebene Parlamentswahlrecht für Ausländer verfas-
             sungsrechtlich verwehrt.

             Eine entsprechende Zulässigkeit kann aber vom GG her durch wei-
             tere Änderung des Art. 28 I 1 GG eröffnet werden, da Art. 28 GG
             nicht von der »Ewigkeitsgarantie« des Art. 79 III GG erfaßt wird.

3   **Rechtslage auf Kommunalebene**

3.1   Gesetzgebungskompetenz für Kommunalverfassung ausschließ-
             liche Zuständigkeit des Landes (Art. 70 GG). Notwendig wäre eine
             Änderung   der   einschlägigen Vorschrift im betr. KWahlG.
             Verfahren wie bei Änderungsinitiative zu LWahlG (s.o. 2.1).

3.1.1   Soweit nach landesverfassungrechtl. Bestimmungen auch auf Kom-
             munalebene nach den Grundsätzen der Landtagswahlen verfahren
             wird (vgl. Art. 12 I BayLVerfG und Art. 50 I 1 RhPfVerf), besteht
             Konflikt mit dem reinen Deutschenwahlrecht bei Landtagswahlen
             (z.B. Art. 1 LWG Bay). Nach grundgesetzkonformer Auslegung der
             entspr. Landesverfassungsnorm ein solcher *Grundsatz* aber für
             Kommunalwahlen nicht mehr anwendbar. Art. 28 I 3 GG sieht Aus-
             länderwahlrecht für Bürger aus Staaten der EG ausdrücklich vor.

3.2   Ausländerwahlrecht für Bürger eines EU-Staates

3.2.1   Durch die Änderungen des Grundgesetzes in Art. 28 I 3 GG nicht nur
             möglich, sondern als ausdrücklicher Gesetzgebungsauftrag aufge-
             nommen. Verfassungsrechtliche Bedenken gegen dieses Ausländer-
             wahlrecht bestehen nicht mehr.

3.3   Ausländerwahlrecht für Nicht-EU-Bürger

3.3.1   Organisationsstruktur der Kommunen ist Bestandteil der verfas-
             sungsmäßigen Ordnung eines Landes. Daher würde von Art. 28 I 1
             GG (»Homogenitätsprinzip«) grds. auch für Kommunalvertretun-
             gen die Einräumung eines Ausländerwahlrechts verwehrt (s.o.
             2.2.1). Dem entgegen auch nicht Art. 28 I 3 GG, da möglicher reiner
             Sonderfall.

             Aber möglicherweise gleich starke Gegenkraft aus Art. 28 II GG:
             Definition der kommunalen Selbstverwaltung bedeutet nach
             GG eigenverantwortliche Regelung aller lokalen Angelegenheiten

durch eben die in der örtlichen Gemeinschaft zusammenlebenden Menschen (genossenschaftliches Selbsthilfemandat). Für die Zugehörigkeit zur soziologisch verstandenen »örtlichen Gemeinschaft« ist Staatsangehörigkeit kein Kriterium. Das faktische dort Mit-Zusammenleben bringt Betreffenden ohne weiteres unter die örtlichen Existenzbedingungen: zivilisatorische, kulturelle und verkehrsmäßige Infrastruktur, Gewerbemöglichkeiten, geographische oder klimatische Besonderheiten u.ä. Von daher also angelegt, daß alle mündigen Gemeindeeinwohner (auch wenn sie ausländische Staatsangehörigkeit besitzen), sofern sie nur tatsächlich in der betr. Kommune ihren Lebensmittelpunkt haben (möglicher Vermutungstatbestand: längerer Aufenthalt von 5 oder mehr Jahren), auch die kommunale Vertretungskörperschaft mitbeschicken können sollen.

Auflösung dieser Normengegenläufigkeit durch Herstellung »praktischer Konkordanz«: Einführung eines umfassenden kommunalen Ausländerwahlrechtes höbe die prinzipielle staatsverfassungsrechtliche Homogenität von Bund und Land nicht auf, eine tatbestandliche Erschwerung des kommunalen Wahlrechtserwerbes für Ausländer würde einerseits die Strukturabweichung tendenziell niedrig halten und andererseits auch den kommunalspezifischen Mitbestimmungsansatz nicht konterkarieren.

3.3.2   Art. 28 I 2 GG könnte jedoch durch das Tatbestandsmerkmal »Volk« die kommunale Wählerschaft auf dieselben Abmessungen einschwören, wie sie über Art. 20 II GG für das »Volk« auf Bundes- und Landesebene gelten.

3.3.2.1   Dagegen einwenden zu wollen, daß von den Kommunen ja keine Staatsgewalt ausgeübt werde, ginge fehl. Auch die Funktionsäußerungen der Gemeinden und Gemeindeverbände sind Wahrnehmung von Hoheitsmacht, »Staatsgewalt im weiteren Sinne«.

3.3.2.2   Wahlrechtsbegrenzung auf Deutsche beim Staatsvolk ist wichtig, wenn von dort Staatsgewalt legitimiert wird. Da kommunale Selbstverwaltung in der Substanz gleichfalls Ausübung von Hoheitsgewalt darstellt, bedarf auch sie einer entsprechenden Legitimation durch das Staatsvolk (»staatliche Legitimation«). Diese erhält sie durch ihre unmittelbare staatsverfassungsrechtliche Verankerung in Art. 28 II GG, wonach kommunale Selbstverwaltungsbefugnis heute unstreitig als vom Staate abgeleitet gilt. Solche auf das *Staatsvolk* zurückgehende Legitimation soll und kann die Wahl zur kommunalen Vertretungskörperschaft mithin nicht mehr erbringen, zumal über Art. 28 I 3 bereits EU-Bürger das aktive und passive Wahlrecht zur kommunalen Vertretungskörperschaft erhalten haben. Wenn also einerseits nicht zugelassen werden kann, daß der Begriff des Wahlvolkes über Art. 28 I 3 GG »aufgeweicht« wird, steht gleichzeitig fest, daß die auf das Staatsvolk zurückgehende Legitimation durch Kommunalwahlen nicht mehr zu erbringen ist. Ziel ist vielmehr die Verschaffung einer zusätzlichen Legitimation, und zwar einer Legitimation durch die Verbandsmitglieder (»körperschaftliche Legitimation«). Mitwirkungsrecht von Ausländern bei Wahlen für andere Körperschaften daher auch unstreitig: Universitäten, Handwerkskammern, Sozialversicherungsträger u.a. »Volk« insoweit als »Bevölkerung« oder »Verbandsvolk« zu verstehen, für das deutsche Staatsangehörigkeit kein zwingendes Zugehörigkeitskriterium darstellt.

3.3.2.3   Kommunalvertretung zudem nach allgemeiner Ansicht keine »Volksvertretung« gleich Parlament wie Bundestag oder Landtag. Gemeinderat und Kreistag stellen vielmehr nur kollegiale Willensbildungsorgane von Verwaltungsträgern dar, für die lediglich das Wahlverfahren parlamentsgleich ist, nicht aber Wahlgegenstand und Wahlfunktion.

Ergebnis: Auf Kommunalebene deshalb die einfachgesetzliche Einführung eines Ausländerwahlrechts für EU-Bürger ausdrücklich gefordert, für andere Ausländer zumindest zulässig.

zu 1.3: *Stern*, StaatsR, Bd. I, 2. Aufl. (1984), § 8 I 4a.

zum Fall insgesamt insb. zu 3: BVerfG, U. v. 31.10.1990, E 83, 37 ff.; *Scholz*, Verfassungswidriges Ausländerwahlrecht, in: FS für Dürig (1990), S. 367 ff.; *Isensee/Schmidt-Jortzig (Hrsg.)*, Das Ausländerwahlrecht vor dem BVerfG (Dokumentation der Verfahren), (1993).

zu 3.2.1 (zum Hintergrund von Art. 28 I 3 auf EG-Ebene): EG-Kommunalwahlrechtlinie für Unionsbürger, abgedruckt in: NVwZ 1995, 462 ff.; *Fischer*, Kommunalwahlrecht für Unionsbürger, in: NVwZ 1995, 455 ff.; weitergehend: *Berkholz*, Teilnahme von Unionsbürgern an kommunalen Bürgerentscheiden?, in: DÖV 1995, 816 ff.

zu 3.3: *Breer*, Die Mitwirkung von Ausländern an der politischen Willensbildung in der BRD durch Gewährung des Wahlrechtes, insb. des Kommunalwahlrechts (1982), S. 78 ff.

zu 3.3.2.1: BVerfG, U. v. 30.7.1958, E 8, 122 (132); U. v. 10.12.1974, E 38, 258 (270); B. v. 15.2.1978, E 47, 253 (272 f.).

Lösungsskizze 19

1	**Verfassungskonformität des Parteirechtsänderungsgesetzes**
1.1	Formelle Verfassungsmäßigkeit

1.1.1   Für Gesetzgebungsinitiative der BReg schreibt Art. 76 II 1 GG vor Einbringung beim BT Zuleitung an BR vor (»erster Durchgang«). Auch bei Eilbedürftigkeit nicht verzichtbar (arg. Art. 76 II 3 GG).

Ergo: Verstoß gegen Verfassung.

Damit auch Verfassungswidrigkeit des beschlossenen Gesetzes?

Für die Gesetzwerdung einer Norm materiell nicht entscheidend, *wie* Gesetzesvorlage in den Gesetzgebungsablauf gelangte, sondern *daß* sich Parlament damit gebührend befaßte und darüber zum Gesetzesbeschluß kam (arg. auch Art. 78 GG).

Verstoß gegen Formvorschrift des Art. 76 II 1 GG wird durch Gesetzesbeschluß geheilt.

(Die Verletzung seines Beteiligungsrechtes kann BR im Organstreit geltend machen).

1.1.2   Zustimmung des BR erteilt. Sollte dies nicht erforderlich gewesen sein, war es doch unschädlich.

Ergebnis: Parteirechtsänderungsgesetz trotz eines Verfahrensfehlers nicht formell verfassungswidrig.

1.2   Materielle Verfassungsmäßigkeit

1.2.1   Verstoß gegen Grundrechte von Bürgern (Art. 9 I, 2 I; 3 III Alt. 7 und I GG)?

Zwar sind Parteien Vereinigungen i.S.d. Art. 9 I GG, und die Möglichkeit einer undiskriminierten Entfaltung in ihnen ist dem Einzelbürger deshalb grundrechtlich gewährleistet. Von der hiesigen Parteirechtsänderung werden diese Grundrechte aber nicht unmittelbar angegriffen. Die Neufassung des § 2 I PartG behindert nicht Mitgliedschaft und Betätigung des einzelnen in den betreffenden Gruppierungen, sondern nur *deren* Status und politische Wirksamkeit.

Soweit es um diese Privilegien der betr. Gruppierung selbst geht, ist ein Rückgriff über Art. 19 III GG auf Grundrechte (etwa Art. 3 I GG) nicht möglich. Insoweit stellt Art. 21 I GG eine lex specialis dar.

1.2.2 Verstoß gegen Art. 21 I GG?

1.2.2.1 Die institutionelle Garantie eines unbehinderten Parteienwesens (herzuleiten aus Art. 21 I GG insgesamt) umschließt nicht nur die »Parteienfreiheit«: Neben freier Gründung auch generelles vom Staate Ungestörtsein bei Existenz und politischem Wirken. Aus ihr fließt vielmehr zugleich ein Diskriminierungsverbot: Verdikt jeder hoheitlichen Verzerrung der freien Konkurrenz zwischen Parteien (»Parteiengleichheit«, s. auch § 5 PartG).

1.2.2.2 Art. 1 des Parteirechtsänderungsgesetzes führt zu Behinderung von politischen Vereinigungen, die unter der Mitgliederschwelle bleiben. Die betr. Gruppierungen nehmen nicht mehr an der staatlichen Finanzförderung teil (§§ 18 ff. PartG); sie sind ausgeschlossen vom »Listenprivileg« der Parteien (§§ 18 I, 20 BWahlG), von der Beteiligung bei der Bildung der Wahlorgane (§ 9 II 3 BWahlG) und von der Berücksichtigung beim Zurverfügungstellen öffentlicher Einrichtungen für Wahlwerbung (§ 5 PartG); sie haben nicht mehr die gesetzliche Prozeßführungsbefugnis des § 3 PartG und genießen vor allem nicht mehr das sog. »Parteienprivileg« aus Art. 21 II GG (Verbot allein durch das BVerfG).

Eine Vorenthaltung dieser Positionen jedoch nicht abolut verboten. Die Parteiengarantie ist nicht Selbstzweck, sondern Element des verfassungsgeformten, demokratischen Regierungssystems im GG. Wo zwingende Funktionsgründe dieses Systems eine Differenzierung verlangen, müssen entspr. Beschränkungen daher möglich sein.

Kriterium für solche Beschneidung aber kann (außer Verfassungswidrigkeit der politischen Vereinigung) bezüglich aktiver staatlicher Förderung nur die tatsächliche Bedeutsamkeit der Gruppierung gem. ihrer Wahlergebnisse sein, ansonsten nur die Ernsthaftigkeit des jeweiligen politischen Anspruches (vgl. § 2 I 1 PartG). Dafür gibt starre Mitgliederschwelle von 20.000 Mitgliedern keinen sachangemessenen Maßstab ab.

Ergebnis: Art. 1 des Parteirechtsänderungsgesetzes verstößt gegen Art. 21 I GG.

2   **Prozessuale Möglichkeiten der X-Partei**

2.1   Organstreit nach Art. 93 I Nr. 1 GG

Politische Partei im GG mit eigenen, staatsorganisatorischen Rechten ausgestattet (Art. 21 I GG). Eine Partei ist daher als »anderer Beteiligter« im Organstreit antragsberechtigt: § 63 BVerfGG muß insoweit verfassungskonform ausgelegt werden.

Da die X-Partei um diesen ihren verfassungs-, partei- und prozeßrechtlichen Status streitet, ist sie im betr. Verfahren prozeßführungsbefugt.

Ergo: Organstreit zulässig.

2.2   Auch VerfB nach Art. 93 I Nr. 4a GG, §§ 90 ff. BVerfGG möglich?

Da X-Partei nicht eigene Grundrechte geltend machen kann, sondern nur ihre institutionelle (grundrechtsähnliche) Position als gleichberechtigt am Verfassungsleben Teilnehmende, ist ihre VerfB mangels Beschwerdeberechtigung und Beschwerdegrund unzulässig.

Soweit Grundrechte der Parteimitglieder verletzt sind, ist X-Partei nicht aktivlegitimiert. Auch keine »Prozeßstandschaft« der Partei für ihre Mitglieder möglich.

Ergebnis: X-Partei kann Verfassungsmäßigkeit des Änderungsgesetzes im Wege des Art. 93 I Nr. 1 GG vor dem BVerfG nachprüfen lassen.

zu 1.2.: BVerfG, B. v. 14.1.1969, E 25, 69 ff.

zu 2: BVerfG, U. v. 17.10.1968, E 24, 260 (263); BVerfG, B. v. 7.10.1969, E 27, 152 (157); BVerfG, U. v. 14.7.1986, E 73, 40 (65 ff.); kritisch: *Schlaich*, in: Das Bundesverfassungsgericht, 3. Aufl. (1994), Rz. 84.

Lösungsskizze 20

1   Äußerung des Bundesinnenministers

1.1   Verletzung des Art. 21 II GG?

Anders als sonstige Vereinigungen nach Art. 9 II GG, §§ 3 ff. VereinsG können Parteien nach Art. 21 II GG, §§ 13 Nr. 2, 43 ff. BVerfGG nur vom BVerfG für verfassungswidrig erklärt und damit verboten werden. Dieses »Parteienprivileg« verbietet jedes andere, außerhalb eines Verfahrens vorm BVerfG stattfindende rechtliche oder administrative Einschreiten gegen den Bestand einer politischen Partei.

Der BMI macht insoweit aber nicht VerfWidrigkeit der X-Partei rechtlich geltend (etwa im Wege einer Antragstellung namens der BReg nach § 43 I BVerfGG). Seine Äußerungen sind nicht auf RFolgen für die X-Partei gerichtet und haben auch keinerlei solche Wirkungen. Es handelt sich lediglich um Kundgabe einer eigenen Einschätzung.

Ein von Art. 21 II verwehrtes Vorgehen liegt daher nicht vor.

1.2   Verletzung des Art. 21 I GG?

Da X-Partei nicht nach Art. 21 II verboten ist, stehen ihr alle Rechte aus Art. 21 I zu, d.h. auch die ›Parteifreiheit‹, die alle unrechtmäßigen Beeinträchtigungen von Bestand und Wirken der Partei verbietet. Die Bezeichnung als »verfassungswidrig und radikal« durch ein führendes Mitglied der BReg ist geeignet, die X-Partei beim Wähler herabzusetzen und ihr Stimmeneinbußen einzutragen. Die Ausführungen des BMI vorm BT können insoweit auch nicht als rein parlamentsintern, ohne rechtliche Außenrelevanz angesehen werden; es ging um eine Grundsatzrede, die bewußt (auch) an die Bürger draußen im Lande gerichtet war (BT als politische Plattform).

Aber BMI macht seine Äußerung nicht als Staatsorgan, sondern als Politiker im Bereich der politischen Auseinandersetzung mit der X-Partei. Er kann sich dafür auf sein Meinungsäußerungsrecht nach Art. 5 I GG berufen, und die X-Partei ist in diesem Bereich durchaus nicht unangreifbar gestellt. Funktion der Parteien gerade: im öffentlichen und offenen Disput zur Abklärung politischer Meinungen

131

beizutragen; hier grds. auch massive und polemische Äußerungen zulässig.

Ergebnis: Äußerung des BMI nicht verfassungswidrig.

2 **Ablehnung der Wahlanzeige durch Pressekonzern**

2.1 Verstoß gegen Art. 5 I 2 (Pressefreiheit)?

Art. 5 I 2 enthält institutionelle Garantie der freien Presse. Dieser Schutz nicht nur zugunsten individueller Äußerungs- und Informationsbedürfnisse, sondern auch zur Erhaltung und Förderung des für freiheitliche Demokratie konstitutiven, offenen Meinungsbildungsprozesses. Folge ist eine gewisse »öffentliche Aufgabe« der Presse. Daraus lassen sich zwar bestimmte allgemeine Ausrichtungen des Freiheitsgebrauches entnehmen, aber keinerlei konkrete, tatbestandssichernde Einzelpflichten. Öffentliche Funktion der Presse aktualisiert sich zudem gerade in Vielfalt der publizierten Anschauungen; und solche Pluralität müßte grds. auch engagierte Parteinahme in Form von Ablehnung anderen Vorbringens einschließen können.

2.2 Verstoß gegen Art. 21 I GG?

2.2.1 Parteifreiheit soll nichtargumentative, nicht geistig-politisch ansetzende Bedrängnis von Parteien unterbinden (s.o. 1.2.). Ablehnung der Aufnahme von Wahlanzeigen ist insoweit keine geistige Auseinandersetzung mit der X-Partei, sondern eine Vorenthaltung dieser Auseinandersetzung, weil damit schon eine Darstellungsmöglichkeit entzogen wird, die Voraussetzung für demokratische Diskussion wäre.

2.2.2 Aber Parteienfreiheit wie Parteien(chancen)gleichheit nach Art. 21 I GG grds. nur gegen hoheitliche Maßnahmen gerichtet, nicht gegen private Initiativen. Strikte Ablehnung von Wahlspots etc. im öffentlichen Rundfunk und Fernsehen daher gewiß verfassungswidrig (vgl. auch § 5 PartG).

RBeziehungen zwischen Partei und Zeitungsverleger indes privatrechtlich; grds. Privatautonomie.

Fraglich ist die »Drittwirkung« von Art. 21 I GG. Grundgesetz keine wertneutrale Ordnung, sondern objektives Wertesystem; die verfassungsrechtlichen Grundentscheidungen gelten für alle Bereiche des Rechts. Deshalb gewiß nicht generelle Abkapselung des Zivilrechtsbereiches von Art. 21. Aber Geltungserstreckung auch nur soweit, wie Norm ihrem Wesen nach ausgreifen kann (etwa Grundrechte in gewissem Umfang zwischen Privaten).

Parteiengarantie nun kann prinzipiell nur Schutz gegenüber staatlichen bzw. organisiert öffentlichen Beeinträchtigungen enthalten. Nicht gegenüber privaten Angriffen; gerade in diesem Bereich soll sich Partei ja der Kritik, Zustimmung und Ablehnung der Bürger stellen, u.zw. auch der einflußreichen, mächtigen Bürger. Dialektische Grundstruktur der politischen Willensbildung. Erst da, wo private Größen derartige Monopolstellungen bezüglich der parteirelevanten Bedürfnisse innehaben, kann anderes gelten.

Hiesiger Zeitungskonzern nur einer der auflagenstärksten, also kein Monopol; Art. 21 I GG wirkt deshalb nicht gegen ihn.

Resultat auch gestützt durch Begrenzung der Privatautonomie nur da, wo Drittrechte verletzt werden. § 823 II BGB greift nicht ein, da Parteiengarantie eben genuin kein »Schutzgesetz« gegenüber privaten Gegnerschaften. Und §§ 826 BGB, 26 II GWB einschlägig, soweit Abwägung ergibt, daß private Bekämpfung einer öffentlichen Beeinträchtigung gleichkommt, was hier – s.o. – (noch) nicht der Fall ist.

Ergebnis: Ablehnung der Wahlanzeigen der X-Partei kein Verstoß gegen die Verfassung.

zu 1: OVG Lüneburg, B. v. 28.5.1974, NJW 1975, 76 f.; und BVerfG, B. v. 18.7.1961, E 13, 123 ff.

zu 1.1: *Kunig*, Vereinsverbot, Parteiverbot, in: Jura 1995, 384 ff.

zu 1.2: BVerfG, U. v. 2.3.1977, E 44, 125 ff.

zu 2: *Lange*, Ist die Ablehnung der Wahlanzeigen einzelner politischer Parteien durch Zeitungsverleger verfassungsmäßig?, in: DÖV 1973, 476 ff.

zu 2.2.2: BVerwG, U. v. 11.1.1991, in: JuS 1991, 1009 ff.; NJW 1991, 938 ff.; *Dörr*, Zum Anspruch der politischen Parteien auf Zuteilung von Sendezeiten für Wahlwerbung in Hörfunk und Fernsehen; *ders.*, Die Entwicklung des Medienrechts, in: NJW 1995, 2263 (2270); *ders.*, Wahlwerbung der Parteien im Rundfunk, in: JuS 1995, 162 f.; *Benda*, Rechtliche Perspektiven der Wahlwerbung im Rundfunk, in: NVwZ 1994, 521 ff.

Lösungsskizze 21

1   Petitum der P-Partei

1.1   Verfassungsmäßigkeit der Ablehnung einer Abschlagszahlung

Nach § 20 I 1 PartG sind Parteien, die an der vorausgegangenen BT-Wahl noch nicht teilnahmen oder damals unter dem (derzeitigen) Erstattungslimit blieben, von Abschlagszahlungen ausgenommen.

Verstoß gegen Chancengleichheit der Parteien (Art. 21 I GG)?

1.1.1   Staatliche Zuschüsse an Parteien für ihre gesamte Tätigkeit im Bereich der politischen Meinungsbildung zwar wegen der grundsätzlichen Entscheidung für freien und offenen Prozeß der Meinungs- und Willensbildung des Volkes, der sich mithin staatsfrei vollziehen muß, unzulässig. Wahlkampfkostenerstattung jedoch wird für verfassungsmäßig erachtet, weil die Abhaltung von Wahlen eine staatliche Aufgabe darstelle, die ohne die politischen Parteien nicht durchführbar sei. Dabei auch Pauschalierung zulässig, da sie lediglich rechnerische Erleichterung bewirkt und Streitigkeiten vermeidet.

Da sich Wahlkampf schon rein technisch nicht kurzfristig abwickeln läßt und im übrigen werbende Mitwirkung an politischer Überzeugungsbildung der Wähler ein kontinuierlicher Prozeß ist, entstehen Wahlkampfkosten bereits weit im Vorfeld der eigentlichen Wahl. Deshalb gewisse Vorausfinanzierung in Form von Abschlägen auf späteren definitiven Erstattungsbetrag durchaus sachangemessen und zulässig.

1.1.2   Formaler Grundsatz der Chancengleichheit der Parteien (Art. 21 I, lex specialis zu allg. objektivem Gleichheitssatz) läßt unterschiedliche Behandlung nur aus zwingendem Sondergrund zu.

Um Mißbrauch der Wahlkampfkostenerstattung zu vermeiden (Wahlteilnahme nur, um dafür Geld zu erhalten),muß Ernsthaftigkeit des Wahlkampfes als Gewährungskriterium eine Differenzierung der gleichen Kostenbehandlung rechtfertigen. Dafür sicher auch Anknüpfung an tatsächlich erzieltes Wahlergebnis akzeptabel.

Aber hierzu Heranziehung früherer Wahlergebnisse angemessen?

134

Der definitive Erstattungsbetrag, auf den hin allein Abschläge ge-
zahlt werden, bemißt sich nur nach aktuellem Wahlergebnis. Wahl-
kampfernsthaftigkeit zudem bei möglichem Wählerumschwung
während einer Wahlperiode nicht schlüssig aus Ergebnis der Vor-
wahl zu entnehmen: Beispiel der P-Partei, deren jetzige 4,7 %
Wählerstimmen bei letzter Wahl woanders votierten und nun relevante Ernsthaftigkeit des P-Wahlkampfes erweisen. Im übrigen ist
Beeinträchtigung gleicher Gründungs- und Entwicklungschancen
für neue Parteien die Folge, was – sollte es immer zulässig sein –
jedenfalls nicht über Wahlkampfkostenerstattung erfolgen darf.
Deshalb korrekt nur Vorfinanzierung auch für neue Parteien etwa
nach einer Fixgröße, zumal zuvielgeleistete Beträge ohnehin später
zurückgezahlt werden müssen (§ 20 IV PartG).

Ergebnis: § 20 I PartG insoweit verfassungswidrig.

1.2   Möglichkeit, deswegen eine Ungültigkeitserklärung der Wahl zu
             erreichen?

             Wahlprüfungsverfahren nach Art. 41 GG, WahlprüfG und §§ 13
             Nr. 5, 48 BVerfGG. Erfolg hängt davon ab, ob und in welchem
             Umfang der verfassungswidrigen Behandlung der P-Partei Auswir-
             kungen auf das Wahlergebnis zuerkannt werden können; nicht rein
             formale Prüfung.

2   **Petitum des A**

2.1   Verfassungsmäßigkeit der Ablehnung einer Kostenerstattung?

             § 18 I PartG sieht nur Wahlkampfkostenerstattung für Parteien, nicht
             auch für unabhängige Wahlkreisbewerber vor; Vorschrift wegen ein-
             deutigen Wortlautes nicht analog anwendbar. – Verstoß gegen Wahl-
             gleichheit (Art. 38 I 1)?

             Daß A auf Landesliste der P-Partei auftrat (zulässig: arg. § 27 III
             BWahlG) und von ihr gewisse tatsächliche Wahlkreishilfe erhielt,
             ändert – da er parteilos blieb und auch nicht als Wahlkreiskandidat
             der P-Partei auftrat - nichts an seiner bewerbungsmäßigen Unabhän-
             gigkeit.

2.1.1   Wahlgleichheit (Art. 38 I 1, als lex specialis zum allg. objektiven
             Gleichheitssatz) bezieht sich nicht nur auf aktives, sondern auch auf
             passives Wahlrecht (Art. 38 II), und nicht nur auf Wahlvorgang im
             engeren Sinne, sondern auch auf Wahlvorbereitung. Formale

Gleichbehandlungspflicht, die nur aus zwingendem Sondergrund durchbrochen werden kann.

2.1.2   Solcher Grund hier in Art. 21 GG gegeben?

Zwar hat GG Parteien als verfassungsnotwendige Instrumente für politische Willensbildung des Volkes anerkannt und zu verfassungsrechtlichen Einrichtungen erhoben. Aber Konsequenzen daraus hinsichtlich einer Monopolisierung jener Funktion bei Parteien nicht gezogen, sondern verfassungskräftig abgewehrt durch Art. 38 I 1 (Wahlfreiheit als Recht, auch parteiunabhängige Wahlvorschläge zu machen bzw. sich parteiunabhängig zur Wahl zu stellen) und Art. 38 I 2 (repräsentativer Status des Abg).

Wahlkampfkostenerstattung auch kein spezifisch parteigebundenes Instrument. Zwar historisch so entstanden als quasi Ersatz für verwehrte Parteienfinanzierung. Aber Wahlkampf wesensmäßig auf Wahlbewerbung als solche gemünzt, die auch von unabhängigen Kandidaten unternommen werden kann (»Wählergruppenkandidat«, §§ 18 I, 20 III, 48 II 1 BWahlG).

Ergebnis: Nichtgewährte Kostenerstattung für A verfassungswidrig.

2.2   Prozessuale Möglichkeiten des A

Erstattung festsetzende Stelle (»Behörde«) der BT-Präs, § 19 PartG. Sein ablehnender Bescheid ein belastender VA, dessen Beseitigung und zugleich kostenerstattende Ersetzung durch Verpflichtungsklage im VwRWeg erstritten werden kann. Gegen letztinstanzliche Entscheidung dann ggfs. Verfassungsbeschwerde nach Art. 93 I Nr. 4a GG (Bewerber um ein Mandat noch nicht staatsorganschaftliche Größe wie Mandatsinhaber).

Positive, kostenerstattende Verfügung des BT-Präs allerdings erst nach Schaffung entspr. RGrundlage im PartG möglich (die verfassungsrechtlich aufgegeben ist), zumal § 23 III PartG solchen Bescheid an Voraussetzungen bindet, die für Einzelbewerber (noch) nicht aktualisiert sind. Erst bei verzögerlicher Behandlung durch Gesetzgeber notfalls derogierende Selbstfestsetzung durch Gericht.

zum Fall insgesamt: *Versteyl*, Der unabhängige Kandidat bei der Bundestagswahl, in: ZParl 6 (1975), 350 ff.; *Sendler*, Abhängigkeiten der unabhängigen Abgeordneten, in: NJW 1985, 1425 ff.

zu 1.1: BVerfG, U. v. 3.12.1968, E 24, 300 ff. (insb. 347 ff.).

zu 2.1: BVerfG, B. v. 9.3.1976, E 41, 399 ff.; BVerwG, U. v. 16.3.1973, E 44, 187 ff.

Lösungsskizze 22

1   **Verhängung eines Strafgeldes bei entsprechender Satzungsvorschrift**

1.1   Formelle Gültigkeit

1.1.1   Partei regelmäßig nichtrechtsfähiger, zivilrechtlicher Verein (§§ 2 I, 3 PartG, 21, 54 BGB), inkorporiert in Verfassungsgefüge. Regelung des Eigenbereichs aufgrund Vereinsautonomie durch Satzung (§§ 25, 54.1 BGB, 6 PartG). Mitglieder als (wichtigster) Teil dieses Bereichs den entsprechenden Normen unterworfen.

1.1.2   Typischer Satzungsinhalt Regelungen zur Aufrechterhaltung der inneren Ordnung und einheitlichen Handlungsfähigkeit nebst entspr. Sanktionsvorschriften (»Vereinsstrafen«). Für Parteien solche Bestimmungen Pflicht: § 6 II Nr. 4, 10 III PartG. Verhängung von Strafgeld dabei gängige und zulässige Strafart.

1.2   Materielle Rechtskonformität

Vereinsstrafe wegen abweichenden Stimmverhaltens eines Mitgliedes als BT-Abg Verstoß gegen Art. 38 I 2 GG?

1.2.1   Art. 38 I 2 im Verfassungsstaat des GG nicht isoliert zu sehen, in unversöhnlicher Antinomie zu Art. 21 I. Vielmehr beide Bereiche systematisch miteinander verknüpft; 38 I 2 als notwendiges Korrelat des Parteienstaates und Art. 21 I als organische Begrenzung einer absoluten Mandatsfreiheit i.S.d. Honoratiorenparlamentarismus.

Beeinflussung des Abg durch Partei und Fraktion i.Grds. durchaus verfassungskonform, aber totale Ausgestaltung in Form zwangsweiser Einbindungsmechanismen (Ausschaltung der Letztentscheidung des einzelnen) verwehrt.

1.2.2   Drohende Geldstrafe für abw. Verhalten A's ist geeignet, den Abg gegen seine Überzeugung der Mehrheitsmeinung folgen zu lassen. Finanzieller Druck als Möglichkeit des Abhängigwerdens von Verfassung für erheblich erachtet: Art. 48 III 1 GG. Strafnorm insoweit mehr als eine bloß »moralische« Unterstreichung an sich zulässigen Einbindungsanliegens. Daß Abg sich der Geldstrafe durch Parteiaustritt entziehen könnte, nicht ausschlaggebend, da Parteienzugehörigkeit für allgemeine AbgStellung i.d.R. gerade von eminenter

Bedeutung (insb. bei A als Listen-Abg). Prüfung muß daher auf der Basis einer fortbestehenden Parteimitgliedschaft erfolgen.

Ergebnis: Strafgeldbestimmung für abweichendes AbgVerhalten verfassungswidrig und ergo unanwendbar.

2 Partei- und/oder Fraktionsausschluß möglich?

2.1 Der verfahrensmäßigen Möglichkeit nach Parteiausschluß grds. zulässig (nach satzungsmäßiger Festlegung): §§ 6 II Nr. 4, 10 III - V PartG.

Aber auch inhaltlich als Sanktion für abweichendes Verhalten?

Voraussetzung: schwerer Schaden für die Partei (§ 10 IV PartG). Einen solchen wird man wegen Art. 38 I 2 GG in abweichendem AbgVerhalten regelmäßig nicht sehen können; nur bei besonderem Präzedenzfall oder in Frage von überragender Grundsätzlichkeit wäre dadurch schwere Parteischädigung denkbar.

Parteizugehörigkeit für rechtl. AbgStatus zwar gewiß nicht essentiell. Faktisch jedoch für den einzelnen Abg von großer Wichtigkeit, es sei denn, er hat sich innerlich bereits soweit von Partei losgelöst, daß abweichendes Stimmverhalten nur Ausdruck seiner allgemeinen Desintegration war.

Ergebnis: Nur bei Attestierung solcher Ausnahmesituation wäre Parteiausschluß im Falle A's rechtlich akzeptabel.

2.2 Fraktionsausschluß

2.2.1 Fraktion als Vereinigung von (wenn auch parteigleichen) Mandatsträgern formalrechtlich prinzipiell eigenständig gegenüber Partei. Da fraktioneller Zusammenschluß aufgrund gemeinsamer Anschauungen und zu gemeinsamer Parlamentsarbeit, Ausschluß grds. zulässig, wenn Gemeinsamkeitsbasis zu einem bestimmten Mitglied durch Vertrauensschwund zerstört ist. Fraktionszugehörigkeit für Abg wohl auch i.S. von Art. 48 II 1 GG (Mandats-Vollbestand) nicht essentiell, da seine Statusrechte dem Abg unabhängig davon zustehen. (Allerdings Voraussetzung, daß Parlament die AbgRechte nicht tatsächlich durch GeschORegelung nahezu lückenlos von fraktioneller Formierung abhängig macht).

2.2.2   Auch hier aber Bedenken gegen einen Ausschluß aufgrund konkre-
             ten, einzelnen Stimmverhaltens. Hier würden die Möglichkeiten,
             einen Abg trotz bei ihm weiterhin sachlich vorhandener großer
             Bedenken durch Solidaritätsappelle, eindringliche Hinweise auf
             Geschlossenheitsnotwendigkeit etc. vielleicht doch noch argumen-
             tativ umzustimmen (»Fraktionsdisziplin«) verlassen und Mittel der
             Willensbeugung angewendet (»Fraktionszwang«), weil die sonst
             verlustig zu gehen drohende Fraktionszugehörigkeit für Abg fak-
             tisch von eminenter Wichtigkeit ist. Allein, wenn konkretes Ab-
             weichverhalten nurmehr das ›letzte Glied‹ in einer Kette
             wachsender Gegenläufigkeiten ist und damit nun der endgültige
             Bruch der gemeinsamen Vertrauensbasis quasi besiegelt wird, er-
             schiene Fraktionsausschluß tolerabel (a.A. vertretbar).

3   **Verpflichtungserklärung zur Mandatsniederlegung**

             Als direkte Verzichtserklärung unverwertbar: § 46 III BWahlG

             Derartige Erklärung, da Mandats-«Grundverhältnis« betreffend,
             kompromißlos an Art. 38 I 2 GG zu messen: nur sofern entspr. Be-
             kundung für konkreten Fall der wirklich inneren Überzeugung des
             Abg entspricht, kann daraus wirksame Mandatsniederlegung fol-
             gen; dazu bedarf es aber immer einer aktuell-konkreten Willensäu-
             ßerung des A, und sei es nur als eine authentische Bekräftigung des
             seinerzeit abstrakt für richtig Gehaltenen.

             Da alles andere gegen Art. 38 I 2 GG verstieße, könnte Partei auch
             eine Einlösung der damaligen Verpflichtung wegen § 134 BGB
             nicht einklagen.

Ergebnis: Verpflichtungserklärung ohne eigenständige Rechtsgültigkeit
             (wirksam insoweit höchstens als eine »moralische Erinnerung«).

             zum Fall insgesamt: *Kürschner*, Rechtliche Qualifikation von Frak-
             tions-Geschäftsordnungen und Auswirkung von Verstößen, in:
             DÖV 1995, 16 ff.

             zu 1.2: FDP-Landesschiedsgericht Berlin, U. v. 3.3.1982, NVwZ
             1983, 439; dazu: *Henke*, Gerichtsentscheidungen zum Parteien-
             recht, in: NVwZ 1983, 397.

             zu 2: Nds StGH, U. v. 5.6.1985, DÖV 1985, 676; OVG Münster, B.
             v. 21.11.1988, NJW 1989, 1105; VGH München, U. v. 9.3.1988,
             NJW 1988, 2754; VGH Kassel, B. v. 13.12.1989, NVwZ 1990, 391;

Weber/Eschmann, Der praktische Fall/öff. R.: Der eigenwillige Abgeordnete, in: JuS 1990, 659 ff.; *Schmidt-Jortzig/Hansen*, Rechtsschutz gegen Fraktionsausschlüsse im Gemeinderat, in: NVwZ 1994, 116 ff.; *Erdmann*, Der Fraktionsausschluß im Gemeinderecht und seine Auswirkungen, in: DÖV 1988,907 ff.

zu 2.2.1: StGH Bremen, E. v. 13.7.1969, DÖV 1970, 639 ff.; VG Schleswig, B. v. 1.3.1977, SchlHAnz. 1977, 105, mit Rezension *Zuleeg*, in: JuS 1978, 240 ff.

zu 3: LG Braunschweig, U. v. 8.4.1970, DVBl. 1970, 591 = JuS 1970, 533, Nr. 3.

Lösungsskizze 23

1 Verfassungsmäßigkeit des Gesetzentwurfes

1.1 Formelle Verfassungskonformität

Gesetzgebungskompetenz besteht nach Art. 38 III GG (als eine Form der ausschließlichen Bundeszuständigkeit nach Art. 71 GG).

Entwurfs-Einbringung: Initiativrecht »aus der Mitte des Bundestages« (Art. 76 I GG). Konkretisierung in §§ 75 I lit. a, 76 I i.V.m. 10 GeschOBT: In Fraktionsstärke = 5 % von 656 = 33. Voraussetzung hier erfüllt.

1.2 Materielle Verfassungskonformität: Frage eines Verstoßes gegen Art. 38 I 2 GG

Wegen offensichtlich unterschiedlicher Beurteilungsnotwendigkeit ist Differenzierung nach der Art des ›Ausscheidens‹ angebracht: »Ausschluß« als erzwungenes ›Ausscheiden‹ sowie »Austritt« als freiwilliges ›Ausscheiden‹.

1.2.1 Mandatsverlust bei Partei*ausschluß* verfassungsmäßig?

1.2.1.1 Ausschluß nach § 10 IV PartG wegen bestimmter schwerer Verstöße gegen die Parteiinteressen verfügbar. Entscheidende Instanz sind die Parteischiedsgerichte nach § 14 PartG. Deren abschließende Entscheidung kann im ordentlichen Gerichtsweg zur Überprüfung gestellt werden.

1.2.1.2 Bei an Parteiausschluß gekoppeltem Mandatsverlust würde mithin ein Parteiorgan über Beibehaltung oder Verlust des Mandates entscheiden. Eine (für wie ausschlaggebend auch immer angesetzte) Gewissensäußerung des Mandatsinhabers kommt in diesem Kausalablauf nicht vor. Die Vorgabe des Art. 38 I 2 GG wird daher völlig ausgeschaltet, so daß sich Überlegungen über eine Modifizierbarkeit der Norm erübrigen. Die Gesetzesregelung ist insoweit wegen Verstoßes gegen Art. 38 I 2 GG verfassungswidrig.

Im übrigen auch Verletzung der Wahlunmittelbarkeit (Art. 38 I 1 GG), wenn Partei mit ihrem Beschluß über Mandatsende entscheidet.

1.2.2   Mandatsverlust bei Partei*austritt* verfassungsmäßig?

        Hier ist jedenfalls eine eigenständige Gewissensentscheidung des Abg (Austrittsentschluß) maßgeblich.

1.2.2.1   Die Verbürgung des »freien Mandats« (Art. 38 I 2 GG) wird von der Verfassung nicht in beziehungsloser Absolutheit gegeben. Da nach Art. 21 I GG zugleich die Parteienstaatlichkeit als ein Strukturprinzip des Regierungssystems bestimmt ist, wird die Mandatsfreiheit von dorther in vielfacher Weise bedingt: Art. 38 I 2 und 21 I GG modifizieren und prägen sich gegenseitig.

        Ergo: grundsätzlich gewisse Einflußnahme der Parteien auf Mandatsausübung nicht verwehrt.

        Wie weit diese Begrenzung im Einzelfall gehen kann, erfordert eingehende Konkretisierung und Abwägung.

1.2.2.2   Anhalte aus bestehender Gesetzeslage?

        § 46 I Nr. 5 sowie IV 1 BWahlG knüpfen zwar Mandatsbestand über die AbgMitgliedschaft in einer bestimmten Partei an deren Schicksal. Hieraus weitergehende Schlüsse zu ziehen, verbietet sich aber, weil die Vorschrift offenbar Ausnahmeregelung für den parlamentarischen Extremfall darstellt.

        Da ein Wahlbewerber eben noch nicht Mandatsinhaber ist, kann auch aus § 48 I 2 BWahlG kein Argument für die Verfassungsmäßigkeit der vorliegenden Bestimmung gewonnen werden.

        Und soweit man in § 3 GeschO GemsAussch eine vergleichbare Konstellation erblicken mag (Aneinanderbindung von Ausschußmitgliedschaft und Fraktionszugehörigkeit), scheitert eine argumentative Verallgemeinerung daran, daß diese Verknüpfung eben ausdrücklich im GG selbst angelegt wurde: Art. 53a I 2.

1.2.2.3   Zulässigkeit einer Mandatsbeendigungsautomatik bei Parteiaustritt daher durch prinzipielle Gegeneinanderabwägung der beiderseitigen Bedeutungsgewichte zu ermitteln.

        Stichworte für *Verfassungsmäßigkeit* einer entspr. Regelung (Art. 21 I GG hat insoweit die überlegene Normativkraft):

Abg werden realiter als Parteimitglieder, nicht als Einzelpersönlichkeiten gewählt: Das verlangt Respekt vor dieser Entscheidung des Wählers (»Wählerwille«) - Art. 38 I 2 GG praktisch durch parteienbestimmte Realität überholt – innere Unabhängigkeit des Abg bleibt durch selbstgefaßte Austrittsentscheidung unberührt – Möglichkeit abweichender Positionsartikulierung bleibt für Abg durch innerparteiliche Demokratie gewahrt.

Stichworte für *Verfassungswidrigkeit* (Art. 38 I 2 GG bleibt insoweit die maßgebendere Strukturierung):

Auch die Parteien profilieren sich dem Wähler gegenüber nur durch das Verhalten ihrer führenden Mitglieder, also der Abg – der imaginäre »Wählerwille« kann auch durch einen neuen Parteikurs verlassen werden – drohende Sanktion des Mandatsverlustes würde nicht die innere Parteigeschlossenheit stärken, sondern nur das öffentliche Konsequenzziehen aus einem bestehenden Meinungsdissens verhindern – das Mandat verlöre seine Eignung als Mittel zu innerparteilicher Diskussionserzwingung – das repräsentationszentrale Moment einer offenen, autonom-kritischen Entscheidungshaltung der Abg würde tendenziell unterdrückt.

Ergebnis: Entscheidung des Bemühens der Sinnausfiltrierung je nach Argumentationsabwägung; stärkere Gewichte dabei wohl für Verfassungswidrigkeit auch dieser Regelungsvariante. (Unzulässig jedenfalls, für Entscheidung zwischen listengewählten und direktgewählten Abg zu unterscheiden: Verfassung kennt solche Statusdifferenzierung nicht)

2   **Prozessuale Möglichkeiten der A-Fraktion**

2.1   Dem Gegenstand nach kämen als Verfahren in Frage:

Abstrakte Normenkontrolle nach Art. 93 I Nr. 2 GG, §§ 76 ff. BVerfGG (Antragsberechtigung 1/3 der BTMitglieder = 219 Abg wäre gegeben)

oder sowohl für Partei als auch für Fraktion (beide »andere Beteiligte« i.S.d. Vorschrift) *Organstreit* nach Art. 93 I Nr. 1 GG, §§ 63 ff. BVerfGG.

Antragsgegner wäre jedenfalls der (ganze) BT als die gesetzesbeschließende Instanz.

2.2   Für beide Verfahrensarten ist die fragliche Regelung jedoch noch nicht als Streitgegenstand hinreichend materialisiert. Da die vorgesehene Normierung sich erst im Stadium des Gesetzentwurfes befindet, liegt i.S.d. abstrakten Normenkontrolle noch kein angreifbares (Bundes- oder Landes-)»Recht« oder i.S.d. Organstreites noch keine unmittelbar beeinträchtigende »Maßnahme« vor.

Eine vorbeugende Klage ist nach dem BVerfGG unzulässig.

Ergebnis: Antrag zum BVerfG im gegenwärtigen Stadium unzulässig, die A-Fraktion muß bis zur Gesetzesverabschiedung warten.

zum Fall insgesamt: *J. Ipsen*, Staatsrecht I (Staatsorganisationsrecht), 7. Aufl. (1995), Rdn. 237 ff.

zu 1: *Schröder*, Die Abhängigkeit des Mandats von der Parteizugehörigkeit, in: ZRP 1971, 97 ff.; *Siegfried*, Mandatsverlust bei Parteiausschluß, Parteiaustritt und Parteiwechsel, in: ZRP 1971, 9.

zu 1.2.2.3: zusammenfassend und m.w.N. *Kürschner*, Die Statusrechte des fraktionslosen Abgeordneten (1984), S. 72 ff.; *Kisker*, Fälle zum Staatsorganisationsrecht (1985), Fall 2, S. 14 ff.; für die Gegenansicht *Kriele*, Mandatsverlust bei Parteiwechsel?, in: ZRP 1969, 241 und 1971, 99.

Lösungsskizze 24

1 **Verfassungsrechtliche Bedenken gegen die Gesetzesnovelle**

Daß Regierungsmitglieder zugleich BT-Abg sind (»Ministerabgeordnete«), ist im parl. RegSystem aufgrund Gewaltenteilung konturierendem Verfassungsgewohnheitsrecht rechtskonform.

Möglicher Verstoß gegen einen der Wahlrechtsgrundsätze des Art. 38 I 1 GG bezüglich Mandats des Nachberufenen, soweit jenes durch Entscheidung des MinAbg entstehen und wieder erlöschen kann.

1.1 »Gleichheit« der Wahl (lex specialis gegenüber allgemeinem Gleichheitssatz des Art. 3 I GG): gegeben, wenn jede Stimme gleichwertiges Gewicht und dieselbe Chance hat. Zählwertgleichheit – Erfolgswertgleichheit.

Die unbedingte Zählwertgleichheit hier nicht beeinträchtigt.

In der Verhältniswahl dagegen bei Erfolgswert aus vernünftigem Grund begrenzte Stimmendifferenzierung nicht ausgeschlossen.

Hier aber: Wer die Liste einer sich an der Regierung beteiligenden Partei wählt, kommt dadurch, daß ein nach dem Wahlergebnis an sich nicht berufener Listenkandidat doch noch ein Mandat erwerben kann, nicht doppelt zum Zuge. Denn Vorberufener scheidet zugleich aus.

1.2 »Unmittelbarkeit« der Wahl: dann gegeben, wenn keine dritte Willensentscheidung zwischen Wähler und Mandatsgewinn des konkreten Kandidaten tritt.

Hier entscheidet über Entstehen und Erlöschen des Mandats des Ersatzabg der vorberufene MinAbg. Zwar hinsichtlich Mandatsentstehen unbedenklich, soweit Vorberufener endgültig als Abg ausscheidet (arg.: Ablehnung und Verzicht nach §§ 45, 46 I 4, 48 I 1 BWahlG). Hier kann aber MinAbg. das Ersatzmandat auch zum Erlöschen und sein eigenes zum Wiederaufleben bringen.

Außerdem fällt potentiell Nachberufener bei Ablehnung auch für normales Nachrücken aus (»§ 47a III«). Dadurch die erforderliche

Unveränderbarkeit der (abstrakten) Erfolgschancen des konkreten Listenbewerbers nicht mehr gewährleistet.

Ergebnis: Verstoß gegen Unmittelbarkeit der Wahl.

2   **Möglicher Verstoß gegen »Abgeordnetengleichheit«**

Aspekt des objektiven Gleichheitssatzes aus Art. 3 I GG, aber auch aus Art. 38 I 1 GG entwickelbar.

2.1   Nur die Abg einer Regierungspartei haben Möglichkeit des Mandatsruhens (– keine Frage der Parteiengleichheit, 21 I GG, weil nicht Partei direkt berührt –).

Absolute Gleichheit aus »vernünftigem, sich aus der Natur der Sache ergebendem oder sonstwie einleuchtendem Grund« modifizierbar. Das Anliegen, auch einer kleinen Partei die faktisch gleiche Möglichkeit einzuräumen, einen Abg in die Regierung eintreten und damit praktisch für die Fraktionsarbeit ausfallen zu lassen, kann im parl. RegSystem als solch »vernünftiger Grund« angesehen werden (Topos der ›Arbeitsfähigkeit der Fraktionen‹ und damit des Parlaments schlechthin).

2.2   Ein MinAbg ist bei Nichtausübenwollen seines Mandats besser gestellt als der ›normale‹ Abg. Auch dafür indes evtl. die Bedürfnisse des parteienstaatlichen parl. RegSystem als »vernünftiger Grund« akzeptierbar.

2.3   Der ErsatzAbg ist im (Fort)Bestand seines Mandats nicht so gestellt (nicht so abgesichert), wie die anderen Mandatsträger.

Aus dieser Perspektive scheinen die Bedürfnisse des parteienstaatlichen parl. RegSystems einen ›vernünftigen Differenzierungsgrund‹ weniger überzeugend abzugeben.

Ergebnis: Wohl verfassungswidrig, a.A. vertretbar.

3   **Verstoß gegen Freies Mandat (38 I 2 GG)**

Der nachgerückte Abg ist in seinen Entscheidungen nicht frei,

a) wenn die Unsicherheit über den Fortbestand seines Mandats eine weitergespannte als die rein gegenwärtige Entscheidungsperspektive bei Sachfragen nicht zuläßt,

b) wenn er befürchten muß, bei einem Unliebsam-werden durch (evtl. parteiraisongesteuerte) Wiederaufnahmeerklärung des MinAbg das Mandat verlieren zu können. Mandatsausübung behindert, Art. 48 II GG.

Im übrigen notwendige Befangenheit bei Abstimmung über Vertrauensantrag der Regierung, weil Ablehnung Mandat kosten kann.

Eine dem Art. 38 I 2 GG gleichrangige Verfassungsbestimmung, die solche Beeinträchtigung der Mandatsfreiheit rechtfertigen könnte, ist nicht ersichtlich (parl. RegSystem und damit grundgesetzverwirklichte Demokratie kaum).

Ergebnis: Gesetzesnovelle verstieße auch gegen das freie Mandat. Die Regelungsabsicht könnte nur im Wege einer Verfassungsänderung realisiert werden.

zum Fall insgesamt: *Nell*, »Ruhendes Mandat« als Verfassungsproblem, in: JZ 1975, 519 ff.;   *Lohmeier*, »Ruhendes Mandat« und Verfassung, in: DVBl. 1977, 405 ff.; *Dress*, Das ruhende Mandat. Entstehung, Erscheinungsform und verfassungsrechtliche Problematik eines Instituts des ParlamentsR (1985); *Heyen*, Zur immanenten Grenze der Gewissensfreiheit beim Mandatsverzicht, in: DÖV 1985, 772-775.

zu 1.1: BVerfG, U. v. 5.4.1952, E 1, 208 (247); U. v. 11.8.1954, E 4, 31 (39).

Lösungsskizze 25

1   **Verfassungsmäßigkeit des BKa-Handelns**

         Gegeben, wenn es mit den Grundgesetzvorschriften übereinstimmt.

1.1   Vorgehen im Kabinett

1.1.1   Zwar hat BKa die Richtlinienkompetenz (Art. 65.1 GG).

         »Richtlinien der Politik« sind die grundsätzlichen und richtungs-
         weisenden Entscheidungen über die Führung der Regierungsge-
         schäfte. Sie können sachlich auch bis zur letztverbindlichen
         Entscheidung in Einzelfragen gehen (deren konkrete Durchführung
         aber dem betreffenden Ministerressort vorbehalten bleibt).

         Auch wenn die Richtlinien der Politik die Minister in ihrem Ge-
         schäftsbereich binden, sind sie keine Rechtssätze.

1.1.2   Der generellen Richtlinienkompetenz des BKa steht jedoch für das
         Beschließen von Gesetzesentwürfen nach Art. 76 I GG die Kollegi-
         alkompetenz der Bundesregierung gegenüber.

         Die Einbringungszuständigkeit schließt die Zuständigkeit zur Ent-
         scheidung über die Vorlage mit ein. Da »die Bundesregierung« aus
         dem Kanzler und den Ministern besteht (Art. 62 GG), ist mit ihr im
         GG das Kollegium gemeint. Folglich Kollegialbeschluß über die
         Gesetzesvorlage notwendig; bestätigend § 15 I lit. a GeschOBReg.

1.1.3   Selbst wenn Kabinettsmitglieder bei Kollegialentscheid an die
         Richtlinien gebunden wären, würde richtlinienwidriger Kabinetts-
         beschluß nicht nichtig, sondern voll rechtswirksam sein. Im übrigen
         steht BKa bei Kabinettskompetenzen dem Kollegium nicht gegen-
         über, sondern ist dessen Mitglied (Art. 62 GG). Und schließlich
         würde Bestimmung eines Kollegialobjektes zum Gegenstand der
         Richtlinien die Kollegialzuständigkeit tatsächlich entleeren, was
         nach dem »Grundsatz der Ausschließlichkeit von Zuständigkeiten«
         intolerabel ist.

         BKa kann daher den Entscheid über die Gesetzesvorlage nicht durch
         Richtlinienkompetenz überspielen. Die Feststellung, der Einbrin-
         gungsbeschluß sei durch den Richtlinienentscheid des BKa nun »als
         einstimmig beschlossen anzusehen«, ist rechtswidrig.

1.2   Entlassungsantrag beim BPräs

Nach Art. 64 I GG werden die Bundesminister auf Vorschlag des
BKa vom BPräs ernannt und entlassen. Für seine entsprechenden
»Vorschläge« braucht der BKa keinerlei Begründung zu liefern; sie
sind zulässig allein aus seinem politischen Gutdünken, für welches
er immerhin auch die parlamentarische Verantwortung trägt.

2   **Verfassungsmäßigkeit des Handelns des BPräs**

Liegt vor, wenn den GG-Vorschriften entsprechend.

2.1   Daß der BPräs für die Entlassung der Minister zuständig ist, bestimmt Art. 64 I GG. Freilich nicht strikte Formulierung »ist zu ernennen« oder »muß ernennen« wie in Art. 63 II 2, IV 2 GG (s. aber
auch Parallele zu Art. 63 I GG »wird gewählt«).

2.2   Materielle Mitwirkung oder nur Formalakt?

2.2.1   Prüfungskompetenz

Daß der BPräs eigene Erwägungen zum Entlassungsvorschlag anstellen darf, folgt bereits aus seiner Moderierungs- und Ausgleichs-
funktion. Selbst bei der Kanzlerwahl nach Art. 63 GG steht ihm
maßgebende Sondierung im Vorfeld zu. So sehr GG den BPräs von
förmlichen politischen Rechten und Verantwortlichkeiten ausnimmt, so sehr setzt es offenbar auf seine ausgleichende Tätigkeit
(»pouvoir neutre«). Auch Amtsgewicht seiner Tätigkeit.

Die zulässigen Überprüfungserwägungen des BPräs erstrecken sich
dabei auf alle Aspekte der vorgeschlagenen Entlassung, d.h. auf die
rechtlichen wie die politischen.

2.2.2   Verwerfungskomptenz

2.2.2.1   Kein Argument dafür läßt sich aus der Eidesformel des Art. 56 GG
herleiten (»Nutzen mehren«, »Schaden abwenden«). Der Amtseid
ist nur promissorisch, d.h. er verspricht etwas in feierlicher Form,
was dem BPräs ohnehin obliegt. Er ist nicht assertorisch (asserere =
zusprechen), d.h. dem Schwörenden konstitutiv etwas zuweisend.

2.2.2.2   Systematischer Zusammenhang mit Art. 63 GG

Wenn dem BPräs schon für die Person des BKa kein Zustimmungsrecht gegeben ist, kann ihm dies erst recht nicht bezüglich der Bundesminister gewährt werden. Vetorecht könnte dem BKa die Regierungsbildung erheblich erschweren, ja unmöglich machen.

2.2.2.3   Richtlinien der Politik bestimmt der BKa (Art. 65.1 GG). Sachliche Elemente des Politprogrammes werden durch dessen personelle Elemente erst Wirklichkeit. Daher politische Alleinbestimmung der ministeriellen Mitarbeiter schon Konsequenz der Richtlinienkompetenz.

Im übrigen trägt BKa auch die volle politische Verantwortung für das Wirken der Regierung (Art. 65.1, 67 I GG). Diese Verantwortung würde unmöglich gemacht, wenn dritte Instanz eigene Befugnisse bei der Regierungsbildung hätte.

2.2.2.4   Die Gesamtstellung des BPräs im GG spricht gegen eine Verwerfungskompetenz. Er ist politisch weitgehend neutralisiert, soll vermitteln und ausgleichen und fungiert höchstens noch als Bewahrer der Verfassungsmäßigkeit des politischen Geschehens.

Insoweit als Bewacher der Verfassung ist aber auch BPräs gem. Art. 1 III, 20 III GG an Grundrechte, Gesetz und Recht gebunden. Eine Verwerfungskompetenz/-pflicht kommt ihm deshalb nur bezüglich der Rechtmäßigkeitsvoraussetzungen einer Ministerentlassung zu. Rechtliche Bedenken bestehen hier jedoch nicht, lt. Sachverhalt hat BPräs einzig politisch wertende Einwände.

Ergebnis: BPräs durfte Entlassung nicht verweigern.

2.2.3   BKa könnte die Entlassung des M beim BPräs erzwingen durch Klage beim BVerfG im Verfassungsorganstreit nach Art. 93 I Nr. 1 GG.

3   **Verfassungsgerichtliche Nachprüfung durch M?**

3.1   Eine Verfassungsbeschwerde (Art. 93 I Nr. 4a GG) des M mit der Behauptung, er werde durch die Entlassung in seinen Grundrechten nach Art. 12 I, 5 I, 2 I GG verletzt, scheidet aus, weil M sich nicht in seiner »Jedermann«-Position unrecht behandelt sieht, sondern als Minister. Als solcher war er Teil des Staatsorganes BReg, d.h. Funktionsträger des Staates. Als solcher kann er nicht Grundrechte gegen eben diesen Staat innehaben.

151

3.2   Für das Petitum des M kommt daher nur der Verfassungsorganstreit nach Art. 93 I Nr. 1 GG, §§ 63 ff. BVerfGG in Frage.

3.2.1   Ein Minister ist ein durch das GG mit eigenen Rechten ausgestatteter »anderer Beteiligter« (Teil eines obersten Bundesorganes). M streitet um den Fortbestand seines Status als Bundesminister bzw. gegen dessen rechtswidrige Beeinträchtigungen. Ihm geht es mithin um seine organschaftliche Eigenschaft als staatlicher Funktionsträger.

3.2.2   Gem. § 63 BVerfGG ist M antragsbefugt.

                Entsprechend § 64 I BVerfGG müßte er geltend machen können, durch die Entlassung in seinen vom GG zugewiesenen Organschaftsrechten verletzt zu werden. Als möglicherweise mißachtete Vorschriften des GG kämen Art. 62, 64 I GG in Frage.

Ergebnis: Aussicht auf Erfolg wird dieser Organstreit für M jedoch nicht eröffnen. Seine Entlassung mag politisch bedenklich sein, ist jedoch nicht (verfassungs)rechtswidrig.

                zu 1.1.1: *Oldiges*, Die Bundesregierung als Kollegium (1983), S. 455; *Maurer*, Die Richtlinienkompetenz des Bundeskanzlers, in: FS für Thieme (1993), (Hrsg. Bull/Becker/Seewald), S. 123 ff.

                zu 1.1.3: *Rauschning*, Die Sicherung der Beachtung von Verfassungsrecht (1969), S. 120 ff.

                zu 3.1: BVerfG, B. v. 14.12.1976, E 43, 142 (148 f.); B. v. 8.7.1982, E 61, 82 (100 ff.) (»Sasbach«); *Benda/Klein*, Lehrbuch des Verfassungsprozeßrechts (1991), Rdn. 361 ff.

Lösungsskizze 26

1 Verfassungswidrigkeit der Koalitionsvereinbarung

1.1 Rechtsnatur der Koalitionsvereinbarung

Für Annahme eines verfassungs-, verwaltungs- oder bürgerlich-rechtlichen Vertrages wäre rechtlicher Verpflichtungswille der sich vereinbarenden Seiten Voraussetzung. Davon aber kann trotz des von Verfassungsnormen geregelten Zielbereiches der Vereinbarungen kaum ausgegangen werden. Zwar folgt dies nicht schon aus der mangelnden Einklagbarkeit solcher Abkommen, denn immerhin könnte es sich dabei rechtlich um eine Art Naturalobligation handeln. Die Vereinbarungspartner (bei genauer Sicht: die betr. politischen Parteien) stellen jedoch ihre Abrede von vornherein unter den Vorbehalt, die beschlossene Koalition nach den Gesichtspunkten des ihnen politisch geboten Erscheinenden wieder zu lösen, ohne deshalb rechtliche Sanktionen (z.B. Schadensersatz) oder den gravierenden Vorwurf einer Rechtsverletzung fürchten zu müssen.

Ergo Koalitionsvereinbarung nur eine politische Absprache (von hochrangigem, politisch grundsätzlichem Gewicht).

Diese darf freilich gleichwohl nicht gegen zwingende Normierungen des GG verstoßen. Eine Verletzung der Verfassung machte sie nicht nur politisch inopportun, sondern unmittelbar nichtig, da die Vereinbarungspartner wie alle kompetentiell am Verfassungsleben Beteiligten umfassend (d.h. ohne Akzeptierbarkeit eines davon freien Organ-Funktionsbereiches) an die Verfassung gebunden sind: Art. 1 III, 20 III GG.

1.2 Verfassungsmäßigkeit der einzelnen Vereinbarungspunkte

1.2.1 Festlegung der personellen und ressortmäßigen Regierungsbildung

Grundsätzlich fallen Ministerberufung und Ressortfestsetzung (»Materielles Kabinettsbildungsrecht«) in die Organisationsgewalt des BKa: Art. 64 I GG.

Da BKa die politische Verantwortung für die Regierungstätigkeit trägt (arg. Art. 65.1 + 4), für seine Wahl (Art. 63 I) sowie den Fortbestand seiner Regierung (Art. 67, 68 GG), aber der Mehrheitsunterstützung im BT bedarf, legitimiert das GG auch die zur Erreichung dieser Voraussetzung notwendigen politischen Absprachen. Die betr. Koalitionsvereinbarungen machen dem Kanzler das Regierungsbildungsrecht juristisch nicht streitig. Sie legen nur die darauf bezogenen Bedingungen der politischen Vertrauensbasis fest. Der Kanzler kann seine Regierung ohne weiteres davon abweichend zusammenstellen, setzt damit dann aber seine Unterstützungsmehrheit im BT aufs Spiel.

Ergo: Die Festlegung der Koalitionsabsprache verletzt Art. 64 I GG nicht.

1.2.2   Bestimmung eines Rücktrittszeitpunktes für den BKa

1.2.2.1   Die Angebrachtheit eines eventuellen Rücktrittes unterliegt innerhalb seiner politischen Verantwortung der eigenen, freien Entscheidung des BKa. Sollte diese Maßgeblichkeit zugunsten irgendeiner Ablaufautomatik beseitigt werden, liegt Verfassungswidrigkeit vor.

Die Urkunde mit dem versprochenen Rücktritt hat jedoch keinerlei selbsttätige Rechtswirkung, so daß mit ihr etwa der Rücktritt des Kanzlers auch gegen seinen aktuellen Willen erreicht werden könnte (BKa muß Rücktritt immer selbst erklären: »unvertretbare« Handlung). Auch insofern stellt daher betr. Koalitionsabsprache für den BKa nur eine Gemahnung an die Konditionen seiner Mehrheitsbasis dar. Weigert er sich zurückzutreten, müssen die Koalitionsfraktionen – wenn sie ihn tatsächlich fortzwingen wollen – ein konstruktives Mißtrauensvotum zustandebringen (Art. 67 GG), was für sie immerhin politisch kaum ohne Probleme möglich sein wird.

Ergo: Kein Verstoß gegen alleinige Entscheidungszuständigkeit des BKa.

1.2.2.2   Umgehung des Art. 67 I 1 GG?

Nach der Verfassung ist eine drittveranlaßte Ablösung des Kanzlers nur im Wege des Art. 67 GG möglich (der Ablauf über Art. 68 I 1 GG verlangt zweimal entspr. Eigeninitiativen des Kanzler). Auch die Rücktrittsfestschreibung im Koalitionspapier schafft jedoch keine zusätzliche Variante des »Kanzlersturzes«. Einerseits wird ein Ende der Kanzlerschaft aufgrund Rücktrittes von der Verfassung nicht verwehrt (kann gar nicht verwehrt werden), und andererseits ist es juristisch nicht möglich, einen Rücktritt des Kanzlers quasi an seinem eigenen Willen vorbei zu erreichen (s.o. 1.2.2.1).

1.2.3	Bildung eines Koalitionsausschusses

1.2.3.1   Soweit Koalitionsausschuß die Arbeit der Koalitionsfraktionen koordiniert und besonderen Kautelen unterwirft, bestehen verfassungsrechtliche Bedenken nur, falls damit bestimmte Fraktionsaktivitäten auch entgegen aktueller Zustimmung der fraktionsangehörigen Abg ablaufen sollen (Verstoß gegen Art. 38 I 2 GG). Argumentiert man, die Koalitionsvereinbarung stehe insoweit von vornherein unter dem Vorbehalt im Endeffekt freier Abgeordnetenentscheidung, wäre die betreffende Absprache unbedenklich. Sofern man hier jedoch eine zwingende Vorabfestlegung des Fraktionswillens sieht, gegen die sich ein Abg letztlich nur um den Preis eines Fraktionsausscheidens wehren kann, läge darin evtl. Verstoß gegen das »freie Mandat«.

1.2.3.2   Soweit Gesetzesvorhaben der BReg einer ›Zensur‹ durch den Koalitionsausschuß unterworfen werden, kommt zweierlei Verfassungswidrigkeit in Frage.

1.2.3.2.1   Verstoß gegen das Gewaltentrennungsprinzip, weil BReg (als Teil der »vollziehenden Gewalt«) insoweit in Abhängigkeit der Fraktionen (als Teile der Legislative) geriete?

Das Gewaltentrennungsprinzip ist jedoch kein apriorisches, starres (unmittelbar von Art. 20 II 2 GG vorgeschriebenes) Raster, sondern ein historisch gewachsener, erst von der jeweilig konkreten Verfassung spezifisch geformter Strukturgrundsatz. Namentlich etwa im Verhältnis Parlament/Regierung legt insoweit das GG eine besondere, mehr auf ein System der »checks and balances« hinauslaufende Verzahnung an (z.B. Kompatibilität von Regierungsamt und Abgeordnetenmandat). In diesem Rahmen könnte auch ein ›Harmonisierungsgremium‹ wie der Koalitionsausschuß tragbar sein (a.A. vertretbar).

1.2.3.2.2   Aber Verstoß gegen Art. 76 I Alt. 1, 65 GG?

Das Gesetzesinitiativrecht wird in Art. 76 I GG (neben anderen) ausdrücklich der BReg zugeschrieben, und diese Kompetenz ist eine reine Kollegialzuständigkeit i.S.d. Art. 65 GG (arg. § 15 I lit.a GeschOBReg). Die Maßgeblichkeit der Kabinettsentscheidung wird aber beschnitten, wenn Gesetzentwurf erst mit dem Placet des Koalitionsausschusses eingebracht werden darf. Insoweit nicht mehr nur indirekt-politische Inpflichtnahme der Regierungsmitglieder, sondern unmittelbar rechtswirksame Restriktion.

Ergebnis: Koalitionsvereinbarung ist nur in den Punkten 1 und 2 verfassungsmäßig.

2 **Ablösung des Y und Übernahme des Verteidigungsressorts durch BKa**

2.1 Materielles Kabinettsbildungsrecht liegt beim Kanzler: Art. 64 I GG. Er kann deshalb beim BPräs auch jederzeit um die Entlassung bestimmter Minister einkommen. Einer besonderen Begründung seitens des Kanzlers bedarf es dazu nicht (nur wo tatsächlich Grund angegeben wurde, muß er einer Nachprüfung standhalten).

Ergebnis: Entlassung des Y verfassungsrechtlich unbedenklich.

2.2 Bei der Kabinettsbildung unterliegt grundsätzlich auch die Ressortfestsetzung und -verteilung der Organisationsgewalt des BKa. Vorgaben dabei nur, sofern GG ausdrücklich bestimmte Strukturierung verlangt.

2.2.1 Nach der Verfassung muß es ein eigenes Ressort »Verteidigung« geben: Art. 65 a I GG (ebenso für ›Justiz‹: Art. 96 II 4, und für ›Finanzen‹: Art. 108 III 2, 112.1, 114 I GG). Eine organisatorische Verschmelzung des Verteidigungsministeriums mit anderen Ressorts (»Realunion«) wäre daher unzulässig.

Ein solches Vorgehen steht hier jedoch nicht in Rede.

2.2.2 Eine lediglich Vereinigung der politischen Führung verschiedener Ressorts in der Hand einer Person (»Personalunion«) ist hingegen – da an der eigenständigen Funktionserbringung nichts ändernd – grundsätzlich unbedenklich, selbst für verfassungsobligatorische Ministerien. Auch BKa selbst kann insoweit Leitung eines Ressorts übernehmen; die relativ eigenständige Ausführung des Fachauftrages gegenüber den Kanzlerrichtlinien (Art. 65.2 GG) ist durch das institutionelle Selbständigbleiben des betreffenden Ressorts und die dadurch gewährleistete Artikulation der eigenen Systembedürfnisse gesichert.

Möglicherweise gilt aber für den Kanzler anderes bezüglich des Verteidigungsressorts.

Art. 65 a (I) GG will militärische Befehlsgewalt in bewußter Abkehr von der WRV regeln. Nach der WRV war der Reichsverteidigungsminister praktisch nur verlängerter Arm des RPräs (Art. 47 WRV), welcher damit eine weitere wesentliche Verstärkung seiner verfassungspolitischen Position erfuhr. Unter dem GG soll dagegen die militärische Befehlsgewalt nicht nur in eine parlamentarisch verantwortliche Regierungskompetenz gewandelt, sondern auch politisch dezentralisiert (d.h. nicht in der Hand der stärksten Regierungsinstanz: BKa) sein. Deshalb folgt unmittelbar aus Art. 65 a (I) GG eine generelle Unvereinbarkeit beider Funktionen.

Das Ergebnis wird durch einen Umkehrschluß aus Art. 115 b GG bestätigt: solange Verteidigungsfall nicht verkündet ist, kann Befehls- und Kommandogewalt nicht auf BKa übergehen. Andernfalls wird der Ausnahmefall zur Normallage verkehrt.

Ergebnis: Übernahme des Verteidigungsressorts durch BKa verfassungswidrig (es liegt zudem keinerlei ›übergesetzliche Notsituation‹ vor, denn Kanzler könnte Verteidigungsressort bis zur Neubesetzung ohne weiteres auch von anderem Minister verwalten lassen).

zu 1: *Schüle*, Koalitionsvereinbarungen im Lichte des Verfassungsrechts (1964); *Schulze-Fielitz*, Koalitionsvereinbarungen als verfassungsrechtliches Problem. Zu Grenzen einer Verrechtlichung des politischen Prozesses, in: JA 1992, 332 ff.

zu 1.1: *Schenke*, in: Bonner Kommentar, Art. 63 (Zweitbearb. 1977) Rdn. 20 ff.

Lösungsskizze 27

1   **Verfassungsmäßigkeit der Regelung**

Grundsätzliche Berechtigung des BT zur geschäftsordnungsmäßigen Regelung seiner internen Gliederung und Arbeitsweise steht außer Zweifel. Die Befugnis kommt jeder Körperschaft zu und ist im GG ausdrücklich niedergelegt (Art. 40 I 2). RNatur der GeschOBT der Materie nach Satzung, dem Wirkungsbereich nach internes ParlamentsR.

Unbestreitbar auch das dabei bestehende Regelungsziel: optimale Funktionsfähigkeit des BT als vom GG aktionsbereit vorausgesetzte Einheit. Erreichung dieses verfassungsimplizierten Zieles aber darf nicht gegen andere Verfassungspositionen verstoßen bzw. diese nur nach den Prinzipien der »praktischen Konkordanz« gleichrangiger Verfassungsgrößen zurückdrängen.

1.1   Entgegenstehen könnte Vorgegebenheit des Fraktionsbegriffes.

Art. 53a I 2 GG enthält (ebenso wie diverse einfache Gesetze) als Tatbestandsmerkmal den Begriff der »Fraktionen«. Damit aber keinerlei Vorgabe des Inhalts (etwa Festschreibung des damals nach der GeschOBT Geltenden), sondern Bezugnahme auf die jeweils vom BT kraft seiner GeschOAutonomie getroffene Begriffsausfüllung.

1.2   Entgegenstehen könnte Wahlrechtsgleichheit (Art. 38 I 1 GG).

1.2.1   Sie bedeutet, daß jede Wahlstimme gleichwertiges Gewicht und dieselbe Chance hat. Zählwert – Erfolgswert. Im *Zählwert* müssen Stimmen absolut gleichbehandelt werden. Bei *Erfolgswert* kann dagegen in Verhältniswahl aus sachangemessen vernünftigem Grund Differenzierung vorgenommen werden; so, um im Parlament eine Zerfaserung seiner Arbeit zu vermeiden und tragende Mehrheiten zu sichern: Wahlsperrklausel zur Heraushaltung von Splitterparteien.

1.2.2   5 % der Zweitstimmen gelten dort als Grenze des Vertretbaren. Eine indirekte Erhöhung durch Ausschalten bestimmter kleiner AbgGruppen von Parlamentsarbeit könnte daher verfassungswidrig sein.

Ob aber Versagung des Fraktionsstatus faktisch solche Ausschaltung bedeutet, ist keine Frage der Wahlrechtsgleichheit, sondern der Abg-Gleichheit. Wahlrechtsgleichheit erstreckt sich nur auf Bestimmungsvorgang bis zur konkreten Mandatserreichung; die aber ist hier bereits abgeschlossen.

1.3 Entgegenstehen könnte AbgGleichheit (zu entwickeln wohl aus Art. 38 I 2 GG »Nichtbehinderung der Mandatsausübung« i.V.m. dem objektiven Gleichheitssatz).

1.3.1 Mit Ausnahme des Rede-, Stimm- und Fragerechts sowie der Befugnis nach § 82 I GeschOBT können im BT alle parlamentarischen Rechte nur im Fraktionsverband ausgeübt werden. Insb. Ausschußarbeit für Fraktionen monopolisiert (§§ 12, 57 II GeschOBT). Verwehrung dieser Möglichkeiten behindert Abg in seiner Mandatsausübung entscheidend. Es ist eine Realitätsverkennung, das AbgMandat im Kern auf freies Stimmrecht, selbständige Redebefugnis und »ein gewisses Maß« an Antragsmöglichkeiten zu reduzieren. Die entscheidenden Einflußmöglichkeiten bestehen vielmehr gerade und nur in den Ausschüssen.

1.3.2 Bei einer Festsetzung des Fraktionsquorums auf ca. 7 % der Gesamtmitgliederzahl wird zu vielen Abg derart ihre Mandatsentfaltung verwehrt, als daß nach natürlicher Anschauung noch von Einzelfällen gesprochen werden könnte. Parallele Erwägung wie für h.M. bei Diskussion um Wahlsperrklausel: mehr als 5 % nur bei »ganz besonderen, dringenden« Ausnahmefällen noch als zulässig anzusehen. Arg. auch ›bisherige‹ Fassung des § 10 I GeschOBT: 5 % der BT-Mitglieder.

Ergebnis: Die GeschOÄnderung verstößt gegen AbgGleichheit.

1.4 Entgegenstehen könnte weiter Parteiengleichheit (Art. 21 I GG).

Die Freiheitsgarantie für Parteien bezieht sich nicht nur nach Art. 21 I 2 GG auf Parteigründung, sondern insgesamt auf Freisein von hoheitlicher Verzerrung der Konkurrenz bei Bestand und politischem Wirken (»Chancengleichheit«).

Wirkungsmöglichkeit von Parteiabgeordneten als Fraktion im Parlament im Erstreckungsbereich von Art. 21 I GG (Fraktion als »Partei im Parlament«)? Enge Verzahnung von Partei und betr. ParlFraktion politologisch unbestreitbar. Auch verfassungsrechtlich muß aufgrund Art. 20 II (2) gerade die Führungsaufgabe des Parlaments als Kulmination der politischen Willensbildung des Volkes i.S. von Art. 21 I GG gelten.

Vorenthaltung der vollen Funktionsmöglichkeiten für Abg der X-Partei also (zugleich) Eingriff in Parteiengleichheit und Verstoß, soweit wie hier über ein Quorum von ca. 5 % hinausgehend.

Ergebnis: Die Änderung des § 10 I GeschOBT verstößt gegen AbgGleichheit (Art. 38 I 2 GG) und Parteiengleichheit (Art. 21 I GG).

2 Prozessuale Möglichkeiten

2.1 Verfassungsbeschwerde der Abgeordneten?

Das verletzte Recht ist kein Grundrecht. Der AbgStatus, als dessen Ausprägung u.a. AbgGleichheit fungiert, ist ein Element ihrer staatsorganisatorischen RStellung, nicht ihrer »Jedermann«-Position als Bürger. AbgGleichheit aus Art. 38 I 2 GG keine Emanation des Gleichheitsgrundrechtes in Art. 3 I GG, sondern des allgemeinen, objektiven Gleichheitssatzes.

Verfassungsbeschwerde daher unzulässig.

2.2 Organstreit nach Art. 93 I Nr. 1 GG

Sowohl Einzelabg (Art. 38 I 2) als auch Partei (Art. 21 I) nach GG mit eigenen staatsorganschaftlichen Rechten (hier i.S. von Teilfunktion in der verfassungsmäßigen Organisation des Staates) ausgestattet. Sie werden eingeschränkt durch anderes BOrgan: BT.

Organstreit daher für Einzelabg wie für Partei zulässig.

zu 1: BayVerfGH, E. v. 30.4.1976, BayVBl. 1976, 431 ff.; *Linck/Dellmann,* Fraktionsstatus als geschäftsordnungsmäßige Voraussetzung für die Ausübung parlamentarischer Rechte, in: DÖV 1975, 689 ff. bzw. DÖV 1976, 153 ff.; *Weiler,* Ausschlußrückzug als verschleiertes imperatives Mandat?, in: DÖV 1973, 231 ff.; *Morlok,* Parlamentarisches Geschäftsordnungsrecht zwischen Abgeordnetenrechten und polit. Praxis, in: JZ 1989, 1035 ff.; *Scherer,* Fraktionsgleichheit und Geschäftsordnungkompetenz des Bundestags, in: AöR (112) 1987, 189 ff.

zu 1.3.1: BVerfG, U. v. 13.6.1989, E 80, 188 ff. (»Wüppesahl«); *Hölscheidt,* Ausschußmitgliedschaft fraktionsloser Bundestagsabgeordneter, in: DVBl. 1989, 291 ff.; *Schulze-Fielitz,* Der Fraktionslose im Bundestag: Einer gegen alle; in: DÖV 1989, 829 ff.;

Kürschner, Die Statusrechte des fraktionslosen Abgeordneten (1984), insb. S. 93 ff.; *Frotscher*, Der Status des Abgeorneten, in: JuS 1987, L 81 ff.; *Bernzen/Gottschalk*, Abgeordnetenstatus und Repräsentation: Anmerkungen zum »Wüppesahl-Urteil« des BVerfG, in: ZParl 1990, 393 ff.; *Ziekow*, Der Status des fraktionslosen Abgeordneten, in: JuS 1991, 28 ff.

zu 2: BVerfG, B. v. 14.12.1976, E 43, 142 ff.; U. v. 14.1.1986, E 70,324 ff.; *Benda/Klein*, Lehrbuch des Verfassungsprozeßrechts, (1991), Rdn. 931.

Lösungsskizze 28

1   **Prüfungsrecht bzw. -pflicht des BPräs?**

BPräs fertigt aus und verkündet im BGBl. »die nach den Vorschriften des GG zustandegekommenen Gesetze« (Art. 82 I 1 GG).

1.1   Schon nach grammatisch-philologischer Auslegung eindeutig, daß der BPräs jedenfalls die formelle Verfassungsmäßigkeit (d.h. das grundgesetzkonforme Zustandegekommensein) der ihm zur Ausfertigung unterbreiteten Gesetze nachprüfen darf und muß. Insofern hat er ggfs. auch eine Verwerfungskompetenz.

1.2   Auch materielles Prüfungsrecht (mit Verwerfungskompetenz)?

Ein solches wird jedenfalls nicht durch die umfassende Überprüfungszuständigkeit des BVerfG ausgeschlossen; sie greift erst nach Abschluß des Gesetzgebungsverfahrens ein, und im übrigen ist das System der Verfassungssicherung im GG auf eine Optimierung hin angelegt, d.h. es ordnet mehrere infragekommende Kontrollinstanzen nicht nach einem Entweder-Oder, sondern nach einem Sowohl-als-Auch. Aus letzterem Grund daher auch keine Ausschließung oder Überspielung durch ein entspr. Prüfungsrecht von BKa und Ministern bei Gegenzeichnung (Art. 82 I 1, 58.1 GG, § 29 I 1 GeschOBReg). Auch kann der insgesamt schmalere Kompetenzfächer des BPräs etwa gegenüber dem RPräs in der WRV nichts gegen ein Prüfungsrecht besagen, weil gleichzeitig unbestreitbar die Rechtssicherungselemente der Verfassung ausgebaut wurden.

Vielmehr (auch) BPräs nach Art. 1 III, 20 III GG unmittelbar auf Verfassungsordnung verpflichtet (Bestätigung – nicht konstitutive Herleitung – aus promissorischem Eid nach Art. 56 GG); dies kann sich nur durch eine zugleich bestehende Prüfungspflicht manifestieren. Im übrigen läßt sich formelle Verfassungsmäßigkeit auch keineswegs immer von materieller trennen; denn ob etwa der BR nach Art. 79 II zustimmen mußte oder nach Art. 79 I 1 GG eine ausdrückliche GG-Textänderung erforderlich war, entscheidet sich erst aufgrund (materieller) Verfassungsmäßigkeit des Gesetzes.

Ergo: Auch materieller Prüfungstitel des BPräs (»Notar« des Gesetzgebungsverfahrens), dessen Wahrnehmung zugleich Pflicht ist und im Unterlassungsfall nach Art. 61 und 93 I Nr. 1 GG inkriminiert werden kann. In der Praxis wurde und wird daher von den BPräs auch regelmäßig eine solche Prüfungskompetenz in Anspruch genommen.

Ergebnis: BPräs kann und muß das Gesetz in jeder Hinsicht auf seine Verfassungsmäßigkeit überprüfen und hat Ausfertigung ggfs. zu verweigern.

2   Verfassungsmäßigkeit des Gesetzes

2.1   Formelle Verfassungsmäßigkeit

2.1.1   Kein wirklicher Mehrheitsbeschluß, weil die 52 irrigen Stimmen ungültig (Verstoß gegen Art. 77 I 1 GG)?

Ein Gesetz wurde nur dann »beschlossen«, wenn über seinen Text, wie er dann verkündet wird, auch abgestimmt worden ist. Hier tatsächlich über die dem BPräs vorliegende Fassung abgestimmt.

Es liegt lediglich Inhaltsirrtum einiger Abg vor.

Ist dieser rechtsrelevant?

Ein großer Teil der Abg wird in diffizilen, speziellen Gesetzesfragen ohnehin bei Stimmabgabe sich oft nicht vollständig über Bedeutung und Tragweite der Regelungen im klaren sein. Mögliche Anfechtbarkeit des Stimmverhaltens könnte zudem die Rechtssicherheit (Verbindlichkeit des im BGBl. verkündeten Gesetzes) stören. Deshalb ist Gesetzgebungsverfahren strikt formalisiert: Die Stimmabgabe gilt als Realakt.

Ergo: Irrtum der 52 Abgeordneten bei Stimmabgabe ohne Auswirkung auf Stimmgültigkeit.

2.1.2   Fehlende Gegenzeichnung des federführenden Minsters.

Wer nach Art. 82 I 1 GG gegenzeichnen muß, bleibt zunächst offen; die Frage wird jedoch geklärt durch eine Analogie zu Art. 58 I 1 GG: Minister *oder* BKa.

Die zwingende Gegenzeichnung des federführenden Ministers nach § 29 I 1 GeschOBReg stellt deshalb kein Verfassungserfordernis dar; sie ist nur eine unterverfassungsmäßige Ergänzung, nicht eine Verfassungspräzisierung.

Sofern wenigstens der BKa gegenzeichnet, ist mithin das Fehlen der Ministergegenzeichnung kein Hindernis für verfassungsmäßiges Inkrafttreten des Gesetzes; es liegt lediglich eine Geschäftsordnungswidrigkeit vor.

Ergebnis: Keine formelle Verfassungswidrigkeit des Gesetzes.

2.2 Verfassungswidrigkeit des BJagdÄnderungsG?

2.2.1 Verfassungsverstoß wegen fehlender Gesetzgebungszuständigkeit?

Der Bund hat für Jagdwesen (bzw. Naturschutz) lediglich Rahmenzuständigkeit: Art. 75 Nr. 3 GG.

Rahmenvorschriften müssen (auch wenn Voraussetzung einer Erforderlichkeit bundeseinheitlicher Regelung gegeben, Art. 72 II GG) für den Landesgesetzgeber ausfüllungsfähig und -bedürftig sein. Die bundesgesetzliche Anordnung ganzjähriger Schonzeiten für bestimmte Tierarten hält sich nicht mehr an diese Vorgabe, da insoweit kein Raum für eigene Willensentscheidung der Länder bleibt (vgl. § 22 BJagdG). Für eine den Bereich der Rahmengesetzgebung verlassende Regelung ist der Bund aber nicht gesetzgebungsbefugt. Insoweit liegt Verfassungsverstoß vor.

2.2.2 Inhaltliche Verfassungsverstöße sind nicht ersichtlich.

Ergebnis: Das Gesetz ist wegen fehlender Legislativzuständigkeit verfassungswidrig.

zum Fall insgesamt: *Schlaich*, Die Funktionen des Bundespräsidenten im Verfassungsgefüge, in: Hdb. des StaatsR in der Bundesrepublik Deutschland Bd. 2 (Hrsg.: Isensee/Kirchhof) (1987), § 49; *Isensee*, Braucht die Republik einen Präsidenten?, in: NJW 1994, 1329 ff.; *Degenhart*, Staatsrecht I, 10. Aufl. (1994), § 8; *Schnapp*, Ist der Bundespräsident verpflichtet, verfassungsmäßige Gesetze auszufertigen?, in: JuS 1995, 286 ff.; *Gröpl*, Ausfertigung, Verkündung und Inkrafttreten von Bundesgesetzen nach Art. 82 GG, in: Jura 1995, 641 ff.

zu 1.2: *Lehngut*, Die Verweigerung der Ausfertigung von Gesetzen durch den Bundespräsidenten und das weitere Verfahren, in: DÖV 1992, 439 ff.; *Benda/Maihofer/Vogel*, Hdb. des Verfassungsrechts, 2. Aufl. (1994), § 30 Rdn. 51.

zu 1.2. und 2.1.1: *Rauschning*, Die Sicherung der Beachtung von Verfassungsrecht (1969), S. 120 ff. (150 ff. bzw. 201 ff.).

Lösungsskizze 29

1   **Verfassungsmäßigkeit des Rentenversicherungs-Änderungsgesetzes**

1.1   Gesetzgebungsinitiative von 38 Abgeordneten

»Aus der Mitte des Bundestages« (Art. 76 I GG) wird durch §§ 75 I lit.a, 76 I GeschOBT konkretisiert auf Unterstützung durch Abg in mindestens Fraktionsstärke. Dies nach § 10 I GeschOBT (i.V.m. §§ 1 I, 53 BWahlG) im Jahre 1972 mindestens 26 Abgeordnete (nunmehr 33).

Erfordernis hier jedenfalls eingehalten.

1.2   Zustimmungsbedürftigkeit des Rentenversicherungs-Änderungsgesetzes?

Prinzipiell sind Gesetze nur zustimmungsbedürftig, wenn irgendeine der Gesetzesvorschriften einen der 38 im GG ausdrücklich niedergelegten Zustimmungstatbestände erfüllt. Das RentVersÄndG selbst erfüllt diese Voraussetzung objektiv nicht.

Möglicherweise aber besteht Zustimmungsbedürftigkeit, weil das RentVersÄndG ein Zustimmungsgesetz ändert.

1.2.1   Rentenreformgesetz war Zustimmungsgesetz, denn Verfahrensregelung für Landesversicherungsanstalten fällt unter Art. 84 I GG. Insofern sind auch Rechtsverordnungen über Landesverwaltungsverfahren zulässig, die dann ihrerseits wieder nach Art. 80 II Hs. 2 GG der Zustimmung des BR bedürfen.

Damit unterlag das ganze Rentenreformgesetz dem Zustimmungserfordernis.

1.2.2   Mithin jede Änderung dieses Gesetzes auch wieder zustimmungsbedürftig?

»Verantwortungstheorie«: BR hat mit seiner Zustimmung für alle Regelungen des Gesetzes die Verantwortung übernommen, deshalb nun keine Änderung mehr ohne sein Einverständnis.

Dagegen spricht *zum einen*, daß Verantwortlichkeit des BR nicht den Zweck der Zustimmung ausmacht, sondern nur ein Nebeneffekt ist bei der allein gewollten Mitbeteiligung an speziellen Einwirkungen auf den Länderbereich. *Zum zweiten* erfolgt durch die Änderung zwar eine (einseitige) Umgewichtung des die Zustimmung zum Ur-Gesetz tragenden Kompromisses, aber eben kein neuer Eingriff in mitbeteiligungsgeschützte Bereiche. *Zum dritten* spricht Gesichtspunkt der Einheitlichkeit des Gesetzes (welcher das Altgesetz schon wegen nur eines Zustimmungstatbestandes insgesamt zustimmungsbedürftig machte) nun auch dafür, das Änderungsgesetz als selbständige Einheit zu behandeln, also erneut und eigen auf Zustimmungsbedürftigkeit hin zu prüfen. *Zum vierten* könnte der sachliche Gesamtkomplex eines Legislativvorhabens von vornherein in ein die materiellen Vorschriften enthaltendes, nicht-zustimmungsbedürftiges Gesetz und ein die Verfahrensbestimmungen enthaltendes, zustimmungsbedürftiges Gesetz aufgeteilt werden, wodurch Änderungen im ersteren per se von jeder Zustimmungsüberlegung frei blieben. *Und schließlich* müßte eine Automatik nach Art der »Verantwortungstheorie« auf längere Sicht wie eine Kettenreaktion wirken, durch welche die Zustimmungsbedürftigkeiten überproportional zunähmen und ihren systematischen Ausnahmecharakter zur faktischen Regel machten.

Deshalb »Differenzierungstheorie«: ÄndG ist eine selbständige Einheit und deshalb gleichfalls nur dann zustimmungsbedürftig, wenn seine Bestimmungen selbst einen Zustimmungstatbestand des GG erfüllen.

Ergebnis: RentVersÄnderungsG war nicht zustimmungsbedürftig.

1.3   Einspruch des BR

Wenn wirksamer Einspruch des BR vorlag, hätte Verfahren nach Art. 77 IV 1 GG durchgeführt werden müssen. Ein solches ist auch nach in gleicher Sache bereits erfolgtem Anrufen des Vermittlungsausschusses noch möglich.

Ein ausdrücklicher Einspruch wurde nicht erhoben. Das aber wäre für eine wirksame Ausübung grundsätzlich erforderlich (§ 30 I 1 Alt. 5 GeschOBR).

Aber: Ausdrückliche ›Versagung der Zustimmung‹ entsprechend umdeutbar?

Einspruch ist jedoch keineswegs ein notwendiges minus-Element einer Zustimmungsversagung, sondern ein aliud. Hinsichtlich der beiden Möglichkeiten besteht kein gleichförmiger Wille, das Inkrafttreten des betr. Gesetzesbeschlusses auf jeden Fall zu verhindern, sondern jeweils eine spezifische politische Vorgehensentscheidung, welche auch von den beiderseits unterschiedlichen formell-strategischen Umständen bestimmt wird.

Ergo: Keine konkludente Einspruchserhebung.

Ergebnis: Verfahren nach Art. 77 IV 1 GG war tatsächlich nicht initiiert worden und unterblieb deshalb zu Recht.

2   **Prozessuale Möglichkeiten des BR**

2.1   Abstrakte Normenkontrolle nach Art. 93 I Nr. 2 GG dem Gegenstand nach an sich infragekommend. Aber keine Antragsberechtigung des BR.

(Möglich wäre nur Verfahrenseinleitung durch eine mit der Bundesratsauffassung konform gehende Landesregierung).

2.2   Organstreit nach Art. 93 I Nr. 1 GG

BR hiernach antragsberechtigt. Seine Rechte wären beeinträchtigt, wenn ein Gesetzgebungsverfahren ohne Berücksichtigung seiner legislativen Mitwirkungsbefugnisse abliefe.

Antragsgegner könnte sein der BPräs (›hätte nicht ausfertigen dürfen‹) und/oder der BT (›hätte über Einspruch abstimmen müssen‹).

zu 1.2 und 1.3: BVerfG, B. v. 25.6.1974, E 37, 363 ff.; bekräftigt in: BVerfG, U. v. 25.2.1975, E 39, 1 (33); BVerfG, U. v. 13.4.1978, E 48, 127 (178).

Lösungsskizze 30

1   **GG-Mäßigkeit der Verfassungsänderungen**

Da es um Änderungen einer Landesverfassung geht, ist GG nur insoweit einschlägig, als dort ländergemeine Normen gesetzt werden: Art. 28 GG.

Konkreter Maßstab hier: Art. 28 I 1 GG, die Verfassungsordnung in den Ländern muß in den »Grundsätzen« derjenigen des Bundes »entsprechen«; gefordert ist also nicht paß-scharfe Übereinstimmung (Konformität), sondern nur Homogenität.

1.1   Abschaffung der Ministerkompatibilität

1.1.1   Einschlägiger Maßstab nach Art. 28 I 1 GG sind die »Grundsätze des demokratischen Rechtsstaates im Sinne des GG«.

»Demokratie« maßgeblich, weil in der Konsequenz eines Ausgehens aller Staatsgewalt vom Volke auch liegen dürfte, daß diese Legitimation jeweils möglichst effektiv und direkt vermittelt wird, also auch evtl. der Konstitutivakt der Parlamentswahl gleich bis in die Regierung hinein durchgreift. »Rechtsstaat« im Spiel, weil seine umfassende Zähmung der Staatsgewalt durch das Recht als eine formelle Hauptvorkehrung den Grundsatz der Gewaltentrennung in sich begreift.

1.1.2   Nach dem GG sind (auf Bundesebene) Regierungsamt und Parlamentsmandat vereinbar: »Ministerkompatibilität«. Verfassungsrechtlich blockieren sich zwar das eine parlamentarische Durchdringung der Regierung favorisierende Demokratieprinzip und der eine personelle Verzahnung von Exekutive und Legislative bekämpfende Gewaltentrennungsgrundsatz. Eine normative Grenzziehung zwischen den beiden konkurrierenden Verfassungspositionen ist jedoch durch einfaches Gesetz möglich (BVerfG, B. v. 21.12.1977, E 47, 46, 79 f.) und hier konkret ranggleich durch Verfassungsgewohnheitsrecht erfolgt. Die entspr. rechtsbewußte Verfassungspraxis hat insoweit die Regel hervorgebracht, daß Regierungsmitglieder zugleich Parlamentsabgeordnete sein können (Kompatibilität), es aber nicht sein müssen.

1.1.3   Die neue Landesverfassungsregel soll nun Kompatibilität ausdrück-
           lich beseitigen. Da – wie gesehen –die Grundsätze des GG in diesem
           Bereich nur ein (einfachgesetzlich auflösbares) Non-Liquet erge-
           ben, kann die Konkurrenzlage ohne Grundsatzverletzung auch in
           Richtung einer stärkeren Berücksichtigung von Gewaltentrennung
           entschieden werden.

Ergebnis: Beseitigung der Ministerkompatibilität verstößt nicht gegen
           Art. 28 I 1 GG.

1.2   Abschaffung des automatischen Regierungsendes bei Ablauf der
           Legislaturperiode.

1.2.1   Nach GG ist genau die zu beseitigende Rechtslage normiert: Art. 69
           II. Zusammentritt des neuen BT beendet zugleich Wahlperiode des
           alten (Art. 39 I 2 GG). Die Regierung soll unbedingt mit dem Be-
           stand des Parlamentes verknüpft sein, von dem sie gewählt wurde.

1.2.2   Fraglich, ob diese gesteigerte bzw. formalisierte Art der Regierungs-
           abhängigkeit vom Parlament zu den Grundsätzen der parlamentari-
           schen Demokratie nach GG gehört und auch ggfs. keine
           Modifizierung wie nach Sachverhalt (Pkt. 2) verträgt.

           Auch im GG Parlamentsabhängigkeit nicht strikt verwirklicht. Zu-
           gunsten einer bestimmten Stabilität der Regierung etwa destruktives
           Mißtrauensvotum untersagt (Art. 67), Parlamentsauflösung bei ge-
           scheiterter Vertrauensfrage möglich (Art. 68 I 1), Amtsende der
           Regierung begrenzt überbrückbar (Art. 69 III). Demokratie erst da
           verletzt, wo Abhängigkeit der Regierung vom Parlament so weit
           gelockert, daß Konsens parlamentarisch nicht mehr offensiv und je-
           derzeit durchgesetzt werden kann, d.h. parlamentarisches Mißtrau-
           ensvotum blockiert wäre. Dem wird durch Pkt. 2 der neuen Landes-
           verfassungsregelung indes nicht entgegengewirkt.

           Die zugunsten einer Regierungsstabilität vorgenommene Moderie-
           rung seiner Konsensdurchsetzung trifft jedoch nach GG immer nur
           dasselbe, zeitlich und substantiell identische Parlament, das zuvor
           die Regierung eingesetzt hatte. Im übrigen gilt strikte »Diskontinui-
           tät«. »BT« i.S.d. Art. 39 ff. GG ist immer nur der konkret auf vier
           Jahre gewählte BT. Jeder neugewählte BT muß etwa auch neu über
           seine Geschäftsordnung bestimmen oder bei ihm eingebrachte Vor-
           lagen neu einbringen lassen. »Diskontinuität« daher wesentliche
           Ausprägung des parlamentarischen Demokratieprinzips nach GG.
           Ob dieser Grundsatz zugunsten der Regierungsstabilität Durch-

brechungen verträgt, u.zw. so gravierende wie bezüglich »ewiger« Amtsdauer des Regierungschefs, erscheint zweifelhaft.

Ergebnis: Abschaffung des automatischen Amtsendes des Ministerpräsidenten mit Zusammentritt eines neuen Landtages daher nicht grundgesetzkonform (a.A. sicherlich vertretbar).

1.3 Quantitative Limitierung der Möglichkeiten zur Wahl eines neuen Ministerpräsidenten.

Mit der vorgesehenen Änderung wird bewirkt, daß künftig entweder (ohne die Neuregelung nach Pkt. 2) überhaupt keine Ablösung des Ministerpräsidenten während einer Legislaturperiode mehr möglich ist oder (nach Einführung des neuen Pkt. 2) und entspr. Weiteramtieren eines in der Vorperiode gewählten Ministerpräsidenten nur noch einmal. Damit jederzeitiges Zur-Geltung-Bringen eines Vertrauensdissenses verhindert. Und damit das demokratische Essentiale des parlamentarischen Regierungssystems verletzt.

Aber tolerierbar aus Gründen notwendiger Stabilitätssicherung für Regierung? Auch GG trifft insoweit Vorsorge für den Fall, daß die Regierung keine tragfähige Vertrauensbasis mehr beim Parlament hat und dies auch für eine neue Regierung unerreichbar erscheint. Die Möglichkeit der Parlamentsauflösung nach Art. 68 I 1 GG (Gesetzgebungsnotstand nach Art. 81 GG ohnehin nur Überbrückungsalternative, vgl. auch Art. 81 III 2) indes nur Verfahren zur Wiederherstellung der Grundlagenfunktion des Parlaments: Neugewähltes Parlament soll neue Regierung seines Vertrauens einsetzen können.

Von diesen Grundsätzen weicht neue Landesverfassungsregelung ab, indem sie Krisensituation zugunsten einer limitierten Parlamentsunabhängigkeit der Regierung entscheidet und damit demokratische Rückkoppelung für bestimmte Zeiten ausschließt.

Ergebnis: Diese Beschränkung des (konstruktiven) Mißtrauensvotums verstößt gegen Art. 28 I 1 GG.

1.4 Bildung eines Senates

1.4.1 Verstoß gegen Art. 28 I 2 GG (demokratische Volksvertretung)?

Zwar sollen Mitglieder des Senates nicht aus »allgemeinen, unmittelbaren, freien, gleichen und geheimen Wahlen« hervorgehen.

Nach Art. 28 I 2 GG genügt jedoch, wenn das Volk *eine* aus derartigen Wahlen hervorgegangene Vertretung hat. Nicht erforderlich ist die Bildung »beider« Kammern durch Volkswahlen. (Siehe auch BayLVerf Art. 34 ff.).

1.4.2   Gegen die Grundsätze des demokratischen Staates nach GG wird jedoch verstoßen, da und soweit vom Senat Hoheitsfunktion (Staatsgewalt) ausgeübt wird. Denn weder ist der Senat selbst volksgewählt, noch sind es die entsendenden Gremien. Bei einem Vetorecht (Versagung der notwendigen Zustimmung) hätte Senat jedoch formelle Mitentscheidungsrechte in der Gesetzgebung und übte damit Staatsgewalt aus. Hier läge Verstoß gegen Art. 28 I 1 i.V.m. 20 II 1 GG vor. Das staatstheoretische Prinzip der (demokratischen) »Einheit der Staatsgewalt« wäre durchbrochen.

1.4.3   Im übrigen verstößt Einräumung entsprechender Mitwirkungsrechte für ein Gremium aus nur Vertretern bestimmter Gesellschaftsgruppen bezüglich der Angehörigen anderer gesellschaftlicher Gruppierungen gegen Art. 33 I GG. Auch der Grundsatz staatsbürgerlicher Gleichheit bei der Beteiligung am politischen Prozeß ist ein wesentlicher »Grundsatz des demokratischen Staates« im GG.

Ergebnis: Geplante Legislativfunktion für Senat verstößt gegen Art. 28 I 1 GG.

2   **Wirkung des Verstoßes**

Möglich, daß homogenitätssprengende Bestimmungen in der Landesverfassung gem. Art. 31 GG ohne weiteres »gebrochen« würden, d.h. nichtig wären. Dadurch würde jeder Schwebezustand vermieden, und das Land müßte bis zum Erlaß eigener grundgesetzkonformer Verfassungsbestimmungen in analoger Anwendung des GG regiert werden.

Dagegen spricht jedoch, daß die Landesnormativbestimmungen in Art. 28 GG in Abs. III eine eigene Sicherstellungsregel enthalten, welche deutlich etwas anderes darstellt als Art. 31 GG. Homogenitätsprinzip setzt nach Art. 28 I 1 GG auch ausdrücklich voraus, daß die Länder ihre verfassungsmäßige Ordnung autonom gestalten und dafür nur einen bestimmten Rahmen einhalten; es erfolgt also keine unmittelbare Regelung von Landesverfassung durch das GG.

Die Gewährleistungspflicht des Bundes nach Art. 28 III GG beschränkt sich also darauf, das betr. Land zur raschen Schaffung grundgesetzkonformer Verfassungsbestimmungen anzuhalten und die Erfüllung notfalls im Wege des Art. 37 GG zu erzwingen. Die Tolerierung eines grundgesetzwidrigen Verfassungszustandes wäre vertretbar und ist etwa durch das BVerfG selbst mehrfach praktiziert worden (vgl. B. v. 22.5.1963, E 16, 130 ff.: Wahlkreiseinteilung; B. v. 29.1.1969, E 25, 167 ff.: Nichtehelichenrecht).

zu 1.1: *Schmidt-Jortzig*, Das rechtliche Fundament der Ministerkompatibilität unter dem Grundgesetz, in: ZgS 1974, 123 ff.

zu 1.2.2: (ohne Abs. 3) BVerfG, U. v. 22.7.1969, E 27, 44 (55 f.).

zu 1.4: BVerfG, U. v. 31.10.1990, DVBl. 1990, 1401 (zum Wahlrecht von Ausländern bei der Bildung von Bezirksversammlungen); *Löwer*, in: v. Münch, GG-Kommentar, Bd. 2 (3. Aufl. 1995), Art. 28 Rdn. 17.

zu 2: *Stern*, in: Bonner Kommentar, Art. 28 (Zweitbearb. 1964) Rdn. 16 ff.; *Kersten*, Homogenitätsgebot und Landesverfassungsrecht, in: DÖV 1993, 896 ff.

Lösungsskizze 31

1   **Entlassungsvorschlag des BKa**

BKa kann beim BPräs verfassungsrechtlich jederzeit und ohne Angabe von Gründen um Entlassung eines Min einkommen (Art. 64 I
GG). Gibt er aber ausdrücklich Grund an, muß er sich daran messen
lassen. Dies insb. bei Entlassung wegen »vorsätzlicher Verletzung
von Verfassungspflichten«, weil damit zugleich schwerer morali-
scher und politischer Makel für A verbunden. Verifizierung des
Grundes also wichtig.

BPräs darf Stichhaltigkeit des ausdrücklich angegebenen Grundes
prüfen, zumal wenn wie hier ein Rechtsgrund (RMäßigkeitsprüfung
wird BPräs allseits zugebilligt). BKa kann freilich anderen Entlassungsgrund nachschieben oder auf Entlassung ohne spezielle Begründung bestehen.

2   **Verfassungsmäßigkeit von A's Verhalten**

2.1   A trägt während Verhandlungen seine Einwände beim BKa vor.

RegErklärung als allgemeine, ausfüllungsbedürftige und -fähige
Grundsatzäußerung »Richtlinie« i.S.d. Art. 65.1 GG. Nach Art. 65.2
GG aber ist Min trotz Unterworfenheit unter Richtlinien beim BKa
als eigenständige, selbstverantwortliche Größe nachgeordnet (Res-
sortprinzip). Diese Anerkennung fordert generell, daß die Erhebung
von Einwänden den eigenen GeschBereich des Min betreffend auch
gegenüber Kanzler-Richtlinien system- und damit verfassungskonform ist (§§ 1 I 3, 4 GeschOBReg).

2.2   Verhalten während der Kabinettssitzung

2.2.1   Beschlußfassung über Einbringung eines GesEntwurfes stets Kolle-
gialkompetenz: Art. 76 I GG, § 15 Ia GeschOBReg.

Inhalt des Kollegialprinzips (Art. 65.3 u. 4 GG), daß jedes Kollegi-
umsmitglied seine Gegenmeinung im Kollegium zur Diskussion
stellen darf (und soll) und selbst bei der Abstimmung auf seinem
Standpunkt beharren darf (arg. auch §§ 22 III, 26 GeschOBReg).

Hier zudem noch verbriefte Ressortselbständigkeit (Art. 65.2 GG)
der Kollegiumsmitglieder.

2.2.2   A indes durch die spezielle ihm gegenüber ausgesprochene Streit-
             entscheidung des BKa qua Richtlinienkompetenz gebunden?

             An sich auch konkreter GesEntwurf (hier: Ratifikationsgesetz gem.
             Art. 59 II 1 GG) nach Inhalt wie Einbringungsumständen richtlini-
             enfähig. Ratifikation eines entspr. Gewaltverzichtsvertrages konse-
             quente Folge nach der RegErklärung.

             Aber ausdrückliche Kollegialkompetenz der Verfassung darf nicht
             unterlaufen werden können. Stimmbindung einzelner Min durch
             spezielle Richtlinienunterwerfung widerspricht dem Kollegial-
             prinzip.

Ergebnis: A's Verhalten bei Debatte und Abstimmung im Kabinett rechtskon-
             form.

2.3   Verhalten vor dem BT

             § 28 II GeschOBReg schwört unnachgiebig auf loyale Vertretung
             des Kabinettsbeschlusses ein. Gilt nicht nur für Reden, sondern
             auch für ein Abstimmen im BT: Jedes »Wirken gegen« die Vorlage
             ist untersagt.

             Aber A zugleich BT-Abg und als solcher nach Art. 38 I 2 GG frei von
             Bindungen, nur seinem Gewissen unterworfen.

2.3.1   Kompatibilität beider Funktionen wegen Verstoßes gegen Gewal-
             tentrennungsprinzip verfassungswidrig?

             GewTrPrinzip nicht starr und apriorisch. Ständige rechtsbewußte
             Verfassungspraxis einer Verbindung von BTMandat und BMinSta-
             tus (wie in der BRD erfolgt) kann daher GewTrPrinzip verfassungs-
             gewohnheitsrechtlich konturieren, namentlich auf eine spezifische
             Ausprägung des parl. Regierungssystems hin. – »Ministerkompati-
             bilität« also verfassungskonform.

2.3.2   Vereinbarkeit von § 28 II GeschOBReg und Art. 38 I 2 GG.

             Nur wenn § 28 GeschOBReg (zugleich) Verfassungsrang hat, wird
             er nicht von Art. 38 I 2 GG ohne weiteres überspielt (Normenhier-
             archie).

2.3.2.1   Der »Regierungszwang« des § 28 II GeschOBReg nicht nur politi-
             sches Gebot, sondern auch Strukturelement des Kollegialprinzips
             von Art. 65.3 u. 4 GG?

Argumente *dafür:* Äußerung eines Kollegialwillens nur einhellig möglich; Durchsetzbarkeit, Verwirklichung einer Kollegialentscheidung verlangt geschlossene Aktion; Kompetenzklarheit im organschaftlichen Handeln des gegliederten Subjekts (Staat); Einheitlichkeit der Organentscheidung als Bedingung staatlicher Integration.

Argumente *dagegen:* Einmauerung der Verfassungspraxis durch Verrechtlichung; reibungsloseres (politisches) Funktionieren im täglichen Kräftespiel wird erschwert; politische Handlungsmaximen entziehen sich rechtlicher Knebelung.

Überwiegendes Argumentegewicht spricht wohl *für* Verfassungsrang der Regel in § 28 II GeschOBReg (»Regierungszwang«) – abw. Meinung vertretbar, dann A's Auftreten im BT ohne weiteres verfassungskonform.

2.3.2.2   Ausgleich der konkurrierenden Verfassungsregeln

Hier systematisches Ineinandergreifen beider Vektoren: Der Abg, der Min wird, unterwirft sich »RegZwang« nur, weil und sofern er diese Bindung seiner Mandatsausübung mit dem Gewissen vereinbaren kann. »RegZwang« widerspricht also Art. 38 I 2 GG nicht, da und solange seine Aktualisierung vom Gewissen des AbgMin getragen wird.

Ergebnis: A's Rede vorm BT unterfällt ohne weiteres dem RegZwang; er braucht zwar den Gesetzesentwurf nicht aktiv zu unterstützen, muß aber jedes Gegenangehen unterlassen.

A's Abstimmen mit »nein« ebenso verboten. Glaubt er, ein anderes Votum (mindestens Fernbleiben) bei der Abstimmung nicht mit seinem Gewissen vereinbaren zu können, muß er sich der ihn festlegenden Klammer des RegZwanges durch Demission entziehen.

zu 2.3: *Schmidt-Jortzig,* Die Pflicht zur Geschlossenheit der kollegialen Regierung – Regierungszwang (1973); *Degenhart,* Staatsrecht I, 10. Aufl. (1994), § 7 III.

Lösungsskizze 32

| 1 | **Rechtmäßigkeit der Ausschußeinsetzung** |

1.1 Formelle Rechtmäßigkeit (Behandlung des Einsetzungsantrages durch den BT-Präs).

1.1.1 Das notwendige Unterstützungsquorum für den Einsetzungsantrag liegt nach §§ 75 I lit. d, 76 I GeschOBT bei 5 % der BT-Mitglieder. Diese Voraussetzung ist hier erfüllt. Die Antragsteller sind sogar mehr als das in Art. 44 I 1 GG für eine Einsetzungspflichtigkeit verlangte Viertel der Abgeordneten. Daß die Antragsteller nicht derselben Fraktion angehören, ist unschädlich, da anderes nirgends vorgeschrieben wird.

1.1.2 Der Einsetzungsantrag muß den Untersuchungsgegenstand (»Beweisthema«) exakt bestimmen, damit keine die Gewaltenteilungsgrenzen verletzende Kontrolltätigkeit entfaltet werden kann. Insoweit ist der Untersuchungsauftrag hier genau umrissen. Der Umstand, daß der Untersuchungsausschuß sich mit mehreren Beweisthemen befaßt, steht der Antragskorrektheit nicht entgegen; es gibt keine Vorschrift, die solches ausschlösse.

1.1.3 Zuständig für die Ausschußeinsetzung, d.h. ein Befinden über den Einsetzungsantrag, ist allein der BT (Art. 44 I 1 GG). Die Einsetzungserklärung könnte aber vielleicht dann vom BT-Präs abgegeben werden, wenn nach Art. 44 I 1 Alt. 2 GG die Einsetzung ohnehin pflichtig und das entspr. Antragsquorum unstreitig erreicht ist. Die Einsetzungserklärung wäre hier lediglich ein Formalakt (Tatbestandsvollzug).

1.1.3.1 Es könnte sich ein entsprechendes Verfassungsgewohnheitsrecht gebildet haben. Gleichgültig, ob man die Möglichkeit einer solchen Rechtskategorie grundsätzlich akzeptiert, kann sie sich jedenfalls nicht contra constitutionem entwickeln.

1.1.3.2 Der BT-Präs könnte gewissermaßen als Geschäftsführer für den BT reine Formalakte selbst vornehmen. Eine so weitgehende, allgemeine Rechtsstellung ist dem BT-Präs jedoch nicht eingeräumt. Nach Art. 40 I 1, II GG, § 7 GeschOBT obliegen ihm nur ganz bestimmte Aufgaben, die zudem regelmäßig reine Präsidial- und keine Organfunktionen darstellen.

1.1.3.3   Das Schweigen des beschlußfähigen Plenums kann auch nicht als konkludente Genehmigung gewertet werden. Es wäre ja durchaus vorstellbar, daß sich zu dieser Frage die allermeisten Abgeordneten der Stimme enthalten würden. Auf eine förmliche Beschlußfassung des BT kann daher nicht verzichtet werden. Auch der pflichtige Einsetzungsentscheid setzt jedenfalls voraus, daß der Einsetzende selbst, also der BT, die verfassungsrechtlichen Voraussetzungen seiner Pflichtigkeit prüft bzw. selber prüfen kann.

Ergebnis: Die Einsetzungserklärung des BT-Präs war keine korrekte Bescheidung des Einsetzungsantrages.

1.2   Materielle Zulässigkeit der Ausschußeinsetzung

UAe des BT können sich mit Beweisthemen aus den Bereichen aller Staatsfunktionen befassen, sofern diese in Bundeszuständigkeit fallen, die betr. Kontrolle im öffentlichen Interesse liegt und nicht verfassungsrechtlich einer anderen Organzuständigkeit vorbehalten ist. Der BT kann einem UA nicht mehr an Rechten übertragen, als er selbst hat (»Korollartheorie«).

1.2.1   Beweisthema 1

Bundesstraßen werden in obligatorischer Auftragsverwaltung geführt (Art. 85, 90 II GG). Dabei besteht zwar eine Bundesaufsicht, diese ist jedoch inhaltlich und kompetentiell begrenzt.

1.2.1.1   Zwar trägt bei der Bundesauftragsverwaltung nach Art. 104 a II GG der Bund die Zweckausgaben (»Konnexitätsprinzip«). Insoweit besteht also durchaus eine Verantwortlichkeit des Bundes.

Der Untersuchungsauftrag bezieht sich aber nicht auf die angemessene Bereitstellung entsprechender Mittel im Bundeshaushalt, sondern auf die konkrete Verwendung der Mittel durch das ausführende Land. Dafür ist nach Art. 85 I, III GG grundsätzlich (wenn auch unter Bundesaufsicht) das betr. Bundesland verantwortlich, dem Bund fehlt für eine unmittelbar eigene Befassung die *Verbandszuständigkeit.*

1.2.1.2   Wie das ausführende Bundesland bei der Auftragsverwaltung tätig wird und die bereitgestellten Mittel verwendet, unterliegt der Bundes-Fachaufsicht (Art. 85 IV 1 GG). Wahrnehmungszuständig für diese Aufsichtsführung ist jedoch die einschlägige oberste Bundesbehörde (arg. Art. 85 III 1 GG), hier also der Bundesminister für

Verkehr. Der BT kann in diese Aufsichtsführung nicht selbst eingreifen, ihm fehlt dazu die *Organzuständigkeit*.

Möglich wäre in diesem Zusammenhang für den BT nur, über die allgemeine politische Kontrolle des BKa und seiner Regierung (arg. Art. 65.1, 67.1, 68 I 1 GG) die wirksame Aufsichtsführung des betr. BMin zu untersuchen. So aber ist lt. Sachverhalt das Beweisthema nicht abgefaßt.

1.2.2   Beweisthema 2

Möglicherweise verwehrt das Immunitätsprivileg des A (Art. 46 II GG) eine solche Untersuchung. Bei Abg bedarf sowohl eine Freiheitsentziehung als auch der Vorgang, daß sie »wegen einer mit Strafe bedrohten Handlung zur Verantwortung gezogen werden«, einer Genehmigung des BT.

Maßgebend ist zunächst, ob A damit rechnen müßte, wegen einer mit Strafe bedrohten Handlung zur Verantwortung gezogen zu werden.

§ 331 I StGB scheidet aus, weil Abg nicht »Amtsträger« i.S.d. § 11 I Nr. 2 StGB sind. In Betracht kommt aber der am 13.1.1994 neu eingefügte § 108e I StGB (»Abgeordnetenbestechung«: »Wer es unternimmt, für eine Wahl oder *Abstimmung* im europäischen Parlament oder in einer Volksvertretung des *Bundes*, der Länder, Gemeinden oder Gemeindeverbände eine Stimme zu kaufen oder zu *verkaufen*, wird mit Freiheitsstrafe bis zu fünf Jahren oder mit Geldstrafe bestraft.«). Ein dringender Tatverdacht ist hier laut Sachverhalt problemlos anzunehmen. Insofern könnte Art. 46 II GG einschlägig sein.

Es läßt sich argumentieren, daß das Aufdecken von Abgverfehlungen durch den BT oder UA kein »Zur-Verantwortung-Ziehen« i.S.d. Art. 46 II GG ist. Das Tatbestandsmerkmal bezieht sich nur auf Strafverfolgungsmaßnahmen, nicht aber auf politisches Rechenschaftsverlangen. Daß die Untersuchung vor einem UA eindeutig von Strafverfolgungsmaßnahmen unterschieden werden muß, ergibt sich aus Art. 44 IV 2 GG.

Andererseits ist zu bedenken, daß der Betroffene die Rechtsstellung eines *Zeugen*, nicht die eines Beschuldigten hat, da Sinn und Zweck des UA gerade nicht ein Gerichtsverfahren mit Verurteilung oder Freispruch ist – mag dies auch psychologisch anders sein. Insofern kann der Betroffene in große Konflikte geraten, die ihn im Strafprozeß als Beschuldigten zum Schweigen berechtigen würden (§§ 136, 243 IV StPO), im UA als Zeugen aber zur Aussage zwingen würden. Dies spräche für die Unzulässigkeit dieses Beweisthemas.

Die Lösung kann aber nicht allein in Art. 46 II GG gesucht werden, da die oben skizzierte Trennung von UA und strafrechtlichem Ermittlungsverfahren beibehalten werden muß. Auch aus der Verweisung des Art. 44 II 1 GG lassen sich keine Schlüsse ziehen, da in den in bezug genommenen Vorschriften der StPO nur die den Strafverfolgungsorganen zustehenden Befugnisse zur Aufklärung des Sachverhalts und deren Grenzen umschrieben sind. Die Lösung liegt vielmehr in anderen Verfassungsgrundsätzen, die vom UA ebenfalls zu beachten sind. Neben dem Recht auf Verfahrensbeteiligung, insbesondere auf rechtliches Gehör, dem Gebot einer fairen Verfahrensgestaltung dürfte das Schweigerecht des Beschuldigten als Ausdruck des Nemo-tenetur-se-ipse-accusare-Prinzips Verfassungsrang haben. Dies umso mehr, als zumindest die psychische Situation des Betroffenen auf jeden Fall der eines Beschuldigten entspricht. Damit kann dem Betroffenen das Recht zugebilligt werden, bei solchen Fragen, deren Beantwortung ihn belasten könnte, zu schweigen. Mit diesen Maßgaben ist das Beweisthema zulässig.

1.2.3   Beweisthema 3

Für die Kontrolle von Vorgängen, welche mit der Verteidigung zusammenhängen (wie vorliegendenfalls), ist der Verteidigungsausschuß nach Art. 45a GG zuständig. Hiermit ist zwar nicht ausdrücklich gesagt, daß die Einsetzung eines UA im Verteidigungsbereich unzulässig sei. Da der Sinn der Vorschrift darin liegt, aus Gründen der Geheimhaltung eine Monopolisierung der Kontrolle im Verteidigungsbereich herbeizuführen, ist jedoch von einem solchen Verbot auszugehen. Das Ergebnis wird mittelbar im übrigen auch durch Art. 45a II 1 GG bestätigt und ganz unmißverständlich dann durch Art. 45a III GG.

Ergebnis: Die Einsetzung des UA ist nur zu Beweisthema 2 materiell zulässig.

2   **Angebrachter Regelungsort für eine Erweiterung der Ausschußbefugnisse**

2.1   Im Gegensatz zu einer gesetzlichen Regelung sind GeschO-Vorschriften (wenn auch substantiell gleichfalls Rechtssätze) nur Normen des Innenrechtes. Sofern also geplante Befugniserweiterungen

über interne Struktur- und Verfahrensregelungen hinausgehen und
sich auf dritte Rechtspersonen erstrecken sollen, könnten sie durch
GeschOVorschriften nicht getroffen werden. Das würde etwa gelten
für Regelungen über Beweiserhebung, Herbeirufung, Anhörung,
Rechts- und Amtshilfe, Verhältnis zu Behörden und Gerichten u.ä.

Hier ist immer ein Gesetz erforderlich.

2.2   Soweit es um reine Innenbeziehungen des Ausschusses geht, könnten betreffende Befugniserweiterungen sowohl in der GeschO als
auch in einem Gesetz erfolgen. Gesetze vermögen durchaus und
sogar ausschließlich Innenrechtsregelungen zu treffen (sog. »nur
formelle Gesetze«).

Für eine Regelung durch GeschO spräche deren leichtere Abänder-
barkeit, für eine Regelung durch Gesetz ihre erhöhte Bestandskraft.
Durch Gesetz oder GeschO könnten daher etwa geregelt werden:
Einsetzung des UA, Vorsitz, Verfahrensablauf, Beschlußfähigkeit,
Abstimmungsmodus, u.ä.

zu 1: BVerfG, B. v. 2.8.1978, E 49, 70 ff.; BVerfG, B. v. 17.7.1984,
E 67, 100 ff. (Flick-Ausschuß); BVerfG, B. v. 1.10.1987, E 77, 1 ff.
(Neue-Heimat); BayVerfGH, U. v. 19.4.1994, DVBl. 1994, 1126 ff.

zu 1.1.3: *Engels*, Parlamentarische Untersuchungsausschüsse
(1989), S. 58 f.

zu 1.1.3.1: *v. Münch*, Staatsrecht I, 5. Aufl. (1993), Rdn. 673.

zu 2: *Zeh*, Regelungsbedarf und Regelungschancen für das Verfahren parlamentarischer Untersuchungsausschüsse, in: DÖV 1988,
701 ff.; *Schenke*, Empfiehlt sich eine gesetzliche Neuordnung der
Rechte und Pflichten parlamentarischer Untersuchungsausschüsse?, in: JZ 1988, 805 ff.; *Quaas/Zuck*, Ausgewählte Probleme zum
Recht des parlamentarischen Untersuchungsausschusses, in: NJW
1988, 1873 ff.; für Schleswig-Holstein: UntersuchungsausschußG
v. 17.4.1993, GVOBl. SH S. 145.

Lösungsskizze 33

1   **Verfassungsrechtliche Bedenken gegen das Gesetz**

1.1   Formelle Verfassungsvoraussetzungen

1.1.1   Gesetzgebungskompetenz: In Frage kommt konkurrierende Kompetenz nach Art. 72, 74 Nr. 11a GG. Allerdings bestritten, ob »Errichtung und Betrieb« von Kernenergieanlagen auch die Entscheidung über den Standort umfaßt. Dies wird mit dem Argument »Sachzusammenhang« zu bejahen sein.

Vorliegen der Bedürfnistatbestände des Art. 72 II GG dem Bundesgesetzgeber schwer zu widerlegen. (Zu beachten allerdings die durch G.v. 27.10.1994 erfolgte Eingrenzung der Bedürfnisklausel in Art. 72 II GG, die die Justitiabilität dieser Klausel fördern soll; vgl. auch Art. 93 I Nr. 2a GG).

1.1.2   Gesetzgebungsverfahren offenbar ohne Fragwürdigkeiten. Insb. keine Zustimmung des BR erforderlich, obwohl mit dem AtomG ein Zustimmungsgesetz überspielt wird. Es liegt dogmatisch keine wesentliche Umgewichtung einer die Zustimmungsbedürftigkeit auslösenden Vorschrift vor.

1.2   Materielle Verfassungsverstöße?

1.2.1   Verstoß gegen Rechtsstaatsprinzip

1.2.1.1 Gewaltentrennungsgrundsatz

Aufgabe des Gesetzgebers: Erlaß generell-abstrakter Normen. Deshalb Verbot konkreter Einzelfallregelung im Mantel eines Gesetzes (Aspekt Art. 19 I 1 GG, s.u. 1.2.4.1.1) auch schon Emanation von Gewaltentrennung und Rechtsstaatlichkeit.

Wirkungsbereiche der einzelnen Staatsfunktionen jedoch nicht starr und endgültig festgelegt bzw. auf eine Funktionssäule fixiert. Gewaltentrennungsprinzip vielmehr historisch vielschichtiges Gefüge zur Ausbalancierung und Hemmung der Staatsgewalt. Inanspruchnahme typischer Handlungskompetenzen einer Funktion durch die andere daher immer zulässig (soweit nicht gerade wesensbestimmend für jene), wenn genügend wichtige, systematisch mindestens gleichwertige Gründe vorhanden.

Hier einmal der Gesichtspunkt, daß faktisch die konkrete Maßnahme Auswirkungen für eine unabsehbare Personenzahl hat (Betroffenheit aller Menschen, die »in einem Umfeld von 100 km und sogar mehr um die geplante Anlage wohnen«). Zum anderen: Allgemein materielle Folgenschwere (Grundrechtsrelevanz) bzw. politisch reale Umstrittenheit der Genehmigung verlangt Entscheidung durch die demokratisch am unmittelbarsten legitimierte Gewalt, also Gesetzgeber (»Wesentlichkeitstheorie«).

Daher hier kein Verstoß gegen Gewaltentrennung.

1.2.1.2 Rechtsschutzverkürzung Verstoß gegen Art. 19 IV GG. Bei sonst vorgeschriebenem Genehmigungsverfahren nach § 7 AtomG besteht für Betroffene ausgedehnte Anfechtungsmöglichkeit vor den VG, mit Möglichkeit der Berufung zum OVG bzw. Revision zum BVerwG. Gegen Gesetz für einzelnen höchstens Verfassungsbeschwerde zulässig.

Art. 19 IV GG garantiert zwar keinen speziellen oder überhaupt einen Instanzenweg. Gesichert wird aber effektiver Rechtsschutz. Fraglich, ob Rechtsbehelf beim Verfassungsgericht materiell gleichwertig dem in der Verwaltungsgerichtsbarkeit.

Davon ist wohl auszugehen, a.A. vertretbar.

1.2.2 Verstoß gegen Bundesstaatlichkeit

1.2.2.1 Da die Kompetenzordnung der Art. 70 ff. GG die Materie dem Bund zur Regelung zugewiesen hat, können Länder insoweit Schmälerungen ihrer hier bisher innegehabten Entscheidungsräume nicht als Rechtsverletzung ansehen.

Auch muß kompetenzmäßiges Bundesgesetz nicht überhaupt »ausführungsbedürftig« sein. AtomG zwar über Art. 87c GG, § 24 I 1 AtomG insoweit im Auftrage des Bundes ausgeführt (unter den dafür in Art. 85 GG festgelegten Einwirkungsmöglichkeiten). Gegenständliche Verringerung des Ausführungsvolumens bis hin zum gänzlichen Entfall aber für Bund unbenommen. Land hat keinen Anspruch auf bisher ausgeübten Verwaltungsumfang. Insoweit keine »Besitzstandswahrung«.

Insoweit auch kein Verstoß gegen Grundsatz des gliederfreundlichen Verhaltens im Bundesstaat (hier: länderfreundliches Verhalten des Bundes). Wo effektive Verwirklichung von Bundeskompetenzen bestimmtes Vorgehen verlangt, legitimiert dazu die bundesstaatliche Zuständigkeitsordnung.

1.2.2.2 Auch kein Gebot eines Subsidiaritätsprinzips, daß konkrete Einzelfallentscheidung normativer Grundregelungen stets von der jeweils niedrigstmöglichen Ebene getroffen werden müsse. Subsidiaritätsprinzip kein durchgehender Verfassungsrechtsgrundsatz und inhaltlich zudem nur darauf gehend, daß Aufgaben allein nach Maßgabe ihrer sachlichen Beherrschbarkeit und leistungsmäßigen Bewältigungsfähigkeit von dem personnächsten Funktionsträger wahrzunehmen seien. Dieses Kriterium hier für das betr. Bundesland nicht mehr erfüllt.

1.2.3 Verstoß gegen Gemeinwohlbindung

Alle Hoheitsmaßnahmen sind nach Legitimationsgrundlage des Staates auf Förderung des gemeinschaftlichen Wohles eingeschworen. Wo eine Maßnahme ergeht, um politischen Widerstand zu brechen und Prozesse abzuschneiden, kann diese Voraussetzung zweifelhaft sein. Allerdings hier keine isolierte Unterdrückungsmotivation, sondern Förderung eines dahinterstehenden, für wichtiger gehaltenen Gemeinwohlvorhabens: Sicherung der Energieversorgung. Prärogative für Gemeinwohlfeststellung beim Parlament.

1.2.4 Grundrechtsverletzung

1.2.4.1 Fraglich, ob das ausdrücklich gerügte »Grundrecht auf Umweltschutz« existent. Evtl. Herleitung aus Art. 20a GG. Nach dem Wortlaut Art. 20a GG jedoch kein subjektives Recht erkennbar. Vielmehr soll der Schutz der Natur im Sinne einer Staatszielbestimmung verwirklicht werden. Bedeutung von Art. 20a GG insofern also nur als objektiver Wertbestand des Grundgesetzes. Umweltschutz als objektiver Wert ist gem. § 7 II Nr. 6 AtomG jedoch schon bei der Erteilung der Genehmigung zu berücksichtigen. Da die Bundesregierung bei Vorlage des Gesetzes eine Standortgenehmigung »im Sinne von § 7 AtomG« erteilen will und insbesondere auch die Genehmigung mit Auflagen versehen wurde, ist von einer Prüfung im Hinblick auf Umweltauswirkungen durch die Bundesregierung auszugehen.

Umweltschutz als objektiver Maßstab (Art. 20a GG) mithin nicht unberücksichtigt geblieben. Im übrigen bleibt Grundrechtsschutz aus Art. 2 II 1 und 14 I 1 GG weiterhin möglich.

1.2.4.2   Art. 2 II 1 und 14 I 1 GG

Bei beiden Grundrechten ist hier der Normbereich einschlägig, allerdings je auch eine Einschränkungs- bzw. Begrenzungsermächtigung (Gesetzesvorbehalte Art. 2 II 3 und 14 I 2 GG) gegeben.

1.2.4.2.1   Bei gesetzlicher Umsetzung dieser Ermächtigung durch das »Genehmigungsgesetz« möglicherweise Verstoß gegen Art. 19 I 1 GG: Einschränkendes Gesetz darf »nicht nur für den Einzelfall gelten«.

Kriterium für Vorliegen solch verbotenen »Einzelfallgesetzes« (Bezeichnung »Maßnahmegesetz« benennt nur phänomenologische Besonderheit, bleibt verfassungsrechtlich jedoch unerheblich): Überschaubarkeit des Adressatenkreises. *Un*überschaubarkeit liegt vor, wenn offen ist, auf welche und auf wieviele Fälle das Gesetz anwendbar ist. Wo Betroffenenkreis wie hier faktisch unabgrenzbar ist, weil naturwissenschaftlicher Gefahrenkreis nicht exakt festlegbar, kann von solcher »Unüberschaubarkeit« ausgegangen werden.

A.A. mit Argumentation aus Allgemeinverfügung vertretbar.

1.2.4.2.2   Eine Verletzung der betr. Grundrechte selbst liegt auch vor, wenn verfahrensmäßig oder prozessual die reale Grundrechtsausübung bzw. der wirksame Grundrechts-Rechtsschutz beschränkt wird.

In der Sache insoweit jedoch keine Rechtsschutzverkürzung gegeben (s.o. 1.2.1.2).

1.2.4.3   Aufgrund von Verstößen gegen staatliche Strukturprinzipien könnte auch Art. 2 I GG verletzt sein. Nach BVerfG bedeutet dies allgemeine Persönlichkeitsrecht auch Unbeeinträchtigtsein von nur objektiv verfassungswidrigen Normen. Soweit oben Verstöße attestiert wurden, liegt damit auch eine Verletzung der allgemeinen Handlungsfreiheit (Art. 2 I GG) des jeweils Einzelbetroffenen vor.

1.2.4.4   Gleichheitssatz, Art. 3 I GG

Gleiches darf beim Regelungsbetroffenen nicht willkürlich ungleich behandelt werden.

Andere Betreiber sowie nicht in der Umgebung Wohnende wurden und werden nicht mit einer KKW-Genehmigung in Gesetzesform konfrontiert. Deshalb nur zulässig, sofern sachlicher Grund dafür gegeben. Hier anführbar: besondere Dringlichkeit und Forderung der besonderen demokratischen Legitimation. Aber sehr fraglich, ob das nicht bei anderen zu genehmigenden Atomkraft-Projekten (mindestens potentiell) ebenso vorliegt.

Ergebnis: Erlaß des Genehmigungsgesetzes allenfalls wegen Rechtsschutzverkürzung (1.2.1.2) und/oder Einzelfallgesetzescharakter (1.2.4.2.1), evtl. auch wegen Verstoß gegen Gleichheitssatz verfassungswidrig.

2   Zulässigkeit der Verfassungsbeschwerde

2.1   Beschwerdegegenstand

Förmliches Gesetz ist Akt der öffentlichen Gewalt. Daher auch Verfassungsbeschwerde direkt gegen Gesetze möglich (arg. §§ 93 II, 95 III B VerfGG).

2.2   Beschwerdemaßstab

Gerichtsanrufung nur wegen der in Art. 93 I Nr. 4a GG, § 90 I BVerfGG aufgezählten Grundrechte und grundrechtsgleichen Rechte zulässig. Verwehrt also von vornherein eine Beschwerde wegen Verletzung von »Kompetenzen des Landes X«.

Ebensowenig verleiht Art. 20a Grundrechtsschutz, sondern stellt nur Staatszielbestimmung dar. Da mithin von einem »Grundrecht auf Umweltschutz« nicht gesprochen werden kann, folgt der Schutz vor Beeinträchtigung, welche der einzelne in seiner physischen Existenz durch hoheitlich zu verantwortende Umweltveränderungen erleidet, höchstens aus Art. 2 II 1 GG. Das aber wäre nicht abstraktes »Grundrecht auf Umweltschutz«, sondern das ausdrückliche Grundrecht nach Art. 2 II 1 GG (Recht auf Leben und körperliche Unversehrtheit). Bezüglich dieses Rechtes wäre Verfassungsbeschwerde zulässig.

2.3   Beschwerdeberechtigung

Zwar kommt es hier nicht auf Parteifähigkeit i.S. Zivil- oder Vw-ProzR an. Die Rechtsform der Bürgerinitiative als lediglich nichtrechtsfähiger Verein deshalb unschädlich. Da Beschwerdebefugnis Korrelat der Grundrechtsträgerschaft sein soll, ist jeder zur entspr. Beschwerdeführung befugt, der für das verteidigte Grundrecht Träger sein kann.

»Leben und körperliche Unversehrtheit« (Art. 2 II 1 GG) sind Rechtsgüter, die nur einer natürlichen Person zustehen können. Ein Verband dafür auch über Art. 19 III GG nicht grundrechtsfähig.

Die Bürgerinitiative hat deshalb aus Art. 2 II 1 keine Beschwerdebefugnis. Auch eine Prozeßstandschaft bezüglich Grundrechtsverletzungen bei den Mitgliedern ist nicht möglich (BVerfG, B. v. 26.2.1969, E 25, 256 (263); B. v. 8.7.1971, E 31, 275 (280).

»Eigentum« (Art. 14 I 1 GG) hingegen kann auch nichtrechtsfähigem Verein zustehen, vgl. § 54 BGB i.V.m. § 718 BGB.

Eigentumsverletzung von der Bürgerinitiative nicht behauptet (wiederum nicht möglich: Geltendmachung von Eigentumsverletzungen der Mitglieder). Somit insgesamt keine Beschwerdebefugnis.

2.4 Prüfung der Subsidiarität (§ 90 II BVerfGG: »Rechtswegerschöpfung«) erübrigt sich daher, wäre aber für eine Verfassungsbeschwerde gegen Gesetz ohnehin nicht erforderlich, soweit wie hier Grundrechtsbetroffenheit unmittelbar durch das Gesetz. Einen ›Rechtsweg‹ gegen Gesetze gibt es nicht.

zu 1.2.4.2: BVerfG, B. v. 8.8.1978, E 49, 89 (140 f.).

zu 1.2.4.2.1: BVerfG, B. v. 15.12.1959, E 10, 234 (239); U. v. 7.5.1969, E 25, 371 (396); B. v. 5.3.1974, E 36, 383 (400 f.); *Ronellenfitsch*, Maßnahmegesetze zur Beschleunigung von Verkehrsprojekten, in: DÖV 1971, 771; *Thiele*, Vom Wandel des Gesetzesinhalts, in: DVBl. 1978, 901.

zu 2: BVerfG, B. v. 20.12.1979, E 53, 30 (48 ff.).

zu 2.1: *van den Hövel*, Zulässigkeitsprobleme der Verfassungsbeschwerde gegen Gesetze, in: Schriften zum öffentlichen Recht Bd. 591 (1990), 17.

zum Komplex neuer Art. 20a GG: BVerwG, B. v. 13.4.1995 (»Artemis und Aurora«), JuS 1995, 1131 = NJW 1995, 2648; *Peters*, Art. 20a – Die neue Staatszielbestimmung des Grundgesetzes, in: NVwZ 1995, 555 ff.; *Becker*, Die Berücksichtigung des Staatsziels Umweltschutz beim Gesetzesvollzug, in: DVBl. 1995, 713 ff.; *A. Uhle*, Das Staatsziel »Umweltschutz« und das Sozialstaatsprinzip im verfassungsrechtlichen Vergleich, in: JuS 1996, 96 ff.

Lösungsskizze 34

1	**Verfassungsmäßigkeit des Finanzhilfeprogrammes**
1.1	Verstoß gegen Art. 104a IV GG?

1.1.1   Bundeskompetenz aus Art. 104a IV 1 GG (§ 6 II 1 Hs. 2 StabG) nur gegeben, wenn einer der drei aufgeführten wirtschaftlichen Problemsachverhalte vorliegt. Im hiesigen Fall ist mit regionalem Konjunkturabsinken und Arbeitslosenanstieg eine Störung des »gesamtwirtschaftlichen Gleichgewichts« (Begriff: § 1 StabG) eingetreten sowie als Unterfall davon die Notwendigkeit einer Förderung des wirtschaftlichen Wachstums.

1.1.2   Für die Ausgestaltung des Finanzhilfeprogrammes verlangt Art. 104a IV 2 GG ein Bundes-Zustimmungsgesetz oder eine Verwaltungsvereinbarung. Letztere Variante wurde hier benutzt.

Zwar erfolgte eine Programmabsprache mit den Ländern, aber das Erfordernis einer »Verwaltungsvereinbarung« verlangt mehr. Da Bund und Länder auch im Finanzierungsbereich grundsätzlich eigenständige Hoheitsträger sind (Regel: Art. 104a I, 109 I GG), muß eine entsprechende Kompetenzverzahnung mindestens in gesetzesgleicher Form festgelegt werden (arg. auch Gleichwertigkeit der beiden Alternativen in Art. 104a IV 2 GG). Nur durch solch förmliches Verhalten sind auch zweifelsfreie Identifizierbarkeit und verläßliche Vorausschaubarkeit der eintretenden Rechtsbindungen gesichert. Und schließlich verlangt die prinzipielle Landeshoheit eine echte Beeinflußbarkeit der Absprachen seitens der Länder.

Diesen Anforderungen genügt das Vorgehen der BReg nicht. Aus der lediglichen Weitergabe der Anträge durch die Länder folgt nicht zwingend ihre Zustimmung; man wahrt sich so vielmehr nur seine Option auf die Gelder. Eine vorab festgelegte und von den Ländern inhaltlich mitbestimmte, förmliche Verankerung lag nicht vor.

1.2   Verstoß gegen Bundesstaatlichkeit (Art. 30, 83, 20 I mit 79 III GG) durch unmittelbares Inverbindungtreten von Bund und Gemeinden?

1.2.1   Organisatorisch sind Kommunen integrale Bestandteile der Länder (Tatbestandsfassung Art. 28 II 1 + III GG). Für alle Fragen der kommunalen Verfaßtheit sind daher die Länder ausschließlich regelungszuständig. Das gilt auch für die Festlegung der kommunalen Finanzverhältnisse (arg. Art. 106 VI 3 + VII, IX, 107 II 1, 108 IV 2 GG). Der Bund kann hierin eigene Gestaltungsrechte grundsätzlich nur in Anspruch nehmen, wo das GG selbst sie ihm ausdrücklich zuweist.

1.2.2   Die unmittelbare Finanzzuweisung des Bundes betrifft keines der ihm in Art. 84 f. GG eingeräumten Sonderrechte. Auch Art. 104a IV GG stellt insoweit keine die bundesstaatliche Zuständigkeitsordnung durchbrechende Regelungseröffnung hinsichtlich der Kommunen dar: S. 1 weist auch für kommunalbestimmte Finanzhilfen ausdrücklich die Länder als Adressaten aus. (Die Möglichkeit modifizierender Vereinbarung nach S. 2 wurde nicht rechtsrelevant genutzt, s.o. 1.1.2).

Selbst die ›Notwendigkeit einer beschleunigten Programmabwicklung‹ kann nicht etwa aus der »Natur der Sache« Abweichungen vom Zuständigkeitsaufbau rechtfertigen. Daß die konjunkturellen Zieleffekte durch eine Ländervermittlung gehemmt oder verwässert würden, ist keineswegs belegt. Die notwendig förmliche Mitwirkung der Länder dürfte auch kaum zeitaufwendiger sein als das angewendete Verfahren einer Rücksprachenahme und Landes-Gutachtertätigkeit.

Ergebnis: Die Durchführung des Investitionsförderungsprogrammes verstößt gegen Art. 104a IV 2 GG und das Bundesstaatsprinzip.

2   **Verfassungsmäßigkeit der Abschaffung der Gewerbekapitalsteuer**

2.1   Gesetzgebungszuständigkeit

Die Gesetzgebungszuständigkeit über die Gewerbesteuern steht dem Bund nach Art. 105 II GG konkurrierend zu. Er hat davon durch das Gewerbesteuergesetz (GewStG) Gebrauch gemacht. Auch eine entsprechende Änderung daher Bundessache.

2.2   Verstoß gegen Art. 28 II 1 GG?

Aus der institutionellen Funktionsgarantie kommunaler Selbstverwaltung fließt unmittelbar eine komplementäre Garantie solcher eigenverfügbarer Finanzausstattung, daß damit Selbstverwaltung von relevantem Gewicht tatsächlich ausgeführt werden kann (»Kommunale Finanzgarantie«).

2.2.1   Dem Gegenstand nach geht diese Finanzgarantie jedoch nur auf ein generelles, relativ bestimmbares Finanzvolumen und seine angemessene Freiverfügbarkeit. Keinesfalls aber werden dadurch spezielle Einnahmearten festgeschrieben. Das »Wie« der hinreichenden Finanzausstattung bleibt der jeweils einzelgesetzlichen Regelung vorbehalten.

2.2.2   Pflichtenadressat der kommunalen Finanzgarantie sind im übrigen entspr. ihrer materiellen Organisationszuständigkeit (s.o. 1.2.1) die Länder. Deshalb kann a priori ein Bundesgesetz die Finanzgarantie des Art. 28 II 1 GG nicht unmittelbar verletzen. Wenn durch bundesgesetzliche Dispositionen das Einnahmevolumen der Gemeinden geschmälert wird, müssen die Länder das Defizit entsprechend ausgleichen. Deshalb auch Bundesrats-Zustimmungsbedürftigkeit aller kommunalbetreffenden Bundes-Steuergesetze (Art. 105 III GG).

2.3   Verstoß gegen Realsteuergarantie (Art. 106 VI 1 GG)?

2.3.1   Nach dem Trennsystem des primären Finanzausgleiches im GG ist den Gemeinden das Aufkommen der Realsteuern garantiert.Zu den Realsteuern gehören nach § 3 II AO 1977 Grundsteuer und Gewerbesteuer. Die Gewerbesteuer wird nach dem GewStG (bisher) gekoppelt sowohl vom Ertrag als auch vom Kapital der Gewerbebetriebe erhoben (§ 6 GewStG). Die Bruttoerträge der Gewerbesteuer (sowie der Realsteuern insgesamt) verhalten sich zueinander etwa in der vom Sachverhalt angegebenen Größenordnung. Wenn die Möglichkeit der Gewerbekapital-Besteuerung beseitigt wird, vermindert sich mithin das Aufkommen der Realsteuern effektiv um ein knappes Fünftel.

2.3.2   Die Realsteuergarantie des Art. 106 VI 1 GG ist aber keine Status-quo-Garantie. Zwar sichert sie den Gemeinden nicht nur das tatsächliche Realsteueraufkommen, soweit es nach den Steuergesetzen jeweils anfällt, sondern gewährleistet auch einen relevanten Bestand an Realsteuern und Realsteuererträgen überhaupt. Bemessungsgrundlage dieser Relevanz ist jedoch eine finanzrechtliche und steuerpolitische Gesamtschau, die weder gewisse Ertragsveränderungen als strikt verboten ausweist, noch gegen eigene Wandlungen gefeit ist.

Wo insoweit die Toleranzfähigkeit des Anschauungsmaßstabes ihr Ende hat, läßt sich kaum abstrakt festlegen. Eindeutig würde nur eine Beschneidung verwehrt sein, die mehr als die Hälfte des Realsteueraufkommens kappte, hier würde jede Abwandlungsvorstellung überdehnt. Bei einer Reduzierung in der Größenordnung des Sachverhaltes hingegen »griffe« die Realsteuergarantie juristisch noch nicht. Lediglich verfassungspolitisch wären Bedenken zu erheben, welche die Länder in ihre Erwägungen bei der Zustimmungsdiskussion im BR (Art. 105 III GG) einbringen könnten.

Ergebnis: Die Abschaffung der Gewerbekapitalsteuer ist verfassungsrechtlich nicht blockiert.

zum Fall insgesamt: *Wendt*, Abschaffung und Ersetzung der Gewerbesteuer aus verfassungsrechtlicher und verfassungspolitischer Sicht, in: BB 1987, 1677-1685; *Strauß*, Probleme und Möglichkeiten einer Substituierung d. Gewerbesteuer, in: Forschungsbericht NRW, Nr. 3175 (1984).

zu 1.1.2: BVerfG, U. v. 4.3.1975, E 39, 96 (116 f., 121); B. v. 10.2.1976, E 41, 2091 (304 ff.).

zu 2.2: *Schmidt-Jortzig*, Kommunalrecht (1982), Rdn. 746 ff.

zu 2.3.2: *ders.*, in: Möglichkeiten und Probleme einer angemessenen Steuer- und Finanzreform, (Hrsg.: DIFU) (1979), S. 83 ff.

Lösungsskizze 35

1   **Klage der P**

Dem Klagebegehren der P auf Rückgängigmachung der Herabset-
zung durch die Warnung durch einen Widerruf genügt der (allgemeine) öffentlich-rechtliche Folgenbeseitigungsanspruch. Anspruchsgrundlage dieses gewohnheitsrechtlich anerkannten Rechtsinstituts
sind die Grundrechte (str.).

1.1   Öff.-rechtlicher Eingriff in den Schutzbereich eines Grundrechts

Schutzfähige Positionen der P sind die Berufsausübungsfreiheit
(Art. 12 I i.V.m. Art. 19 III GG) sowie das Recht am Unternehmen
(Art. 14 I i.V.m. Art. 19 III GG).

Ein öff.-rechtliches Handeln der BReg ist zu bejahen, da die Warnung der Aufklärung und Information der Bevölkerung diente, somit Öffentlichkeitsarbeit als Teil der Regierungstätigkeit war. Die
Warnung beeinträchtigt auch die Schutzbereiche der genannten
Grundrechte, da sie für das Unternehmen rufschädigend und um-
satzmindernd wirkt. Derartige Beeinträchtigungen genügen für die
Feststellung eines Eingriffs. Zwar erfolgt kein unmittelbarer Zugriff des Staates auf die Schutzgüter (etwa in Form eines Verbots),
sondern nur eine mittelbare Beeinträchtigung durch das von der
Warnung ausgelöste Verhalten der Verbraucher. Da die Grundrechte
aber unabhängig von der Art oder Rechtsnatur einer staatlichen
Maßnahme vor ungerechtfertigten Beeinträchtigungen schützen,
kann auch das von der BReg gewählte schlichte Verwaltungshandeln einen Eingriff darstellen. Somit bedeuten die durch die Warnung ausgelösten negativen Folgen bei P einen mittelbaren Eingriff.

1.2   Die zurechenbaren Folgen des Verwaltungshandelns müssen an-
dauern.

Die Rufschädigung der P dauert an und ist als unmittelbare Folge der
Warnung anzusehen.

1.3   Duldungspflicht

Die P dürfte keine Duldungspflicht hinsichtlich der Warnung treffen. Das ist dann der Fall, wenn die Warnung rechtswidrig ist. An dieser Stelle ist somit die Rechtmäßigkeit der Warnung zu prüfen.

Rechtmäßigkeitsmaßstab ist der Vorbehalt des Gesetzes. Die BReg bedarf für die Warnung einer Ermächtigungsgrundlage. Eine Rechtsgrundlage könnte in der Befugnis der BReg zur Öffentlichkeitsarbeit in Art. 65 GG gesehen werden.

Diese Bestimmung des GG ist zwar recht unbestimmt, so daß hier der Bestimmtheitsgrundsatz verletzt sein könnte, jedoch stellt das Bestimmtheitserfordernis an Eingriffe durch nichtregelndes Verwaltungshandeln andere Anforderungen als in Fällen »klassischer« Eingriffe durch Rechtsakt. Da im Rahmen der Regierungstätigkeit nicht vorhersehbar ist, in welchen Fällen die Regierung zum Schutze der Bevölkerung warnend tätig werden muß und auch die Intensität des informellen Eingriffs nicht so hoch ist wie die eines Eingriffs durch Rechtsakt, erfüllt Art. 65 GG die Voraussetzungen einer Ermächtigungsgrundlage. *A.A.* – mit entsprechender Argumentation – *vertretbar.* Ziel der Warnung ist es, die Verbraucher vor Vermögensrisiken zu bewahren. Dazu ist die Warnung geeignet. Sie ist auch mildestes Mittel, da alle anderen denkbaren Möglichkeiten stärker in das Grundrecht der P eingreifen. Die Verhältnismäßigkeit i.e.S. ist auch gegeben, da die Warnung im Verhältnis zum Interesse der Verbraucher die P nicht unzumutbar hart trifft. Hierbei ist zu bedenken, daß die Warnung ja tatsächlich begründet ist.

Somit besteht eine Duldungspflicht, da die Warnung rechtmäßig war.

2   **Klage der U**

2.1   Amtshaftung gem. Art. 34 GG i.V.m. § 839 BGB

Anspruchsgrundlage ist hier § 839 BGB i.V.m. Art. 34 GG. Anspruchsgegner ist der Bund.

2.2   Anspruchsvoraussetzungen

Die Voraussetzung der Haftung des Bundes ist, daß ein Amtshaftungsanspruch i.S.d. § 839 BGB der U gegen einen Bundesbeamten entstanden ist, der im Moment seiner Entstehung auf den Bund abgewälzt wird.

2.2.1   Beamter im haftungsrechtlichen Sinne

Zunächst ist es erforderlich, daß ein Beamter im haftungsrechtlichen
Sinne gehandelt bzw. – hier – unterlassen hat. Für das Unterlassen ist
zunächst zu klären, wer die Richtlinie hätte umsetzen müssen. In
Frage kommen die BReg, die eine Rechtsverordnung zur Umsetzung erlassen könnte oder der BT, der ein Gesetz zur Umsetzung
verabschieden könnte. Da die Richtlinie einen grundrechtsrelevan-
ten Sachverhalt, nämlich die Berufsausübung der Reisekaufleute,
regelt, bedarf die Umsetzung der Form des formellen Gesetzes. Als
Haftungsschuldner kommen hier somit nur die Abg des BT in Betracht.

Die Abg des BT sind keine Beamten i.S.d. Beamtenrechts. Der sog.
haftungsrechtliche Beamtenbegriff geht jedoch über den des Beamtenrechts hinaus. Nach ihm sind alle mit der Ausübung öffentlicher
Gewalt betrauten Personen als Beamte i.S.d. § 839 BGB, Art. 34 GG
anzusehen. Die Abg erfüllen diese Voraussetzung.

2.2.2   Handeln bzw. Unterlassen in Ausübung eines öffentlichen Amtes

Die Abg müßten in Ausübung eines öff. Amtes etwas unterlassen
haben. Sie haben es unterlassen, ein Gesetz, das die Richtlinie
umsetzt, zu verabschieden. Gesetzgebung ist die Ausübung eines
öff. Amtes.

2.2.3   Verletzung einer Dritten gegenüber obliegenden Amtspflicht

Anspruchsvoraussetzung ist weiterhin, daß die Abg eine ihnen der
U gegenüber obliegende Amtspflicht verletzt haben, indem sie die
Richtlinie nicht fristgerecht durch ein formelles Gesetz umgesetzt
haben. Dabei ist zunächst zu differenzieren zwischen der Amtspflicht, ein Gesetz zu verabschieden, und der Drittbezogenheit dieser Amtspflicht.

2.2.3.1   Amtspflicht zur Gesetzgebung

Die Abg müßte eine Rechtspflicht zum Handeln treffen, die sie
durch ihr Unterlassen verletzt haben. Problematisch könnte hierbei
das freie Mandat i.S.d. Art. 38 GG sein, indem es den Abg größtmög-
liche Unabhängigkeit und insb Weisungsfreiheit gewährt. Daraus
könnte der Schluß gezogen werden, daß die Abg keine Pflicht zum
Erlaß bestimmter Gesetze treffen kann, da sonst ihr Mandat nicht
frei ist. Bei näherer Betrachtung ergibt sich indes ein anderes Bild:
Das freie Mandat bedeutet nicht, daß es keine rechtlichen Bindun-

gen für die Abg gibt. Sie sind zunächst an die Vorgaben der Verfassung gebunden, aber auch an die des europäischen Gemeinschaftsrechts.

Aus dem Gemeinschaftsrecht, insb. Art. 5 I, 189 III EG-Vertrag, ergibt sich u.a. die Pflicht, Richtlinien innerhalb der in ihr vorgeschriebenen Frist umzusetzen, d.h. ihren Inhalt ins nationale Recht zu inkorporieren. Da die Umsetzungspflicht im Zeitpunkt des Rückfluges der U schon abgelaufen war, haben die Abg des Deutschen Bundestages die Amtspflicht, dem EG-Recht gem. zu handeln, verletzt.

2.2.3.2 Drittbezogenheit der Amtspflicht

Problematisch ist die Drittbezogenheit der Amtspflicht in Fällen legislativen Unrechts, da die Pflichten der gesetzgebenden Gewalt grundsätzlich der Allgemeinheit gegenüber gelten und kein individuelles, subjektives Recht vermitteln. Demnach würde hier der Anspruch der U an der mangelnden Drittwirkung der Pflicht zum normativen Tätigwerden scheitern.

Fraglich ist aber, ob für den Fall eines legislativen Verstoßes gegen Europäisches Gemeinschaftsrecht nicht andere Haftungsgrundsätze anzuwenden sind, die dem vorrangigen Gemeinschaftsrecht entstammen.

2.2.3.3 Der gemeinschaftsrechtliche Staatshaftungsgrundsatz

Diese Haftungsgrundsätze könnten sich aus der Rechtsnatur der Richtlinie ergeben.

Grundsätzlich ist eine unmittelbare Wirkung von EG-Normen Voraussetzung dafür, daß das staatliche Privatrecht Rechtsfolgen an diese Normen knüpft. Richtlinien sind gem. Art. 189 III EGV lediglich hinsichtlich des zu erreichenden Zieles verbindlich, überlassen jedoch den innerstaatlichen Stellen die Wahl der Form und der Mittel. Damit kommt ihnen grds. keine unmittelbare Wirkung zu.

Allerdings ist in der Rspr. des EuGH inzwischen eine unmittelbare Wirkung bestimmter Richtlinienvorschriften anerkannt. Voraussetzung dafür ist, daß erstens eine Richtlinie oder einzelne Bestimmungen in ihr inhaltlich als unbedingt und hinreichend genau angesehen werden können, und daß der zur Umsetzung verpflichtete Mitgliedstaat die Anpassung seines nationalen Rechtes frist- und damit rechtswidrig nicht vorgenommen hat.

Von einer hinreichend genauen Ausgestaltung der Richtlinie im vorliegenden Fall im Sinne einer »perfekten« Regelungsintensität kann nicht ausgegangen werden, da nur eine im Fall der Insolvenz greifende Versicherungspflicht der Pauschalreiseveranstalter vorgeschrieben war, nicht aber durch die Richtlinie selbst Anspruchsvoraussetzungen und Schuldnerkreis eines Versicherungsanspruchs bestimmt wurden.

Aus der Entwicklung der Rspr. zur Direktwirkung von Richtlinien darf jedoch nicht gefolgert werden, dadurch solle der normative Gehalt der Richtlinien als an die Mitgliedstaaten gerichtete Pflicht zum Handeln in Frage gestellt werden.

Primär bleibt es dabei, daß die Richtlinien Rechtsverbindlichkeit nur für ihre Adressaten, nämlich die Mitgliedstaaten, haben und für diese eine Umsetzungspflicht begründen (Art. 189 III EGV). Diese Primärpflicht könnte sich bei mangelnder Umsetzung in eine Sekundärpflicht umwandeln. Das nationale Haftungsrecht würde dann den prozessualen Rahmen dieser aus dem Gemeinschaftsrecht abgeleiteten Haftung abgeben.

Ableiten läßt sich die Sekundärpflicht aus dem Effektivitätsgebot des Gemeinschaftsrechts. Dieses verlangt, daß eine Berufung auf entgegenstehendes nationales Recht (hier das Erfordernis der Drittbezogenheit der Pflicht zum normativen Tätigwerden) ausgeschlossen ist, wenn die volle Wirksamkeit der Geltung des Gemeinschaftsrechts durch vertragswidriges Verhalten der Mitgliedstaaten eingeschränkt wird. Unterstützend läßt sich auch die Gemeinschaftsklausel des Art. 5 EGV heranziehen, aus der sich die Pflicht der Mitgliedstaaten ergibt, alle geeigneten Maßnahmen zur Erfüllung ihrer gemeinschaftsrechtlichen Pflichten zu treffen und Maßnahmen zu unterlassen, welche die Verwirklichung der Ziele des Vertrags gefährden können.

Gerade weil in Fällen wie dem vorliegenden der einzelne sich auf eine unmittelbare Geltung der Richtlinie nicht berufen kann, muß daher die Staatshaftung eingreifen, damit die dem einzelnen durch das Gemeinschaftsrecht garantierten Rechte wirksam geltend gemacht werden können. Hierzu gehört auch das Recht, Schadensersatz als Ausgleich für mangelnde Umsetzung von Gemeinschaftsrecht zu verlangen.

Dieser Haftungsgrundsatz unterliegt nach der Rspr. des EuGH drei Voraussetzungen.

Es muß ein durch die Richtlinie geschütztes Interesse bestehen. Dieses liegt im Fall der Richtlinie über die Versicherungspflicht der Pauschalreiseanbieter im Schutz der Vermögensinteressen der Vertragspartner dieser Anbieter.

Zweitens muß der Inhalt der verliehenen Rechte hinreichend bestimmt sein. Dieses Merkmal ist allerdings nicht zu verwechseln mit dem der hinreichenden Bestimmbarkeit für die Frage der unmittelbaren Geltung einer Richtlinie. Für die unmittelbare Durchsetzung eines Leistungsanspruches aus einer Richtlinie muß der Schuldner feststehen. Dagegen genügt es für die hinreichende Bestimmtheit als Grundlage eines Staatshaftungsanspruches, daß ein normatives Minimalprogramm aufgezeigt wird. Dies wird man bei der Richtlinie, die eine im Falle der Insolvenz greifende Versicherung für Pauschalreiseveranstalter vorschreibt, bejahen können.

Schließlich muß auch ein Kausalzusammenhang zwischen der Verletzung der dem Staat auferlegten Umsetzungspflicht und dem geltend gemachten Schaden bestehen. Dies ist auch ein im deutschen Schadensersatzrecht anerkannter Grundsatz, der ohnehin im Rahmen des Amtshaftungsanspruchs geprüft wird (s. unten 2.2.5).

Damit sind die Voraussetzungen des gemeinschaftsrechtlichen Haftungsgrundsatzes gegeben. Unabhängig von der Frage der Drittbezogenheit bestand eine die Staatshaftung auslösende Pflicht zu gesetzgeberischem Tätigwerden.

2.2.4   Verschulden

Die Abg hätten erkennen müssen, daß sie die Richtlinie umzusetzen haben. Sie unterließen es somit fahrlässig.

2.2.5   Kausaler Schaden

Das Unterlassen der Umsetzung der Richtlinie müßte zu einem ersatzfähigen Schaden geführt haben. Da die U bei Umsetzung der Richtlinie vor der Insolvenz der P geschützt gewesen wäre, hätte sie die 1.500,– DM für den Rückflug nicht aufwenden müssen. Darin liegt also ein durch die Amtspflichtverletzung verursachter kausaler Schaden.

Die Anspruchsvoraussetzungen liegen mithin vor.

2.3   Haftungsübernahme

Gem. Art. 34 GG geht die Haftung der Abg auf die Bundesrepublik
Deutschland über.

Ergebnis: Die U hat gegen die Bundesrepublik einen Anspruch aus § 839
i.V.m. Art. 34 GG auf Schadensersatz in Höhe von 1.500,– DM.

zu 1: BVerfG, B. v. 15.8.1989, NJW 1989, 3269 ff.; BVerwG, U. v.
23.5.1989, E 82, 76 ff.; U. v. 18.10.1990, E 87, 37 ff.; *Schoch*, Staatliche Informationspolitik und Berufsfreiheit – Das Urteil des
BVerwG vom 18.10.1990 (3 C 2/88) im Spiegel der Rechtsverordnung –, in: DVBl. 1991, 667 ff.; *Heintzen*, Staatliche Warnungen als
Grundrechtsproblem, in: VerwArch 81 (1990), 532 ff.; *Discher*, Mit-
telbarer Eingriff, Gesetzesvorbehalt, Verwaltungskompetenz: Die
Jugendsekten-Entscheidungen – BVerwGE 82, 76; BVerwG, NJW
1991, 1770; 1992, 2496; BVerfG, NJW 1989, 2369, in: JuS 1993,
463 ff.

zu 1.3: BVerwG, U. v. 23.5.1989, E 82, 76 ff.; B. v. 13.3.1991, NJW
1991, 1770 ff.; OVG Münster, B. v. 20.4.1994, NJW 1995, 1629.

zu 2: EuGH, U. v. 19.11.1991, NJW 1992, 165 ff. – Francovich –;
LG Bonn, B. v. 6.6.1994, NJW 1994, 2489 ff. sowie LG Bonn, U. v.
6.6.1994, NJW 1994, 2492 f.; *Streinz*, Europarecht, 2. Aufl. (1995),
Rz. 410-314; *Schweitzer/Hummer*, Europarecht, 4. Aufl. (1993), S.
82 f. und S. 95 f.; *Steindorff*, Sanktionen des staatlichen Privatrechts
für Verstöße gegen EG-Recht, in: Jura 1992, 561 ff.; *Hailbronner*,
Staatshaftung bei säumiger Umsetzung von EG-Richtlinien, in: JZ
1992, 284 ff.; *v. Danwitz*, Zur Entwicklung der gemeinschaftsrechtlichen Staatshaftung, in: JZ 1994, 335 ff.; *Ennuschat*, Von Paris über
Rom nach Maastricht – Grundstrukturen der EG, des Binnenmark-
tes und des Maastrichter Vertrags, in: JuS 1995, 24 ff.; *Himmelmann*,
Gemeinschaftsrechtliche Vorgaben für die Umsetzung von EG-
Recht, in: DÖV 1996, 145 ff.

Lösungsskizze 36

1   **Rechtmäßigkeit des Steuerbescheides**

Hundesteuer ist eine örtliche Aufwandsteuer nach Art. 106 VI 1 GG.
Die Stadt hier nach Sachverhalt zuständiger und in der Erhebung
selbstverantwortlicher (Art. 28 II 1 GG) Inhaber dieses Steuer-
rechts.

1.1   Steuerbescheid könnte gegen Wiener Übereinkommen über diplomatische Beziehungen v. 18.4.1961 (BGBl. II 1964, S. 959) verstoßen.

Nach Art. 34, 37 II WÜdB wäre C von Steuern wie der hiesigen
befreit (die Tatbestandsmerkmale des Art. 37 II im einzelnen sind
erfüllt, die Ausnahmen des Art. 34 liegen nicht vor).

1.2   Aber: WÜdB geltendes Recht?

WÜdB von BRD ratifiziert, der Bund aber hat keine Gesetzgebungszuständigkeit betr. kommunaler Steuern.

1.2.1   Völkerrechtliche Wirksamkeit (Außenverhältnis)

Unabhängig davon, ob man die Abschlußkompetenz nach Art. 32 I
GG für umfassend oder durch legislatorische Zuständigkeitsord-
nung begrenzt ansieht: Der Bund könnte sich hier nicht auf man-
gelnde Vertretungsmacht berufen. Denn weder wäre innerstaatliche
Kompetenzverletzung für Völkerrechtsgemeinschaft offenkundig,
noch beträfe sie einen staatsgrundlegenden RSatz (Art. 46 Wiener
Übereinkommen über das Recht der Verträge v. 23.5.1969 (WVK);
Beitritt der BRD am 20.8.1987 (BGBl. II 1987 S. 757)). Ebenso kein
RGrund für Nichteinhaltung der WÜdB (Art. 27 der WVK).

1.2.2   Innerstaatliche Wirksamkeit

Ratifikations-Zustimmungskompetenz des Bundes nach Art. 59
II 1 GG gegeben (»politische Beziehungen des Bundes«).

1.2.2.1   Transformations- und Vollziehungskompetenz richten sich nach
Art. 70 ff. GG. Gesetzliche Regelung der Erhebung von kommuna-
ler Aufwandsteuer an sich ausschließliche Kompetenz der Länder
(Art. 105 IIa GG). Aber Freistellung von Steuerpflicht für Personen

diplomatischer Vertretungen zugleich und insoweit dominierend (traditionell) »auswärtige Angelegenheit« i.S. von Art. 73 Nr. 1 GG.

Transformation damit hier uno actu mit Ratifikations-Zustimmung (durch Bundes-Vertragsgesetz, BGBl. II 1965 S. 147) erfolgt.

Ergo: Regeln des WÜdB gültiges Bundesrecht. Widersprechendes Landes- oder Ortsrecht nichtig (Art. 31 GG).

1.2.2.2 Im übrigen: WÜdB nur Kodifizierung ohnehin geltenden Völkergewohnheitsrechts (arg. WÜdB-Präambel). Materiell waren Bestimmungen mithin über Art. 25 GG bereits vorher unmittelbares Bundesrecht. Auch insofern also evtl. Nichtigkeit entgegenstehenden Landes- oder OrtsRs.

Ergebnis: Erhebung der Hundesteuer von C völker- und staatsrechtswidrig.

2 **›Unterbleiben‹ der Steuerforderung**

2.1 Stadt unterliegt (auch im Selbstverwaltungsrecht) der Rechtsaufsicht des Landes (wahrgenommen durch RegPräsidien, Kreis pp. oder Innenminister direkt). Aufsichtsbehörde muß der Stadt Rücknahme des Steuerbescheids aufgeben bzw. notfalls im Wege der Ersatzvornahme (Selbsteintritt) Rücknahme selbst vornehmen.

2.2 Bund kann Land unter Hinweis auf Bundestreue auffordern, entsprechend vorzugehen.

Notfalls Weg des Art. 37 GG (Bundeszwang) mit äußerstenfalls direkter Maßnahme (Art. 37 II GG).

Auch unmittelbarer Durchgriff Bund-Gemeinde nach Art. 83 ff. GG?

Da keine andersartige Festlegung, handelte es sich höchstens um eigenverantwortliche ›Ausführungsverwaltung‹ der Länder nach Art. 84 GG (Art. 83 GG), der für aufsichtliche Initiativen des Bundes nur Weg über Art. 84 III GG vorsieht.

Aber hier schon überhaupt: nicht »Ausführung von Bundesgesetzen«, sondern nur ›Beachtung von Bundesgesetzen‹ durch Landesbehörden.

Ergebnis: Bund kann nur unter Hinweis auf Bundestreue (notfalls im Wege des Bundeszwanges) Rücknahme des Steuerbescheids und der akzessorischen Zwangsandrohung erwirken.

zu 1: *Schmidt-Jortzig/Makswit*, Handbuch des kommunalen Finanz- und Haushaltsrechts (1991), Rdn. 103 ff.; *H. Münch*, Der Hundesteueranspruch und seine Konkretisierung – Berichtigung eines bestandskräftigen Hundesteuerbescheids, in: Zeitschrift für Kommunalfinanzen 1994, 79 ff.

zu 1.2: *Schweitzer*, Staatsrecht III – Staatsrecht, Völkerrecht, Europarecht, 5. Aufl. (1995), Rdn. 67.

Lösungsskizze 37

1   **Kollektive Maßnahmen**

Die Durchsetzung kollektiver Maßnahmen bildet neben dem umfassenden Gewaltverbot (vgl. Art. 2 IV UN-Charta) den anderen Grundpfeiler des durch die Charta geschaffenen Systems der kollektiven Sicherheit.

1.1   Eingriffsmöglichkeit des Sicherheitsrats

Kap. VII (Art. 39 ff.) UN-Charta ermöglicht abgestufte, sich kontinuierlich steigernde Reaktionen des SR (sog. »enforcement action«). Danach entscheidet SR über das »Ob« und »Wie« der Ergreifung verschiedener Arten von sowohl präventiv als auch repressiv wirkenden Zwangsmaßnahmen. Funktionieren dieses Systems aber nur bei Erfüllung einer Reihe objektiver und subjektiver Bedingungen gewährleistet (insbes. Solidarität der Teilnehmerstaaten).

Da offensichtlich die Aufforderung des SR zur Einhaltung vorläufiger Maßnahmen an den Staat X nach Art. 40 UN-Charta nichts bewirkte (insbes. Aufforderung zu einer Feuereinstellung) und auch die (unverbindliche) Abgabe von Empfehlungen nach Art. 39 UN-Charta – denen aber eine Feststellung der Bedrohung oder Bruch des Friedens oder einer Angriffshandlung durch den SR nach Art. 39 UN-Charta vorausgehen muß – fruchtlos geblieben ist, kann der SR weitere Zwangsmaßnahmen gegenüber X beschließen.

Maßnahmen nach Kap. VII der UN-Charta evtl. durch Art. 2 Ziff. 7 UN-Charta ausgeschlossen, der einen Eingriff in die »inneren Angelegenheiten« der Staaten untersagt. Ethnischer Konflikt im Staat X u.U. unter diesem Begriff subsumierbar, jedoch anerkannt, daß SR bereits innere Umstände in einem Staat, etwa massive Verletzung der Menschenrechte, als Friedensbedrohung i.S.d. Art. 39 UN-Charta ansehen kann. Zwischenstaatliche Konfrontation daher nicht erforderlich, sondern vielmehr Vorverlagerung der Eingriffsschwelle auch bei staatsinternen Situationen, da internationaler Menschenrechtsschutz, insb. das Verbot des Völkermordes, Anliegen der Staatengemeinschaft und damit der »domaine réservé« der Staaten (Art. 2 Ziff. 7 UN-Charta) bei schwerwiegenden Verletzungen entzogen sind. Dies ergibt sich auch aus dem Wortlaut des Art. 2 Ziff. 7 UN-Charta, der Maßnahmen nach Kap. VII der UN-Charta ausdrücklich von dem sonst geltenden Verbot der Einmischung ausnimmt.

Solch flagrante Verletzungen hier im Staate X gegeben, da Konflikt nicht nur blutig, sondern auch besonders grausam geführt wird, sowie menschenrechtsverletzende Minderheitenverfolgung vorliegt.

1.2   Konkrete Maßnahmeformen

1.2.1   Zunächst besteht die Möglichkeit der Durchführung friedlicher bzw. nicht-militärischer Sanktionsmaßnahmen (kein Einsatz von Waffengewalt!). Nach der nur beispielhaften, nicht abschließenden Aufzählung in Art. 41 UN-Charta können diese ökonomischer (Boykottmaßnahmen) oder diplomatischer Art (Abbruch der Beziehung) sein (Anordnung solcher Maßnahmen z.B. gegenüber Rhodesien (1968), Südafrika (1977) und Irak/Kuwait (1990)).

1.2.2   Sollte SR der Auffassung sein, Sanktionsmaßnahmen nach Art. 41 UN-Charta seien unzulänglich (Ermessen des SR!), bietet Art. 42 i.V.m. 39 UN-Charta die Grundlage für militärische Gemeinschaftssanktionen durch den Einsatz von Land-, Luft- und Seestreitkräften. Nicht notwendig, daß Maßnahmen nach Art. 41 UN-Charta vorher beschlossen und durchgeführt worden sind.

Militärische Sanktionsmaßnahmen werden gegen den Willen des betroffenen Staates vorgenommen (daraus wird deutlich, daß die Stationierung von sog. Friedenstruppen (»peace-keeping forces«), die im Gegensatz zu den UN-Truppen im Rahmen von militärischen Sanktionen nach Art. 42 UN-Charta keinen Kampfauftrag haben, nicht auf der Grundlage von Art. 42 UN-Charta gerechtfertigt werden kann und ihr Einsatz auch vor Beendigung der Kämpfe untunlich ist). Militäraktionen müssen nicht ausschließlich in der Bekämpfung anderer Streitkräfte bestehen. Art. 42 S. 2 UN-Charta nennt ausdrücklich auch Demonstrationen (der Stärke) und Blockaden. Gewaltanwendung hier aber nicht ausgeschlossen, weil im Staate X sich zwei oder mehrere kämpfende Parteien gegenüberstehen; unabhängig davon, wer im Endeffekt als »Friedensbrecher« anzusehen ist, sind Maßnahmen gegen alle kämpfenden Parteien möglich.

Umfang der militärischen Aktionen wird begrenzt durch deren Ziel, nämlich die Wahrung oder Wiederherstellung des Weltfriedens.

1.2.3   Zu beachten ist das Zustimmungsquorum des Art. 27 III UN-Charta. Zustimmung von neun der 15 Mitglieder des SR einschließlich aller fünf ständigen Mitglieder (vgl. auch Art. 23 I UN-Charta) erforderlich. Bestehendes Vetorecht der ständigen Mitglieder gem. Art. 27 I UN-Charta erschwert Entscheidungsfindung.

2   **Teilnahmeverpflichtung**

Differenzierung nach Art der Zwangsmaßnahme

2.1   *Nichtmilitärische Zwangsmaßnahmen*: Durchführung der Maßnahmen obliegt gem. Art. 48 UN-Charta den Mitgliedstaaten. Beschlüsse des SR gem. Art. 41 UN-Charta binden den Staat unmittelbar völkerrechtlich aufgrund von UN-Recht (Art. 25 UN-Charta).

2.2   *Militärische Zwangsmaßnahmen*: Mangels eigener Streitkräfte zur Durchführung von militärischen Sanktionsmaßnahmen besteht eine allgemeine Beistandspflicht der UN-Mitglieder gem. Art. 43 I UN-Charta, der die Mitgliedstaaten auf Ersuchen des SR verpflichtet, insb. Streitkräfte zur Verfügung zu stellen (vgl. zu den weiteren Pflichten Art. 43 I UN-Charta).

2.2.1   Im vorliegenden Fall fehlt jedoch (bisher) wichtigste Voraussetzung für diese Beistandspflicht, der Abschluß von entsprechenden Sonderabkommen. Fraglich, ob trotzdem eine unmittelbare Pflicht der Mitgliedstaaten zur Verfügungstellung von Truppen besteht. Ist man der Auffassung, daß mit dem Beitritt zur UNO jeder Mitgliedstaat die militärische Beistandspflicht des Art. 43 UN-Charta akzeptiert hat, besteht ohne weiteres die Pflicht zur Truppenbereitstellung.

Betrachtet man hingegen Art. 43 UN-Charta als abschließende Sonderregelung im Bereich der Zwangsmaßnahmen nach Kap. VII der UN-Charta, also als lex specialis, so wird die grds. Bindungswirkung von SR-Beschlüssen für Mitgliedstaaten gem. Art. 25 UN-Charta in diesem Regelungsbereich verdrängt.

Eine so weitgehende Paktierpflicht ist aus dem Wortlaut des Art. 43 I UN-Charta wohl nicht herzuleiten. Danach besteht keine unmittelbare Pflicht der UN-Mitglieder zur Truppenstellung.

Solange also die von Art. 43 UN-Charta vorgesehenen Abkommen nicht abgeschlossen worden sind und die fehlende Handlungsfähigkeit des Generalstabsausschusses (dazu unten 3) gem. Art. 47 UN-Charta nicht beseitigt wird, ist ein militärischer Einsatz von Truppen unter der unmittelbaren Kontrolle des SR weitgehend unmöglich.

2.2.2   Einsatz von Truppen deshalb aber nicht ausgeschlossen. SR kann entweder die Bereitstellung von Truppen etc. empfehlen (vgl. dazu auch Art. 106 UN-Charta) oder gem. Art. 42.2 i.V.m. Art. 48 I UN-Charta die Mitglieder der UN zu entsprechenden militärischen Maßnahmen ermächtigen (so geschehen im Zweiten Golfkrieg durch Res. 678). SR hat in diesen Fällen relativ weite Einschätzungs- und Entscheidungsfreiheit, die von einer bloßen Autorisierung derartiger Maßnahmen bis hin zu einer Empfehlung einzelner konkreter militärischer Sanktionsmaßnahmen reicht. Zu beachten ist aber die recht schwache Kontrolle des SR.

Ferner besteht die Möglichkeit, den Mitgliedstaaten zu empfehlen oder sie aufzufordern, vom Recht der kollektiven Selbstverteidigung nach Art. 51 UN-Charta Gebrauch zu machen.

3   **Befehlsgewalt**

Abhängig von der Art des Einsatzes: Bei bloßer Ermächtigung eines Mitgliedstaates zum Einsatz nationaler Truppenkontingente bleiben diese auch unter deren Kontrolle. Kriegsvölkerrecht anwendbar, soweit dieses für Entsendestaat Geltung hat.

Oberbefehlshaber und Offiziere des nationalen Kommandostabes unterliegen ausschließlich der Befehlsgewalt der UN. Kein unmittelbarer Einfluß der stattfindenden militärischen Aktionen durch nationale Kommandogewalt.

Zwar werden die von den UN eingesetzten Truppen diesen auch organschaftlich zugeordnet. Entsendestaat (d.h. der nationale Kommandeur) behält aber die ausschließliche Straf-, Disziplinar- und Organisationshoheit seines Truppenkontingents. Ausgesprochene Personalverwaltungsangelegenheiten wie Beförderungen, Auszahlung des Solds, Krankengeld etc. regelt der Heimatstaat.

Truppenangehörige scheiden trotz ihrer Eingliederung in den UN-Verband nicht aus ihrem nationalen Dienstverhältnis aus. Aus der Stellung der Truppenmitglieder als »Organe« der UNO folgt jedoch, daß für den einzelnen Soldaten seine nationale Zugehörigkeit hinter der Eingliederung in die UN zurücktritt.

Bei Truppeneinsatz unter voller UN-Kontrolle (wohl nur bei Abschluß der Sonderabkommen gem. Art. 43 UN-Charta) Einsetzung eines Generalstabsausschusses, bestehend aus den Generalstabschefs der fünf ständigen Mitglieder, zur Unterstützung des SR nach Art. 47 I u. III UN-Charta vorgesehen (seit Bestehen regelmäßige Tagungen!), dem die strategische Leitung unter der Autorität des SR übertragen wird. Ein solcher Einsatz würde dann unter UN-Flagge erfolgen. Art. 47 UN-Charta wohl nicht zwingend. Verschiedene Möglichkeiten (z.b. Oberkommando eines einzigen Staates oder Kommandogewalt der UN) denkbar.

4   **Kostenersatzanspruch**

Schadensersatzansprüche sowohl für Personen- und Vermögens- als auch für Umweltschäden(!) (so zuerst festgesetzt gegen Irak im 2. Golfkrieg (Res. 687)) zwar »internationaler Standard«. Hier aber Zweifel an Durchsetzbarkeit, da im Staat X Schädiger eigentlich auch zugleich Geschädigter ist, solange Konflikt auf eigenes Staatsterritorium begrenzt.

Beteiligung des Staates X an den anfallenden Kosten für Ausrüstung, Entlohnung, etc. der entsendeten Truppenkontingente zweifellos durch entsprechenden Beschluß des SR möglich. Bisherige Praxis bei der Kostenverteilung zwischen UN-Entsende- bzw. Teilnehmerstaaten – Konfliktparteien recht unterschiedlich (friedenserhaltende Operationen werden z.B. zur Gänze oder teilweise durch freiwillige Beiträge finanziert). Aber durchaus denkbar, daß Staat X unter Berücksichtigung seiner finanziellen Ressourcen für oben genannte Ersatzansprüche anteilig aufkommen muß (z.B. Errichtung eines Fonds, in den ein Teil der Exporteinnahmen des Staates X zur Begleichung der bestehenden Verbindlichkeiten fließt).

zum Fall insgesamt: *Wolfrum*, Handbuch der Vereinten Nationen, 3. Aufl. (1995), S. 180 ff.; *Frowein*, in: Commentary of the Charter of the United Nations (Hrsg.: Simma) (1994), Art. 39 Rdn. 1 ff.; *Seidel*, Ist die UN-Charta noch zeitgemäß?, in: AVR 33 (1995), 21 ff. (40 ff.).

Lösungsskizze 38

1 **Völkerrechtswidrigkeit des israelischen Unternehmens?**

1.1 Verstoß gegen Gewaltverbot des Art. 2 Nr. 4 UN-Charta? Umfassende Geltung der Norm, grds. auch für alle Reaktionshandlungen.

1.1.1 Ausnahme nach Art. 51 S. 1 UN-Charta nur für Selbstverteidigung: Notwehr gegen einen gegenwärtigen Angriff, Selbstschutz gegen einen bevorstehenden Angriff.

Unterstützung der israelische Staatsbürger als Geiseln festhaltenden Terroristen durch ugandische Regierung »Angriff« auf Israel?

Nur, wenn Begriff extrem weit ausgelegt wird, etwa als: Gewaltanwendung eines Staates auf Gebiet oder Volk eines anderen Staates. Dies jedoch sehr bestritten und gegenüber dem Grundsatz des Art. 2 Nr. 4 UN-Charta wohl auch systemwidrig.

(Auch die Aggressions-Definition der GA-Resolution vom 14.12. 1974, die freilich nach langer Diskussion ausdrücklich ihre Geltung für Art. 51 UN-Charta ausschloß, würde Ugandas Haltung nicht als Angriff auf Israel bezeichnen).

Daher Voraussetzung für Art. 51 S. 1 UN-Charta nicht gegeben.

1.1.2 Völkerrechtliches Delikt Ugandas gegen Israel?

Zwar wohl eine gewohnheitsrechtliche Pflicht feststellbar, Flugzeugentführungen zu verhindern und Folgen solcher Entführungen zu beseitigen. Unabhängig aber davon, ob Uganda und Israel Mitglieder einer selben Konvention gegen Luftpiraterie (z.B. Haager Abkommen v. 16.12.1970, Montrealer Abkommen v. 23.9.1971) und deshalb schon einander vertraglich zu solchem Verhalten verpflichtet sind: Jedenfalls besteht allgemeine Unterlassungspflicht, dritte Gewaltanwendung gegen fremde Staatsbürger zu unterstützen oder im eigenen Souveränitätsbereich zu dulden. Jeder Staat ist gegenüber einem anderen Staat auch für die Handlungen völkerrechtlich verantwortlich, die (unter seiner Verantwortung) lediglich gegen dessen Staatsbürger oder Schutzgenossen begangen werden.

Uganda hat danach ein Völkerrechtsdelikt gegenüber Israel begangen. Aber: Rechtspflichtverletzung für sich berechtigt (noch) nicht zur Intervention. Unter dem allg. Gewaltverbot des Art. 2 Nr. 4 UN-Charta werden für solche Situationen andere Bereinigungsmittel an die Hand gegeben (z.B. Art. 33 ff. UN-Charta).

Ergebnis: An sich völkerrechtswidriger Eingriff Israels in Souveränität Ugandas.

1.2   Aber: Striktes Gewaltverbotsprinzip der UN-Charta offensichtlich ineffektiv, denn Maßnahmen des Sicherheitsrates gegen Uganda wären wohl kaum (noch) zur rechten Zeit zustandegekommen.

Hinsichtlich »Grundrecht« der Staaten auf Selbstbehauptung daher die Rechtsgültigkeit des umfassenden Gewaltverbots der UN-Charta möglicherweise begrenzt. Gegenüber strikter Gewaltenthaltung in solchen Fällen abweichende Staatenpraxis, entgegenstehendes Gewohnheitsrecht: Caroline-Fall England/USA 1837, Villa-Fall USA/Mexiko 1916, Oran-Fall England/Frankreich 1940, Mayaguez-Fall USA/Kambodscha 1975.

Es wäre dann Gewaltanwendung gegen einen fremden Staat zur Abwehr eines grundsätzlichen, an das staatliche Selbstverständnis gehenden Unrechts zulässig (durch Notwehr gerechtfertigte Intervention).

1.2.1   Grundrecht der staatlichen Selbstbehauptung zwar gewiß nicht generell durch ein Völkerrechtsdelikt zur Wahrnehmung aufgerufen (etwa bei bloßer Verletzung in abstrakter Rechtsposition, Sachschaden); siehe oben 1.1.2. Möglicherweise aber dann, wenn ein Unrechtsfall besonderer Präzedenz vorliegt, oder vor allem, wenn es sich um unmittelbare Unrechtshandlungen gegen Menschen, Bürger des betr. Staates handelt (»Menschenrecht geht vor Völkerrecht«).

1.2.2   Rechtfertigung auch aus UN-Charta selbst?

»Die Achtung der Menschenrechte und Grundfreiheiten für jedermann... zu fördern und zu festigen«, ist nach Art. 1 Nr. 3 UN-Charta erklärtes Grundziel der UN. Flagrante, besonders schwere, offenkundige Verletzung dieses Topos durch einen Staat könnte den in seinen Staatsbürgern betroffenen Drittstaat in erweiternder Auslegung des Art. 51 S. 1 UN-Charta zu Notwehraktionen berechtigen.

Kommandoaktion von Entebbe wäre insoweit nicht unangemessen. Auch Zerstörung der ugandischen Flugzeuge als potentielle Instrumente der Gegenwehr verhältnismäßig.

1.2.3   Evtl. auch Anwendung des älteren Völkerrechtssatzes, daß Völker-
              rechtsbindungen nur gegenüber »zivilisierten Staaten« gelten, und
              als solche gelten nur die, die sich innerhalb des Grundkonsenses der
              Völkerrechtsgemeinschaft halten. Wer unverhohlen gegen elemen-
              tare Prinzipien des Völkerrechts, etwa die Menschenrechte ver-
              stößt, stellt sich damit außerhalb der Völkerrechtsgemeinschaft.

              Früher galt die Unterstützung oder Duldung der (See)Piraterie als
              solch konsenssprengendes Verhalten. Entsprechende Anwendung
              auf tatsächliche Begünstigung der Luftpiraterie heute erschiene
              vertretbar.

Ergebnis: Israels Kommandoaktion durch außerordentliche Rechtfertigungs-
              gründe gedeckt.

2   **Verfahrensfragen**

              Sondersitzung des UN-Sicherheitsrates von jedem UN-Mitglied zu
              beantragen; Art. 28 II, 35 UN-Charta (sowie GeschO nach Art. 30).

              Mögliche Maßnahmen des Sicherheitsrates: Art. 38 UN-Charta.

              zum Fall insgesamt: *Schröder*, Die Geiselbefreiung von Entebbe –
              ein völkerrechtswidriger Akt Israels?, in: JZ 1977, 420 ff.; *Beyerlin*,
              Die israelische Befreiungsaktion in völkerrechtlicher Sicht, in: Za-
              öRV 37 (1977), 213 ff.; Un-Doc. S/12123 und 12124, S/PV. 1939
              und 1940; *Hailbronner*, in: BDGV (Berichte der Deutschen Gesell-
              schaft für Völkerrecht) 26 (1986), 105; *Ader*, Gewaltsame Rettungs-
              aktionen zum Schutz eigener Staatsangehöriger im Ausland (1988).

              zu 1.1.1: *Blumenwitz*, Das universelle Gewaltanwendungsverbot
              und die Bekämpfung des grenzüberschreitenden Terrorismus, in:
              BayVBl. 1986, 737 ff.; *Randelzhofer*, in: Commentary of the Char-
              ter of the United Nations (Hrsg.: Simma) (1994), Art. 2 Ziff. 4
              Rdn. 52-55.

Lösungsskizze 39

1   **Antrag auf vorläufige Auslieferungshaft rechtsgültig?**

1.1   Stellen des Ersuchens durch die deutsche Seite ist formell korrekt erfolgt, da keine förmliche diplomatische Übermittlung oder besondere Instanzenzuständigkeit zwischenstaatlich vorgeschrieben wurde. Das Ersuchen konnte daher unmittelbar an die zuständige französische Haftbehörde gehen.

1.2   Aber: »Gleichzeitige Bestätigung auf diplomatischem Wege« (Art. 9 III AuslV) erforderlich. Diese lag hier (noch) nicht vor.

1.2.1   Nach dem Sinn des Tatbestandsmerkmales »unmittelbar« in Art. 9 I AuslV kann »gleichzeitig« nicht bedeuten, daß diplomatische Bestätigung schon beim Eingehen des Antrages auf vorläufige Auslieferungshaft vorliegen muß. Andernfalls würde jedes rasche Zugreifen der Behörde unmöglich.

1.2.2   Die demnach bestehende Frist für eine diplomatische Bestätigung läßt sich daher nicht direkt nach dem in Art. 10 I AuslV genannten Zeitraum bestimmen (»20 Tage«). Die dortige Zeitspanne bezieht sich nur auf den Zugang der für ein Auslieferungsersuchen erforderlichen Urkunden. Die Vorschrift läßt im übrigen erkennen, daß ein Haftantrag eben schon ohne sofortiges Vorliegen aller Voraussetzungen (hier: Stellung eines wirksamen Auslieferungsersuchens) vorläufig verbindlich ist.

Möglich erscheint auch der Schluß: Wenn schon für die Nachreichung der Urkunden zum Ersuchen um Auslieferungshaft eine 20-tägige Verzögerung als hinnehmbar angesehen wird, dann muß dies erst recht für die umständlichere, diplomatische Bestätigung nach Art. 9 III AuslV gelten.

Nach dem im Völkerrechtsvertrag geltenden Auslegungsgrundsatz von Treu und Glauben (arg. Art. 31 I Wiener Vertragsrechtskonvention, der als Wiedergabe des geltenden Gewohnheitsrechtes anzusehen ist) muß außerdem die Zeitspanne als angemessen gelten, welche üblicherweise für einen Vorgang wie den hiesigen zu erwarten ist. Bei dem einzuhaltenden Instanzenweg sind insoweit jedenfalls mehr als die 3 Tage zwischen dem 8. und 11.1.1977 anzusetzen.

209

1.2.3   Für die Vertragsauslegung ist im übrigen die Rechtspraxis von Bedeutung (arg. Art. 31 III lit. b Wiener Vertragsrechtskonvention). Diese läßt hier (lt. Sachverhalt) entschieden eine längere Frist als 3 Tage zu.

1.2.4   Art. 9 II AuslV ist eine bloße Ordnungsvorschrift. Ihre Handhabung darf grundsätzlich die materiellen Rechtspflichten und -ansprüche nicht beengen oder gar faktisch unmöglich machen.

Ergebnis: Der Antrag auf vorläufige Auslieferungshaft war rechtsgültig.

Wenn Beschleunigung der diplomatischen Bestätigung erwünscht gewesen wäre, hätte eine diesbezügliche Aufforderung an die deutsche Seite zu entsprechender Berücksichtigung oder ein konkretes Aufgeben eiliger Behandlung erfolgen können. Beides geschah hier nicht.

2   **Freilassung zulässig?**

Eine Freilassung trotz gültigen Antrages auf Auslieferungsinhaftierung ist nur nach Art. 10 I AuslV zulässig. Dessen Tatbestandsvoraussetzungen liegen hier jedoch nicht vor.

Bei Tatbestandsmäßigkeit besteht grundsätzlich auch bei völkerrechtlichen Verträgen kein Ermessen bezüglich einer Vertragsbefolgung. Art. 1 AuslV begründet unmißverständlich die Verpflichtung zu vertragsentsprechendem Vorgehen in Auslieferungsfällen.

Ergebnis: Die Freilassung des Festgenommenen durch die französischen Behörden verstößt gegen den deutsch-französischen Auslieferungsvertrag.

zum Fall insgesamt: Cour d'Appel de Paris, E. v. 11.1.1977, EuGRZ 1977, 102; *Blumenwitz*, Die beiden Abu-Daud-Entscheidungen des Appelationsgerichtshofes Paris, in: EuGRZ 1977, 114 ff.

Lösungsskizze 40

1   **Eigentumszuordnung**

Eigentümer von Schiff und Ladung war zum Zeitpunkt der Versen-
kung das Deutsche Reich.

Wirksame Rechtsweiterleitung an Hamburger Unternehmen?

1.1   Erlöschen der Sachenrechte durch Untergehen und/oder am Mee-
resbodenliegen des U-Bootes?

1.1.1   Da das *Besitzrecht* an Schiff und Kargo Ausdruck faktischer Beherr-
schungsmacht ist und deshalb reine Mentalbeziehung zum Gegenstand nicht ausreicht, ist dasselbe mit Schiffsuntergang und
Abreißen jeder räumlich-tatsächlichen Verbindung zum Wrack
(keinerlei Zurückholbarkeit, nicht einmal Markierung der Lagepo-
sition) erloschen. Gleiches gilt völkerrechtlich für das bis dato geltende Flaggenrecht.

Damit aber noch nichts über Eigentumsrechte gesagt.

1.1.2   Erlöschen der *Eigentumsrechte* durch den Schiffsuntergang?

Zivilrechtlich erlischt Eigentumsrecht mit tatsächlicher Vernichtung
(Existenzbeendigung) des Rechtsgegenstandes. Inwieweit unterge-
gangenes Schiff als tatsächlich vernichtet gelten kann, entscheidet
Völkerrecht. Nach h.M. im VölkerR gilt ›Doktrin des absoluten Ei-
gentumsschutzes‹: Eigentumsrechte bleiben selbst bei realer Nicht-
mehr-Verfügbarkeit des Objektes bis zu dessen physikalischer
Auflösung bestehen.

1.1.2.1   Dereliktion des Eigentumsrechtes bei Schiffsuntergang?

Fraglich schon, ob Kapitän überhaupt Befugnis zur für seinen Staat
wirksamen Eigentumsaufgabe hatte (in der deutschen Völkerrechtslehre umstritten). Unabhängig davon aber wird von einem
wirklichen Rechtsaufgabewillen des betr. Kapitäns jedenfalls dann
nicht auszugehen sein, wenn wie hier das Verlassen des Schiffes
durch Drittgewalt erzwungen wurde (anders etwa bei Selbst-Versen-
ken an bekannter Stelle).

211

1.1.2.2   Spätere Eigentumsaufgabe durch Unterlassen von Bergungsbemü-
hungen?

Direkt nach Untergang wegen kriegerischer und geographischer
Lage objektiv keine Bergungsmöglichkeit. Danach gerieten Untergang und Untergangsstelle in Vergessenheit; erst 1969 erneut bekannt geworden. Dann Eigentum sogleich wiederberühmt. Mithin
keine konkludente Eigentumsaufgabe durch freiwilliges Untätig-
bleiben.

Ergebnis: Eigentumsrecht des Deutschen Reiches an Schiff und Ladung er-
losch durch Untergehen des U-Bootes nicht.

1.2   Erlöschen des Eigentums durch Untergang des Rechtsinhabers?

1.2.1   Untergang Deutschlands/des Deutschen Reiches 1945?

Dies ist Frage des Völkerrechtes und nicht eines nationalen Verfassungsrechts.

1.2.1.1   Es könnte eine Debellation (vollständige Niederringung der Staatsgewalt) stattgefunden haben, ebenso eine Beendigung deutscher
Staatsgewalt durch deren Übertragung auf Siegermächte oder aufgrund Absetzung der Regierung Dönitz. Die Gemeinden und Gemeindeverbände sowie andere Hoheitsfunktion ausübende
Verwaltungssubjekte bestanden und arbeiteten jedoch (mit Willen
der Besatzungsmächte) weiter. Von ihnen wurde deutsche Staatsgewalt ausgeübt, diese existierte mithin rudimentär weiter.

Die Ereignisse 1945 bedeuteten militärische Kapitulation, nicht juristische Ablösung der Staatsgewalt.

1.2.1.2   Möglicherweise erfolgte Okkupation (Besetzung von herrenlosem
Gebiet) durch Siegermächte.

Da deutsche Staatsgewalt nicht völlig untergegangen war, war
deutsches Staatsgebiet auch nicht herrenlos. Soweit Deutschland
vorübergehend handlungsunfähig wurde, nahmen Alliierte die
Staatsgewalt lediglich treuhänderisch wahr. Vielfach zu belegen,
daß insoweit der Intention nach keine originäre Eigenstaatsgewalt
ausgeübt werden sollte.

Daher fand schon willensmäßig auch keine Form der Annexion
(Einverleibung gegen den Willen des Berechtigten) statt.

1.2.1.3   Selbstaufgabe Deutschlands?

Obgleich militärisch besiegt und ohne Regierung, bestanden Staatsbewußtsein und Staatswille des deutschen Volkes sicherlich fort.

Ergebnis: 1945 ging Deutschland (»Deutsches Reich«) nicht unter.

1.2.2   Dismembration (Zergliederung) Deutschlands 1949?

Zwar wurden 1949 auf dem Staatsgebiet Deutschlands mit BRD und
DDR zwei eigene Staaten gegründet. Diese waren erklärtermaßen
jedoch keine Neugebilde, sondern fußten auf dem Selbstverständnis
einer Fortsetzung Deutschlands (insoweit beanspruchten sogar beide Staaten die Kontinuitätsverkörperung). Es sollten nicht gänzlich
neue Völkerrechtssubjekte entstehen, sondern Deutschland wurde
nur jeweils für ein Teilgebiet neu organisiert.

Im Verfassungsrecht der BRD wurde diese Grundlage ausdrücklich
bestätigt: Die Präambelsätze 1 und 3 a.F. knüpften daran an, Art. 23
GG a.F. setzte den Tatbestand logisch voraus, und Art. 116 GG und
146 GG a.F. nahmen darauf Bezug.

Ergebnis: Kontinuität Deutschlands auch über 1949 hinaus.

1.3   Wirksame Rechtsausübung der (Eigentums)Rechte Deutschlands
             1972 durch die BRD?

Antwort unabhängig gewesen vom konstruktiven Verhältnis zwischen »Deutschland« und der BRD bzw. DDR.

1.3.1   Von den dazu ursprünglich mehreren Theorien waren seinerzeit nur-
             mehr zwei schlüssig diskutabel.

1.3.1.1   Teilordnungs- oder Reichsdachlehre sah den fortbestehenden Ge-
             samtstaat Deutschland nur als z.Z. handlungsunfähigen, übergrei-
             fenden Rahmen für zwei mehr oder weniger eigenständige staatliche
             Gebilde BRD und DDR. Danach bestand das »Dach« Deutschland
             als eigenes Zurechnungssubjekt seiner (Eigentums)Rechte fort, die
             beiden aktuellen deutschen Staaten waren lediglich teilrechtsfähig,
             und keiner von ihnen konnte für sich Rechte des Ganzen rechtswirk-
             sam ausüben.

Die beiden Teilstaaten waren in den 70er Jahren jedoch tatsächlich
zu Vollrechtssubjekten erstarkt. Souveränitätsvorbehalte zugunsten
der jeweiligen Schutzmacht bestanden vertraglich. Das übergreifen-

213

de Dach-Deutschland damit bloße Fiktion gewesen als stellvertretendes Commodum für die Vier-Mächte-Verantwortung.

1.3.1.2   Nach Identitätslehre verkörperte seinerzeit die BRD das Völkerrechtssubjekt Deutschland; sie war Deutschland (mit freilich wegen ihrer Engergezogenheit des Verfassungsgebietes noch territorial begrenzter Staatsgewalt). Danach ist BRD der richtige (nur neubenannte) Inhaber der Rechte Deutschlands gewesen.

Gegen die Identitätstheorie sprach nicht so sehr die rationale Unauflöslichkeit der Prätention um den Fortsetzungsanspruch von BRD und DDR, denn tatsächlich hatte die DDR seit Anfang der 50-er Jahre jede Identitätsbehauptung fallen gelassen. Vielmehr konnte der Begründungstatbestand für eine Identität völkerrechtlich nicht festgemacht werden. Wer was berechtigterweise fortsetzen (fortzusetzen beanspruchen) durfte, war systematisch ein Gesichtspunkt staatsrechtlicher Legitimitätsmaßstäbe, die für Völkerrecht nicht relevant sein konnten.

1.3.2   Die mehr oder weniger einheitliche Praxis der BRD im Innern wie nach außen hatte ihrem Identitätsstandpunkt jedoch faktisch allgemeine Anerkennung verschafft. Auch in verschiedenen multilateralen Abkommen (z.B. Londoner Schuldenabkommen von 1953) wurde die Position von der überwiegenden Staatengemeinschaft mittelbar festgeschrieben. Daher (ungeachtet dogmatischer Zweifel) normativ-reale Verfestigung des Identitätstatbestandes von BRD und »Deutschland«.

Ergebnis: BRD war mithin richtiger aktueller Inhaber der (Eigentums)-Rechte des Deutschen Reiches/Deutschlands gewesen.

2   **Eigentumsübertragung**

Diese Eigentumsrechte wurden formgültig auf das Hamburger Unternehmen übertragen, so daß jenes nun die Rechte wirksam innehat.

Nach Seevölkerrecht verbietet fremdes Eigentumsrecht an einem Wrack zwar nicht die Bergung durch Drittunternehmen; in internationalen Gewässern gilt insoweit Prioritätsprinzip (wer zuerst kommt, darf heben). Der Eigentümer kann aber Schiff samt Ladung vom Berger gegen Kostenerstattung herausverlangen.

zum Fall insgesamt: *Ress*, Die Bergung kriegsversenkter Schiffe im Lichte der Rechtslage Deutschlands, in: ZaöRV 35 (1975), 364 ff.

Wolff Heintschel v. Heinegg, Die Bergung des Wracks des Unterseebootes U 534, in: Humanitäres Völkerrecht – Informationsschriften 1994/H.1, 22 ff.; *v. Münch*, Schiffswracks – Völkerrechtliche Probleme, in: AVR 20 (1982), 183 ff.; 193 ff.

zu 1.1.2: OLG Schleswig, U. v. 12.8.1953, SchlHAnz. 1953, 295 (296).